Stephanie Pauly

Aufbruch in ein neues Leben

Rapa Nui

Eine Liebe auf der Osterinsel

Hoffmann und Campe

2. Auflage 2002
Copyright © 2002 by Hoffmann und Campe Verlag, Hamburg
www.hoffmann-und-campe.de
Umschlaggestaltung: Büro Hamburg/Mirja Winkelmann
Fotos: Catherine Wittner (oben), Günter Schenk (unten),
Dirk Bartling (Rückseite)
Satz: Buch-Werkstatt GmbH, Bad Aibling
Druck und Bindung: Clausen & Bosse, Leck
Printed in Germany
ISBN 3-455-09373-6

HOFFMANN
UND CAMPE

Ein Unternehmen der
GANSKE VERLAGSGRUPPE

INHALT

TEIL II

TEIL III

Ich wünsche mir nicht
In mein früheres Leben zurückzuspringen.
Aber ich wünsche mir
Einmal, wenn die Stunde kommt
Und es notwendig sein wird,
Mich auch losmachen und springen zu können,
Bloß nicht zurück ins Geringere
Sondern vorwärts und ins Höhere.

Hermann Hesse

Alles steht im Universum geschrieben, die Vergangenheit,
die Gegenwart und die Zukunft, alles so genannte Gute
und alles so genannte Schlechte, alles für jeden Einzelnen,
alles für jedwede Existenz.
In mir ist nichts geschrieben, gar nichts. Ich muss lernen,
was im Universum geschrieben steht, geschrieben steht über
mich.
Und genau deshalb habe ich Vertrauen in mich, in meine
eigene Person. Ich kann mich mit dem Universum
verbinden, jeder kann den Kontakt herstellen. Ich muss
lernen, mich zu verstehen, mir zu vertrauen, dann erhalte
ich die Verbindung zum Universum. Dann erhalte ich
die Hilfe und die Kraft, die mir gegeben wird, um weiterzugehen auf meinem ganz persönlichen Weg während meiner
kurzen physischen Existenz auf dem Planeten Erde.

Karlo Huke Atan

9

TEIL EINS

RA'A NUI – GUTEN TAG

☙

Ich habe die *tupuna* gebeten, mir eine Frau zu geben, mit der ich glücklich bis an mein Lebensende hier auf meiner Heimatinsel Rapa Nui leben kann. – Du bist da, und ich möchte, dass du bei mir bleibst. Alles andere liegt bei dir.«

Wie bitte? Habe ich das wirklich richtig verstanden? Wie gelähmt vernehme ich diese Worte. Mein Herz, mein Bauch und mein Verstand sind angefüllt damit, obwohl ich nicht einmal weiß, was *tupuna* sind. Ich weiß nur eins: Ich muss jetzt bald eine Entscheidung treffen. Und das nach nur drei wunderschönen Tagen und Nächten zusammen mit Karlo, einem fremden Mann aus einer mir unbekannten Kultur. Dies ist keine Einladung in ein Gefängnis, geht es mir durch den Kopf. Es kann eine Einladung in ein völlig anderes Leben bedeuten. Das Einzige, was ich verlieren würde, ist das Geld für das Flugticket. Das, was ich erhalten könnte – ?

Ich kann niemanden bitten, mir zu helfen, mir einen Ratschlag zu geben oder mir ganz einfach nur zuzuhören. Weder habe ich einen vertrauten Menschen auf dieser weit entfernt, einsam im Pazifischen Ozean gelegenen Insel, noch spreche ich genügend Spanisch, um meine durchgerüttelte Seele in Worte fassen zu können. Mein Rückflug nach Santiago, wo meine einjährige Reise durch den südamerikanischen Kontinent beginnen sollte, geht in fünf Tagen. Alle Anschlussflüge für Chile und Argentinien habe ich in Deutschland fest gebucht. Was soll ich tun? Wie soll ich mich nur entscheiden?

Zwei Tage später fahre ich nach Hanga Roa, dem einzigen Ort der Osterinsel, storniere alle weiteren Flüge und springe hinein – ins Unbekannte.

MEINE WOHNUNG

༄

Das neue Zuhause, in das ich einziehe, hat weder Fenster noch eine Tür, die man auf- und zumachen, geschweige denn abschließen könnte. Es gibt weder ein Badezimmer noch eine gewohnte Toilette. *Paepae* heißt es in der Rapa-Nui-Sprache und bedeutet »Unterkunft«.

In meinem Rucksack befindet sich nicht viel, nur das Allernötigste für den Kurzurlaub auf der kleinen berühmten Insel, und doch gibt es dafür kaum Platz in dem einzigen Raum, der nun meine neue Wohnung sein soll. Etwa zwei mal drei Meter groß, ungefähr einen Meter hoch, ist er mit Karlos wenigen persönlichen Dingen und seinem Werkzeug bereits ausgefüllt.

Ich bücke mich tief hinunter und krieche auf allen vieren in den schmalen tunnelartigen Eingang hinein, der rechtwinklig zum niedrigen Innenraum konstruiert ist. Unterschiedlich große schwarze Lavasteine bilden drei von vier begrenzenden Mauern. Die vierte ist eine gewachsene Felswand, vor die eine Plastikplane gespannt ist, damit das herunterlaufende Regenwasser ins Erdreich abfließen kann. Der zum Meer hin abfallende Raum ist angenehm hell. Lichtdurchlässige weiße Planen überziehen die kunstvolle Dachkonstruktion aus dünnen, rechtwinklig übereinander geschichteten Eukalyptusstäben. Außen festgezurrt mit stabilen Seilen und beschwert mit dicken Baumstämmen, bildet das *paepae* unsere schützende

Bedachung, die der Wind nicht so leicht mit sich forttragen kann.

Vorbei an unterschiedlich langen Harpunen, Schwimmflossen, Schnorcheln und Tauchermasken, die geschickt zwischen den Steinen postiert sind, taste ich mich vor. Noch ahne ich nicht, wie wichtig diese Gegenstände für uns sein werden. Zunächst einmal versuche ich, mich einzurichten. Die unregelmäßigen Formen der aufeinander geschichteten Steine bilden eine erstaunlich vielfältige Fläche zum Verstauen. Kleidungsstücke, klein zusammengefaltet, Bücher, Zeichenmaterial, Medikamente, für alles findet sich ein kleines Plätzchen auf oder zwischen ihnen. Hose und Pullover werden oben unter die dünnen Stäbe geschoben, Nägel ins Holz geschlagen, der Rucksack daran aufgehängt, fertig. Mit meinen eigenen, persönlichen Dingen um mich herum finde ich es schon gemütlicher.

Wir schlafen auf Stroh. Eine Plastikplane schützt vor der aus dem nassen Erdreich heraufziehenden Feuchtigkeit. Zwei alte dünne Schaumstoffmatratzen, zwei Schlafsäcke und eine schützende Decke darüber, das ist unser Bett. Mildes Kerzenlicht erhellt die nächtliche Dunkelheit, während wir unsere Seelen und Körper aneinander wärmen, uns lieben, uns eng umschlungen halten und kaum fassen, was mit uns geschieht.

Es ist tiefster Winter. Tagelang regnet es ununterbrochen, und der kalte Südwind aus der Antarktis pfeift ein Ständchen zu meinem Einzug in ein neues Zuhause und ein unbekanntes Leben.

MEINE UMGEBUNG

❧

Glücklich, unsicher und gleichzeitig voller Erwartung öffne ich meine Augen und betrachte neugierig die mich umgebende Natur. Vor mir, keine zehn Meter von meinen Füßen entfernt, breitet sich das türkisblaue, klare Wasser des Pazifischen Ozeans aus. Wir leben am Rande einer kleinen Bucht mit feinkörnigem weißroten Sand, die von schwarzen Lavafelsen eingerahmt ist. Die gegenüberliegenden, sanft ansteigenden Hügel sind karg, obwohl es Anfang August und also tiefster Winter ist und ausgiebig regnet.

Herden von braunweiß gescheckten Kühen und große Gruppen schwarzbrauner Pferde grasen den spärlich bewachsenen Boden ab. Ununterbrochen, in aller Seelenruhe, suchen sie nach Nahrung und ziehen ihre Runden, um das Leben spendende Wasser zu finden, das auf dieser winzig kleinen Insel, die weder Flüsse noch Bäche kennt, Mangelware ist. Die langsamen, ruhigen Bewegungen der frei umherziehenden Tiere passen sich gut ein in diese Landschaft der Stille, die untermalt wird von der unendlichen Lebendigkeit der immerfort schaukelnden Wellen. Die weiße, meterhoch aufspritzende Gischt lässt die tiefschwarzen Lavafelsen noch dunkler erscheinen. Sie haben im Laufe der Jahrhunderte nichts eingebüßt von ihren scharfen und kantigen Ecken und markieren das typische Gesicht der Osterinsel.

17

In weiter Ferne ragen vereinzelt Eukalyptusbäume auf, die mit ihren grünen Spitzen einen lebendigen Kontrast zu den trockenen und vergilbten Grasflächen bilden. Ein staubiger ausgefahrener Weg reicht bis an die gegenüberliegende Begrenzung der Bucht. Viele kleine, kaum erkennbare Pfade führen an den Hügeln hinauf und hinunter. Querfeldein durchziehen sie die Erhebungen wie geheime gewundene Wege.

Die Erosion zeigt ihre verschiedenen Gesichter, zeigt die rote ausgemergelte Erde, die aus ihren tiefen Rissen nach Wasser schreit. Setzt der ersehnte Regen endlich ein, fällt er meist sintflutartig aus den dicken schwarzen Wolken, die nun den Himmel bedecken. Es bleibt keine Zeit zum gemächlichen Versickern, unbarmherzig wird die kostbare Erde ausgespült. Das glasklare Blau des Meeres trübt sich und wird zusehends undurchsichtig. Getränkt mit dem Erdschlamm bildet sich eine dunkelrote Blase, die sich unaufhaltsam ausdehnt. Die Wellen tragen sie mit sich fort und lösen sie allmählich auf, um die kostbare Erde an einer anderen Stelle wieder abzulagern.

Ein kleines hellgrün gefärbtes Wäldchen trotzt tief verwurzelt dem ständig an ihm zerrenden Wind. Nur die hell leuchtenden orangeroten Blüten des Korallenbaums sind ihm nicht gewachsen. Sie schweben in der Luft und tanzen einige Meter schwerelos umher, bevor sie dann langsam herabtaumeln und die schwarzen Steine mit einem roten Blütenteppich überziehen.

Sanft schmiegt sich der feine Sand an die halbmondförmige Rundung der Bucht. Der kleine Strand, der unmerklich in die Tiefen des Ozeans überleitet, wird gekrönt von meterhohen Kokospalmen, deren zerzauste Wedel rhythmisch im Wind hin- und herschaukeln. Ab und zu lassen sie eine ihrer begehrten Früchte ins duftende Gras fallen. Die Tische und Bänke, die unter ihnen aufgestellt sind, weisen auf die Bedeutung dieses Fleckchens hin.

Anakena – unter diesem Namen ist die Bucht als eine der Hauptattraktionen der Osterinsel bekannt. Für die Rapa Nui, wie sich die Einheimischen selbst bezeichnen, ist sie ein heiliger Ort. Hier landete ihr erster König, der die Insel besiedelte, und hier steht eines ihrer bedeutendsten Monumente, der *Ahu Nau Nau* mit seinen fein gearbeiteten meterhohen Steinskulpturen. In dieser Badebucht, im stets angenehm warmen Wasser des Pazifiks, erholen sich die Touristen von ihren anstrengenden Besichtigungsfahrten. Beendet die Sonne ihr tägliches Werk und taucht das Meer in rosiges Licht, steigen die Menschen wieder in ihre Autos und fahren zu ihren Unterkünften ins Dorf zurück. Es kehrt erneut die gewohnte Ruhe ein, und die Stille der Natur wird nicht mehr unterbrochen.

Jetzt habe ich den Strand wie in den langen frühmorgendlichen Stunden wieder ganz für mich allein. Langsam lasse ich mich in die Wellen gleiten, lege mich auf den Rücken, schließe die Augen und genieße die Orientierungslosigkeit, die mich in ihren Armen wiegt. Ich schaue hinaus in die Grenzenlosigkeit des Pazifiks, der mit dem Himmel verschwimmt. An diesem Ort des Träumens, des Vergessens, trägt mich der Wind weit fort in das unendliche Reich der Phantasie. Zu diesem Zeitpunkt ahne ich noch nicht, welche Veränderungen ich erleben werde.

KOCHEN

∽

Rauch steigt neben unserem *paepae* in den blauen Himmel hinauf. Weißer Rauch, der mir anzeigt, dass Karlo mit dem Kochen beginnt. Ich weiß nicht, was er heute zubereitet. Ich spüre nur, dass sich mein Magen langsam meldet, ich werde hungrig und freue mich auf ein leckeres warmes Essen.

Karlo kocht immer und wahrhaft ausgezeichnet. Wenn ich morgens schlaftrunken aus dem *paepae* krabbele, begrüßt mich das gut gelaunte Meer mit einer frischen salzigen Brise. Das Feuer züngelt um den Kochtopf, und die Essensdüfte ziehen verführerisch in meine Nase. Alles ist fertig vorbereitet. Teller und Tassen stehen bereit, und ich verspeise genüsslich das oftmals recht ungewohnte Frühstück.

Wir besitzen weder einen Herd zum Kochen noch einen Kühlschrank, um Verderbliches aufzubewahren. Nicht einmal ein Schrank ist vorhanden, geschweige denn irgendein Möbelstück, sei es ein Tisch oder ein Stuhl.

Karlo entfacht das Feuer, auch bei stürmischem Wind und undurchsichtigen Regengüssen, mal an dieser Stelle, mal an jener. Wo genau, bestimmt die Richtung des Windes. Mit einer langen Eisenstange hebt er ein Loch aus, schützt es mit rundherum drapierten Steinen, legt zwei Eisenstangen darüber, und fertig ist der Herd. Es existieren auch keine Minutenangaben für die Zubereitung von Reis, Nudeln oder Süßkartoffeln. Was sind Minuten? Hier bestimmen allein die Art des Brennholzes, die Stärke des Feuers und die Heftigkeit des Windes die Garzeit.

Der Montag ist meist unser Holzsammeltag. Das Brennholz ist kostbar, muss es doch immer neu gesucht werden. Oft finden am Wochenende kleine Grillfeste unter den Palmen statt, und häufig kommt es vor, dass sich die Leute zu viel Holz mitbringen. Das, was übrig bleibt, nutzen wir anschließend für uns. Mit Plastiksäcken und dicken Schnüren unterm Arm machen wir uns in der Frische des frühen Morgens auf den Weg. Die Plastiksäcke dienen zum Verstauen kleiner Zweige und trockener Eukalyptusblätter zum Entfachen des Feuers. Mit den Schnüren werden die langen dicken Äste zusammengebunden, die das Feuer am Leben erhalten. Ich benötige einige Zeit, bis ich lerne, wie das Holz am besten zu bündeln ist, um die Last leichter nach Hause zu transportieren. Die vielen schmerzhaften Risse und Schrammen, die mir die kleinen Äste an Armen und Rücken zufügen, sind gute Lehrmeister.

Ich beobachte Karlo beim Packen seines unförmigen schweren Bündels, sehe ihm zu, wie er die langen dicken Äste ohne Werkzeug an Ort und Stelle zerkleinert, sie ordentlich in den Sack einsortiert, den er sicher, ohne Hautabschürfungen, auf seiner Schulter balanciert. Ich übe mit den dünnen Stämmen, lege eine Seite eines langen Astes auf eine feste Erhöhung, nehme einen schweren Stein und lasse ihn, genau wie beobachtet, niedersausen. Nach einigen Versuchen bricht der Ast endlich an der vorgesehenen Stelle. Nun habe ich zwar keine Kratzer mehr in der Haut, stattdessen schmerzt mir aber der Arm von der ungewohnten Belastung. Ich gehe lieber die Hüllen der Kokosnüsse unter den Palmen einsammeln, die – getrocknet und mit der Axt zerfasert – ebenfalls dazu dienen, das Feuer anzuzünden.

All dies ist nur möglich, wenn es nicht, wie im Winter nur

allzu häufig, tagelang ununterbrochen von oben herab schüttet. Dann gibt es kein trockenes Holz mehr, dann muss das Nahrung bringende Feuer anders entfacht und am Leben erhalten werden. Die letzte Reserve ist Walfett. Diese schmutzig weiße gehärtete Fettplatte, die sich ähnlich wie das Stearin der Kerze anfühlt, ist selten am Strand zu finden. Doch von Zeit zu Zeit wird ein Stück angeschwemmt. Wir behüten diesen Fund wie einen kostbaren Schatz, und für Notfälle bewahren wir ein Stück in Reserve auf. Gleichzeitig mit der Freude taucht jedoch die Frage auf: Wo kommt das Walfett denn wohl her?

Ich gewöhne mich langsam an die neuen Essenszeiten. Zweimal täglich, früh morgens und nach Sonnenuntergang, wird gegessen. Es gibt immer eine warme Mahlzeit. Zweimal wird das Feuer entzündet, nicht öfter – bedeutet es doch gleichzeitig, neues Brennholz zu suchen, heranzuschleppen, klein zu sägen und zu stapeln.

Zuerst wird das Kaffeewasser im rußschwarzen Wasserkessel erhitzt. Nein, nun zieht mir nicht mehr der Duft meines heiß geliebten frischen Bohnenkaffees der persönlichen Mischung in die Nase. Hier rühre ich mir löslichen Pulverkaffee an und bin froh, wenn überhaupt Kaffee da ist. Wenn nicht, wird Zucker in der Pfanne geröstet, umgerührt, bis er dunkel geworden ist, heißes Wasser darüber gegossen, und fertig ist der Schonkaffee.

So heißt es: essen und trinken, was da ist, und nicht davon träumen, was fehlt. Im Anschluss an das Wasser brutzelt das Essen auf dem Feuer, eben das, was da ist.

Bei schönem Wetter ist es ein Genuss für mich, neben dem Feuer zu hocken, der lodernden Glut zuzusehen, den würzigen Rauch des Essensduftes einzuatmen und geduldig darauf zu warten, den Magen mit einer warmen Mahlzeit zu sättigen. In aller Ruhe sehe ich morgens den Tag heranziehen oder betrachte abends die Sterne, während wir erzählen und die Mahlzeit vor sich hin gart.

Anders bei strömendem Regen. Dann suchen wir eine vor Wind und Wasser geschützte Stelle, hocken uns dicht nebeneinander hin, ziehen eine Plastikplane über unsere Köpfe und vertilgen schnell die Mahlzeit, bevor das von oben herabfallende Nass dem Essen die letzte Würze nehmen kann. Dieses Wetter hält manchmal tagelang an, der Wind bringt Regen und immer wieder Regen. Diese Zeit fällt mir nicht leicht. Dann träume ich von einem festen Dach über dem Kopf, dann schmerzen mir plötzlich die Knie vom ständigen Hocken, dann fehlt mir der Tisch, fehlt der Stuhl, ich vermisse dieses, ich vermisse jenes. Dann möchte ich wenigstens einen trockenen Platz haben, einen Brief an meine Freunde schreiben und mir alles von der Seele reden. Aber es geht nicht.

Karlo spürt meine innere Verzweiflung, meinen Kampf mit mir selbst. Er ist kein Mann der vielen Worte, nicht, wenn es um Gefühle geht. Er nimmt mich in seine tröstenden Arme, ich fühle seine Zuversicht, und in mir wächst der Wunsch, abwarten zu können bis die Sonne wieder scheint und alles erwärmt. Manches Mal scheint sie mein Bitten schnell zu erhören. Schon am nächsten Tag strahlt sie mich an, und ich lache mit ihr um die Wette. Doch es gibt auch Zeiten, da sie verdammt lange auf sich warten lässt und ich meiner eigenen Verzweiflung hilflos ausgeliefert bin.

Ja, es wird mir deutlich bewusst: Das ist kein Campingurlaub für begrenzte überschaubare vier Wochen. Das soll jetzt tatsächlich mein neues Leben sein. Ich werde sehr viel lernen müssen, wenn ich mit Karlo in dieser Form zusammenleben will. Auf der einen Seite ist es eine Herausforderung, auf der anderen Seite spüre ich auch die Unsicherheit, die in mir hochschleicht und sich meiner bemächtigt. Die Unsicherheit meiner eigenen, doch sehr spontanen Entscheidung gegenüber. Ein Leben vollständig in der Natur – ist das wirklich mein Traum? Ich weiß es nicht, ich kann mir nicht vorstellen, auf Dauer so leben zu können.

Eins aber weiß ich: Das Einzige, was mir bleibt, will ich meinen Entschluss nicht ändern, ist, mich in Geduld zu üben. Das ist wahrhaftig nie meine Stärke gewesen.

NAHRUNG

✑

Ich, die ich in Köln zum Frühstück immer nur Obst gegessen habe und frische Salate und Gemüse liebte, gewöhne mich mit der Zeit daran, morgens frisch gegrillten Fisch auf dem Teller liegen zu haben. Fisch, den Karlo kurz zuvor aus dem Meer gezogen hat, das von nun an auch meine Hauptnahrungsquelle sein wird.

Lassen die stürmischen Winde das Fischen an der Küste nicht zu, bewaffnet sich Karlo mit seinen Harpunen, den langen Schwimmflossen, Schnorchel und Tauchermaske, um unser Frühstück oder Abendessen unter Wasser zu besorgen. Die schwarzen Felsen sind bespickt mit dunkelroten stacheligen Seeigeln, und oft schlagen meterhohe Wellen gegen die scharfen Felskanten. Es gilt, einen einigermaßen sicheren Ort zum Hineingleiten in das nasse Element zu finden.

Ich traue mich da in keinem Fall hinein, bin aber wiederum zu unruhig, um allein im *paepae* auf Karlos Rückkehr zu warten. Da es für mein Empfinden oftmals unendlich lange dauert, bis er wieder das feste Land betritt, begleite ich ihn lieber. Manchmal laufen wir eine Stunde an der Küste entlang, um eine Stelle zu finden, an der er gefahrlos in die Wellen springen kann. Karlo taucht, und ich gehe hoch oben an der steilen Felsküste entlang. Besorgt beobachte ich die Boje, an der die erbeuteten Fische befestigt werden, die unbeteiligt auf der bewegten Wasseroberfläche tanzt. So fühle ich mich ruhiger. Meine Nerven sind angespannt genug, da ich weiß, dass ich ihm bei Gefahr im Grunde genommen nicht helfen kann. Mir ist das Meer unheimlich, für ihn ist es von Kindheit an ein gewohntes Element.

Ich habe Angst, dass ihm etwas zustoßen könnte, Angst davor, bei einem Unfall allein zu sein. In unserer Nähe gibt es niemanden, der mich bei einem eventuellen Problem unterstützen könnte. Der nächste Arzt ist in Hanga Roa, achtzehn Kilometer entfernt, dort, wo auch die anderen Menschen leben. Immer wieder kreisen die Gedanken in meinem Kopf: Was soll ich machen, wenn dieses, was soll ich machen, wenn jenes passiert? So suche ich meinen Weg zwischen den wackligen kantigen Steinen.

Karlo hat sein Tauchermesser verloren. Es ist Pflicht, es am Bein festgeschnallt zu tragen, damit man sich unter Wasser aus einer Gefahrensituation befreien oder sich verteidigen kann. Als Karlo eines Tages aus dem Wasser steigt und mir erzählt, dass zwei Haie um ihn herumgeschwommen seien, befällt mich Panik. Entsetzt frage ich nach, warum er den Haien nicht die gefangenen Fische überlasse, um selbst sicher an Land zu kommen. Er lacht und amüsiert sich über diese absurde Idee: »Ich tauche, weil ich Fische essen will, nicht um Fische für die Haie zu fangen.«

Die Wellen im Auge, zieht er sich an den schwarzen Felssteinen hoch und ist endlich wieder an Land. Die Harpunen werden langsam eingeholt. Ist es ein guter Fang, sind rote, graue und bunte Fische unterschiedlichster Form und Größe an einer festen dicken Schnur aufgereiht, die an der Boje befestigt ist. Ich freue mich auf ein köstliches Mahl, schaue genauer hin, und ein Schauer läuft mir über den Rücken. Diese Schnur zieht sich durch die nun leeren Augenhöhlen. Offensichtlich sind die Fische noch lebendig, sie zappeln noch. Nur

26

sehen sie nichts mehr. Ihre Augenkugeln baumeln an der Seite der durchstoßenen Höhlen herab, oder sie fehlen gänzlich. Mit Entsetzen vernehme ich, dass alle Taucher diese stabile und natürliche Körperöffnung nutzen, um die harpunierte Beute daran aufzureihen, hinter sich herzuziehen, und sie so sicher an Land bringen.

Für einen kurzen Moment wie versteinert, stehe ich da, schlucke und schlucke nochmals. Gleichzeitig weiß ich, dass ich diese bunten Meereslebewesen in ein paar Minuten genussvoll verspeisen werde. Nein, ich helfe Karlo nicht beim Ausnehmen der Fische. Ich traue mich nicht, diese glitschigen zappelnden Tiere anzufassen, geschweige denn sie zu schuppen, ihnen den Bauch aufzuschneiden und die noch lebendigen Eingeweide herauszuziehen. Ich schaue weg, wenn er die Innereien säubert, den halb verdauten Inhalt aus Magen und Darm herausdrückt, alles gründlich im Meer auswäscht und mit Zitrone beträufelt direkt roh in den Mund steckt oder anschließend in der Pfanne brutzelt. Gebraten probiere ich die Innereien auch, sie schmecken köstlich, nur darf ich nicht daran denken, was ich hinunterschlucke.

Erinnerungen steigen bildhaft in mir auf, und ich sehe mich an der Theke eines Kölner Supermarktes Fischfilets einkaufen. Das Angebot »Heute frischer Fisch« ist verlockend. Kein Kopf und kein Schwanz zeigen mir an, um welchen Fisch es sich handelt, die Haut ist abgezogen, die Gräten sind herausgetrennt. Fein säuberlich sind die Fleischteile zurechtgeschnitten, und es ist alles mundgerecht vorbereitet. Wie auch die Fischstäbchen, von denen ich Karlo erzähle. Er lacht über diese »quadratischen Fische«. Nein, die kenne er nicht, und er könne sich beim besten Willen nicht vorstellen, dass sie gut schmecken sollen.

Eines Tages, der Fang war sehr gut, laden wir vorübergehende deutsche Touristen zum Essen ein. Die junge Frau stochert im Fisch herum.

»Wenn er dir nicht schmeckt, lass ihn liegen, du brauchst ihn nicht zu essen.«

»Nein, nein, er schmeckt ausgezeichnet!«

»Seltsam«, denke ich. Sie isst ganz langsam und vorsichtig. Es lässt mir keine Ruhe. Als sie fertig ist, frage ich nochmals.

»Es war das erste Mal in meinem Leben, dass ich einen Fisch, einen vollständigen Fisch mit Kopf und Gräten, auf meinem Teller liegen hatte. Ich kenne nur Fischstäbchen, ich wusste einfach nicht, wie ich ihn essen sollte.«

Selbstverständlich gibt es bei uns keinen festen Speiseplan. Ringt Karlo dem Meer keine Nahrung ab, so besteht das Campo-Menü aus Reis oder Nudeln. Wenn wir die entsprechenden Vorräte noch haben, gibt es als Beilage gebratene Eier. Oder aber – es ist für mich kaum zu glauben – Karlo bereitet mir die Lieblingssuppe meiner Kindheit zu: Linsensuppe; statt mit Speck allerdings mit Algen. Nie hätte ich mir träumen lassen, sie so lecker zubereitet, weit entfernt von der alten Heimat, auf einer kleinen Insel mitten im Pazifik zu löffeln.

Zweimal im Monat füllen wir die eisernen Vorräte auf. Ein bestelltes Taxi kommt, und einer von uns fährt die achtzehn Kilometer in den Ort und kauft ein. Alles ist sehr teuer, alles muss den Fünf-Stunden-Flug von Santiago zurücklegen, ehe es hier in den Supermärkten zum Verkauf angeboten werden kann. Deshalb beschränken wir uns auf die notwendigsten Lebensmittel: Mehl, Zucker, Reis, Trockenmilch, Kaffee, Linsen und Haferflocken, auf die ich ab und zu einen Heißhunger verspüre. Auf sie will ich in keinem Fall verzichten, wenn es denn schon kein Müsli gibt.

28

WASSER

❧

Wie überall auf unserem Planeten namens Erde wird auch auf der Osterinsel nur mit Wasser gekocht. Dazu muss es aber vorhanden sein. Der Nabel der Erde oder *Te Pito o te Henua* – der ursprüngliche Name dieser winzigen Insel – ist umschlossen von endlos scheinenden Wassermassen, und doch ist der Süßwassermangel ein großes Problem.

Gespannt lausche ich den Worten der Einheimischen, wenn sie von früher erzählen. Samstags ging es auf Pferden, die links und rechts mit leeren Kalebassen behangen waren, hinauf zu den beiden Süßwasserseen, die sich im Innern der erloschenen Vulkane *Rano Raraku* und *Rano Kau* befinden. Dort wurde Wäsche gewaschen, ausgiebig geduscht, und dort wurden die Vorratsgefäße gefüllt. Bis Mitte der sechziger Jahre gab es nämlich nur einige wenige Brunnen zum Wasserschöpfen. Wasser war ein kostbares Gut, bevor es – wie heute selbstverständlich – aus den Wasserleitungen geflossen kam. Aber eben nur im Ort, und dort wohnen wir nun einmal nicht.

Ich habe die nächste Lektion zu lernen. Es führt keine Wasserleitung zu uns hinaus in die Bucht. Unsere Süßwasserreserven befinden sich in vier blauen Plastikkanistern zu je sechzig Litern – zwei davon sind im Ort zum Auffüllen, zwei stehen bei uns in Anakena, immer im Wechsel. Ab und zu kommt einer von Karlos Brüdern mit dem Auto vorbei, doch dieses »Ab und zu« ist nicht kalkulierbar, vielleicht einmal, vielleicht auch zweimal im Monat. Das wiederum hängt ganz von der Fahrbereitschaft dieses modernen Fortbewegungsmittels ab.

Schon von weitem höre ich es näher kommen. Das Einzige, was offenbar gut und laut funktioniert, ist die Seele dieses alten Gefährts. Der Motor läuft fast immer, wenn auch ohne Schalldämpfer. Zu den Bremsen muss man ebenfalls ein ganz spezielles Verhältnis haben, sollen sie den Wagen schließlich, auf entsprechenden Druck, zum Stillstand bringen. Das Äußere, die Karosserie, ist bunt. Breite rote und blaue Klebebänder halten sie zusammen, und die Türen werden mit Gummibändern aus zerschlissenen Autoreifen daran gehindert, sich während der Fahrt von allein zu öffnen. Die Scheibenwischer dienen nur noch als traurige Dekoration. Bei plötzlich einsetzendem Regen habe ich das Gefühl, eher in einem Aquarium als in einem Auto zu sitzen. Während der Fahrt muss das Dach festgehalten werden, damit es bei dreißig Stundenkilometern Höchstgeschwindigkeit nicht wegfliegt. Schaue ich nach unten, sehe ich die Straße unter mir vorbeiziehen.

Wie lieb habe ich dieses Gefährt mit all seinen Macken gewonnen, gestattet es doch, zehn Leute auf einmal zu transportieren, drei Kinder und sieben Erwachsene. Ein Kind auf dem Schoß des Fahrers, zwei Kinder auf dem des Beifahrers, und die übrigen fünf Erwachsenen quetschen sich irgendwie hinten ins Auto. Das ist unproblematisch, es gibt sowieso keine Rückbank mehr. Nicht, dass es sehr gemütlich wäre, aber man gelangt dorthin, wohin man will. Und eben dieses Auto bringt uns das lebensnotwendige Süßwasser, es befördert die beiden aufgefüllten Kanister bis hinaus nach Anakena.

Wenn irgend möglich, wird selbstverständlich an Wasser gespart. Ich beobachte fasziniert, dass das Geschirrspülmittel selbst im Salzwasser seine Dienste leistet. Deshalb werden Teller und Töpfe im Meerwasser gesäubert, davon gibt es ja mehr als genug. Waschmittel und Seife hingegen funktionieren im salzigen Wasser nicht. Süßkartoffeln, sofern sie ungeschält sind, schmecken hervorragend, wenn sie in Meerwasser gekocht sind, normale Kartoffeln sind dann versalzen.

Und was ist mit mir selbst? Auch ich muss mich schließlich duschen oder zumindest gründlich waschen können. Klar bin ich es gewohnt, den Wasserhahn ohne nachzudenken aufzudrehen, die Temperatur des Duschwassers so zu regeln, wie es mir angenehm ist, und mich so lange darunter zu stellen, wie es mir gefällt. Obwohl mir das Problem der Wasserknappheit theoretisch immer bewusst war, gab es viele Tage in Deutschland, an denen ich dieses wohl tuende Nass nicht nur ausgiebig, sondern mit Sicherheit auch verschwenderisch genutzt habe. Einfach schnell noch mal unter die Dusche zu springen und zu spüren, wie dieses erquickende Lebenselixier an der nackten Haut herabperlt, ist Alltag, ist Normalität in meinem Leben gewesen.

Aber auch in meiner alten Heimat war das nicht immer so selbstverständlich, wie es heutzutage erscheint. Plötzlich kommen mir Kindheitserinnerungen in den Sinn. In unserer Familie – wie wohl überall – gab es einen Badetag, samstags. Der große Wasserboiler wurde mit Gas erhitzt, und ich musste warten, bis das Wasser warm war. Zuerst wurde die Badewanne damit ausgespült, ähnlich wie bei einer Thermoskanne, damit das Badewasser nicht so schnell abkühlte. Und dann hinein ins Vergnügen! Es war die Zeit der grünen, nach erfrischenden Tannen duftenden Schaumbäder. (Als ich ganz klein war, stieg nach mir mein älterer Bruder in dasselbe Wasser und anschließend meine Eltern. Zu jener Zeit besaßen wir noch nicht das Luxusgut Gas. Unser Boiler wurde damals noch mit Holzfeuer erhitzt.) Für unsere Nachkriegsfamilie war es ein Riesenfortschritt, einen bezahlbaren Gasanschluss zu haben, und erst da kam jeder in den Genuss seines eigenes Badewassers mit der wohl riechenden Schaumkrone. All diese Erinnerungen tauchen jetzt, fern von Deutschland, nach vielen Jahren wieder auf.

Trotz dieser Rückbesinnung fällt es mir ausgesprochen schwer, auf den gewohnten Luxus der immer verfügbaren Dusche zu verzichten. Nun heißt es für mich: Süßwasser mit einer Tasse schöpfen, den Körper ausreichend anfeuchten und einseifen. Selbstverständlich wird nur die notwendige Seifenmenge benutzt und mit entsprechend wenig Wasser alles wieder abgespült. Nicht nur, dass ich nur kaltes, manchmal wirklich nur eiskaltes Wasser zur Verfügung habe, nein, ich stehe auch noch draußen im Freien, nackt, der heftige Wind beginnt schon, meinen zitternden Körper zu trocknen, bevor Karlo mir den Rest des Wassers über den Kopf gießt. Zwei große Tassen Wasser, mehr nicht.

Und doch bin ich in dieser Zeit kein einziges Mal erkältet. Selbst mein altes Leiden, eine chronische Blasenentzündung, ist nicht mehr aufgetaucht.

Als Karlo mir dann aber vorwirft, mit solch einer Wasserverschwendung – sechzig Liter für zwei Personen in einer Woche – könnten wir nicht überleben, packt mich die Verzweiflung und auch die Wut. Das darf doch wohl nicht wahr sein! Sechzig Liter zu zweit, das heißt dreißig Liter pro Person wöchentlich oder 4,3 Liter täglich für Trinkwasser, Kochwasser, Waschwasser sollen Verschwendung sein! Der tägliche Pro-Kopf-Verbrauch in Deutschland liegt bei hundertvierzig Litern …

Also überlege ich in aller Ruhe, was ich an dieser Situation verbessern kann. Ich muss irgendetwas finden, und ich werde irgendetwas finden, das ist mir klar. Und prompt fällt mir mein Unterricht aus der experimentellen Chemie in der Schule ein. Klar, ich werde eine Entsalzungsanlage bauen!

MEERWASSERENTSALZUNGSANLAGE

❧

Meiner Erinnerung nach ist das überhaupt kein Problem. Man muss eben nur wissen, wie. Und das Allerschönste: Ich kann von meinen eigenen Erfahrungen profitieren. Gut gelaunt, voll freudiger Erwartung, mache ich mich an die Planung. Einiges muss besorgt werden, anderes ist vorhanden. Ich benötige nicht viel. Ein großes Gefäß zum Auffüllen mit Meerwasser, eine Plastikplane zum Abdecken und einen Topf zum Auffangen des ersehnten Süßwassers, das ist schon alles.

Wir gehen auf die Suche und entdecken in der Nähe ein verrostetes Ölfass. Nachdem wir es der Länge nach durchgesägt haben, sind wir im Besitz zweier Wannen. Eine durchsichtige Plastikplane finde ich neben unserem *paepae*, und ein Topf ist selbstverständlich vorhanden. Jetzt kann meine Arbeit beginnen. Damit werde ich der Wasserknappheit für immer ein Ende bereiten!

Na ja, die Plastikplane ist nicht neu. Sie hat Löcher – große, kleine, winzig kleine. Den ganzen Tag mache ich mich mit Klebeband an der Abdeckung für die Ölfasshälften zu schaffen und beschwere sie hier und dort mit Steinen, damit der Wind sie nicht fortbläst, während ich ein Loch nach dem anderen stopfe. Ich verbrauche fast die komplette Rolle. Karlo schaut mir misstrauisch bei meiner Arbeit zu, sagt kein Wort und fragt auch nicht.

Geschafft. Ich hoffe, nun ist die Plane dicht. Ich stülpe sie über die gereinigte Wanne, passt! Hoch erfreut schöpfe ich Meerwasser in die saubere Ölwanne, beschwere den Topf in der Mitte, so dass er nicht hin- und herschwimmen kann, stülpe die mühsam geflickte Plastikplane darüber und platziere einen Stein exakt über dem Topf auf der Plane. So wird das verdunstende, kondensierte, endlich zu Süßwasser gewordene Salzwasser genau in den Auffangbehälter tropfen. Fertig!

Ich bin stolz auf mich. Jetzt heißt es nur noch warten, geduldig abwarten, bis sich der Topf langsam, aber stetig füllen wird. Die ersten Tropfen bilden sich, fallen herunter und sammeln sich zu einer kleinen Lache am Boden des Gefäßes. Voller Zufriedenheit verfolge ich mein Experiment. Nur: Mit einem Male kommt starker Wind auf. Er zurrt und zerrt von allen Seiten an der Plane. Er scheuert sie an einer Stelle auf, reißt an anderer Stelle neue Löcher rein – und, oh Schreck, meine Süßwasserlache beginnt allmählich schon wieder zu verdunsten. Das darf doch nicht wahr sein, das kann ich nicht glauben! Aber so schnell gebe ich nicht auf. Ich klebe erneut, repariere hier, flicke dort, ich weiß, dass das System in Ordnung ist, es muss funktionieren!

Neuer Versuch, erneutes Abwarten. Doch Laborbedingungen sind anders als die natürlichen Gegebenheiten. Nach einer Woche halte ich einen Topf mit einem Liter Süßwasser – gerade mal einem einzigen Liter! – und eine arg zerrissene Plastikplane in den enttäuschten Händen.

Die folgenden Tage sind ausgefüllt mit der Verbesserung der Anlage. Ich will dieses Problem lösen! Ich baue alles noch einmal an einer windgeschützten Stelle auf. Aber der Wind ist und bleibt unkalkulierbar. Es ist, als spielte er mit mir, als wollte er mir seine Kräfte demonstrieren und mich auslachen. Er dreht innerhalb kürzester Zeit hierhin und dorthin, bläst von ganz unten und bläht meine Plane auf. Das Ergebnis ist niederschmetternd, immer wieder neue Löcher und immer wieder neue Risse. Die Plane ist völlig unbrauchbar geworden. Der Wind hat gesiegt, und ich gebe mich traurig geschlagen!

So bleibt mir letztendlich nichts anderes übrig, als zu überlegen, welche Möglichkeiten des Wassersparens mir sonst noch einfallen. Es hört sich so banal an, wie es auch tatsächlich ist: einfach noch weniger Wasser verbrauchen, egal wie.

Die Ölwannen haben wir weiterhin im Gebrauch. Heute benutzen wir sie zum Auffangen von Regenwasser, und es ist kaum vorstellbar, aber dieser Einsatz ist weitaus effektiver. Bezieht sich der strahlend blaue Himmel mit dunklen Wolken und kündigt den Regen an, wird alles vorbereitet, damit kein kostbarer Tropfen verloren geht. Das gilt speziell für die sehr trockene Sommerzeit. Alle zur Verfügung stehenden Gefäße werden blitzschnell geleert oder umsortiert. Der gelbe Eimer hierher, die schwarzen Kochtöpfe dorthin, die rote Plastikwanne unter einen Felsvorsprung, selbst die Kaffeetassen, vergessene Becher, geschenkte Plastikdosen, alles dient dazu, mit dem ersehnten Regenwasser gefüllt zu werden. Längst sind auch die *pokopoko*, die angeschwemmten Plastikkugeln von Fischerbooten, aufgesägt und stehen bereit, jeden Tropfen des nassen Elements für uns aufzufangen.

Oh nein, ich hatte keine Ahnung, wie kostbar Wasser wirklich ist. Erst jetzt, da es überall fehlt und nicht selbstverständlich vorhanden ist, lerne ich seinen tatsächlichen Wert zu schätzen. Eine wichtige Erfahrung für mich.

NASSES HAKAPUPA

❧

In den Wintermonaten ist der Wassermangel nicht das Problem. Wenn es in Strömen regnet, ist das der Moment, sich im Freien unter die natürliche Dusche zu stellen und sich ausgiebig zu waschen. Meist ist es zwar unangenehm kühl, und manchmal lässt mich der eisig kalte Südwind am ganzen Körper erzittern, doch es tut gut, nicht an die Wasserverschwendung denken zu müssen.

Oft ist es nun allerdings auch tagelang unangenehm feucht. Der salzhaltige Wind ist gesättigt von den mitgetragenen Wassertropfen, und die Luft ist schwer. Es gibt kaum eine Möglichkeit, die Kleidung und das Bettzeug zum Lüften und Trocknen nach draußen zu hängen. Der Wind, der durch die natürlichen Ritzen unserer Steinmauern eindringt, bringt jetzt nicht nur Frischluft mit sich, sondern auch Feuchtigkeit, die in die Fasern der Bettwäsche kriecht. Alles riecht stickig und muffig. Aber das ist nicht das Schlimmste. Jetzt bricht die unangenehme Zeit an, da wir in ein kaltes, feuchtes Bett kriechen und den Schlafsack mit unserer eigenen Körperwärme trocknen müssen. Die Feuchtigkeit zieht stetig hinein in die Knochen, und eng aneinander geschmiegt hoffen wir, uns ausreichend Wärme schenken zu können.

Unser Schlafzimmer – unser einziger Raum – heißt *hakapupa*. In der Rapa-Nui-Sprache bedeutet das eigentlich »Nest«, und so fühlen wir uns auch unter diesem niedrigen Dach. Das wenigstens ist wasserdicht. – Denken wir zumindest, bis das Wasser nach tagelangen heftigen Regengüssen auch davor nicht mehr Halt macht. Ein kleiner Wasserfall plätschert innen fast lautlos die Mauer herunter und durchnässt alles, wirklich alles.

Nichts ahnend und im guten Glauben, uns ausstrecken und gegenseitig wärmen zu können, krabbeln wir bei Einbruch der Dunkelheit in unser Nest hinein. Der Schein der Taschenlampe bestätigt, was meine Hände fühlen und ich nicht wahrhaben will. Und nun höre ich es auch, höre das leise, unaufhaltsame Plätschern. Ein kleiner Riss hat genügt – jetzt habe ich nicht einmal mehr ein feuchtes Bett, nein, es ist nass! Alles ist nass! Die Tränen laufen mir lautlos aus den vor Schreck weit geöffneten Augen. Draußen Dauerregen, alle Kleidung feucht, und nun das noch. Selbst meine Ausweise schwimmen in einem kleinen schmutzigen See. Zum Glück hatte ich sie vorsorglich in eine Plastiktüte eingewickelt. Doch meine geliebten Bücher in meiner deutschen Muttersprache, die wenigen ausgewählten, die ich mitgenommen und wie einen Schatz behütet habe! Alles ist durchnässt, alle Seiten kleben fest aneinander. Und meine Briefe, der so wichtige Kontakt zu meinen Freunden – ich nehme sie vorsichtig in die Hände, und das Wasser fließt langsam heraus. Nein, nicht das auch noch!

Ich fühle mich am Ende meiner Kräfte. Ich sehne mich nach einem ganz normalen Bett, das mich wärmt, mit einer trockenen Decke, die ich mir über den Kopf ziehen kann, zum Schlafen und Vergessen oder Schlafen und Träumen. Auf was habe ich mich da eingelassen, wie soll ich so leben können?

Der Ort ist weit entfernt. Wir haben weder ein Auto, noch ist jemand in der Nähe, den wir bitten könnten, uns dort hinzufahren. Ich will nicht mehr, ich kann nicht mehr, das ist mir zu viel Natur. Aber, was soll ich machen? Verzweifelt akzeptiere ich die Situation. Mir bleibt nichts anderes übrig. Ich krieche hinein in die Nässe, die sich allmählich meiner Knochen bemächtigt. Karlo wärmt meinen zitternden Körper. Zu der Nässe kommt eine sehr tiefe Trauer hinzu, Angst befällt mich, Angst, das alles nicht zu schaffen. Ich weine, weine in Karlos Trost spendenden Armen, bis mir endlich die Augen zufallen und mich der Schlaf erlöst.

Der nächste Tag ist wunderschön. Er empfängt mich mit einem vollständigen halbkreisförmigen Regenbogen, doppelt sogar leuchten seine Farben mich an. Auf der gegenüberliegenden Seite wächst er heraus aus dem ruhigen smaragdgrünen Meer, spannt sich hoch über die sanften Hügel und malt die schwarzen Felsen bunt an, bevor er in ihnen endet. Mit seinem frischen klaren Gelb, Rot, Grün und Blau zeigt er das Ende des Regens und den Beginn des Sonnenscheins an und schenkt mir meine Lebensenergie zurück. Er richtet mich auf, und ich räkle mich freudig den zaghaften Sonnenstrahlen entgegen. Ein leiser Wind zieht heran und beginnt vorsichtig, die Erde wieder trocken zu fegen.

Wortlos räumen wir alle Dinge ins Freie. Wir breiten die feuchte Bettwäsche auf den Felsen aus, bauen kleine Gestelle aus Brennholzstücken und hängen die Kleidung zum Trocknen auf. Wir beschweren die Bücher und blättern die Seiten um, damit der Wind sie durchblasen kann. Welch ein Glück, die meisten Briefe sind nicht mit Tinte geschrieben, ich kann sie weiterhin lesen. Es ist halb so schlimm. Wir zerren das nasse Stroh bündelweise ins Freie und machen uns auf, neues zu schneiden. Der Wind wird stärker und trocknet alles sehr schnell. So können wir frisches, duftendes Stroh nach Hause tragen, die feuchte Erde damit bedecken und die gröbsten Unebenheiten des Untergrunds ausgleichen. Gegen Abend räumen wir alles wieder gut gelüftet ein. Es ist vergessen. Ich bin glücklich!

Welch ein schöner Tag! Sonne und Wind helfen uns gemeinsam bei unserer Arbeit. Als sich die erwärmende Himmelskugel glutrot im Meer verabschiedet, befindet sich alles wieder an seinem vorherigen Platz. Nur die harten Halme unter meinem Körper erinnern mich an die vergangene Nacht, sie müssen noch eingelegen werden. Mit dem betörenden Geruch des frischen Strohs in der Nase genießen wir unsere Umarmung, bevor wir uns voneinander ins Reich der Träume verabschieden.

»Wenn du das Schlechte nicht erlebst, kannst du das Gute nicht genießen!« So einfach und so wahr.

WASCHTAG

მა

Der ununterbrochen anhaltende Regen hat auch seine guten Seiten: Die natürlichen Becken in den schwarzen Lavafelsen sind nun bis zum Rand mit dem kostbaren Nass, dem Süßwasser gefüllt. Bevor der Wind es wieder mit sich fortträgt und die Sonne es verdunstet, nehme ich ein ausgiebiges Duschbad. Nein, ich schütte es nicht mehr nur tassenweise über meinen Körper, sondern eimerweise! Ausgesprochen verschwenderisch genieße ich das Herabperlen des leicht angewärmten Wassers. Welche Wohltat, welch ein Genuss!

Und jetzt ist endlich genügend Wasser vorhanden, um die Wäsche direkt in unserer Nähe zu waschen. Wir müssen nicht mit dem Wäschebündel auf dem Rücken den gegenüberliegenden Berg hinaufziehen, die nächstgelegene Quelle aufsuchen, einen Waschtrog bauen, Wasser schöpfen, waschen, warten, bis der Wind alles getrocknet hat und dann wieder den Berg hinuntersteigen – wir haben direkt neben uns mehr als ausreichend Regenwasser.

Ein Eimer, Waschmittel, eine Wurzelbürste und ein Holzbrett, das ist meine neue Waschmaschine. Mit diesen Utensilien ausgerüstet, beginne ich mit der ungewohnten Arbeit. Ich tauche die Bettwäsche und alle verschmutzten Kleidungsstücke in ein kleines Wasserbecken ein, schütte Waschpulver darüber, ziehe die Schuhe aus und bearbeite die eingeweichten

Sachen mit meinen nackten Füßen. Der weiße Schaum verfärbt sich allmählich und nimmt den Schmutz auf. So, jetzt kann ich mit dem Auswaschen anfangen.

Das Resultat, das sich meinen Augen darbietet, ist alles andere als zufriedenstellend. Der feine weiße Sand, die winzig kleinen schwarzen Lavasteinchen und das helle Grün der Wasserpflänzchen, alles ist gut durchmischt in meiner Wäsche verteilt. Ich habe keinerlei Vorstellung, wie ich das wieder sauber bekommen soll! Ich schrubbe, wringe die Wäsche aus, tauche sie ein in das nächste Becken, schrubben, auswringen, ins nächste und so weiter, bis ich einigermaßen zufrieden bin. Sauber ist die Wäsche nicht, das kann ich wahrlich nicht behaupten, dafür tragen aber nun fast alle Wasserstellen eine kleine schmutzige Schaumkrone, und ich bin müde und erschöpft.

Und dann muss ich mir am Ende dieser anstrengenden Arbeit von Karlo noch den Verweis anhören: »Denkst du denn nur an dich und nicht an die umherziehenden Tiere, die dieses Wasser zum Trinken, zum Überleben brauchen?« Es stimmt. Als Trinkwasser ist das kostbare Nass nun tatsächlich ungenießbar. Es tut mir entsetzlich Leid.

Ich ziehe mich still zurück, setze mich zwischen die Felsen und schaue bittend den Himmel an. Die Tränen benetzen mein Gesicht, und ich frage mich wieder und wieder, wie ich dieses Leben hier wohl meistern soll. Häufig ist es so kompliziert, einfache Lösungen zu finden. Als Großstadtfrau, die ich weder auf dem Land gelebt habe noch jemals dort leben wollte, habe ich viele Dinge nicht gelernt. Heute schöpfe ich selbstverständlich nur das benötigte Wasser in einen Eimer, weiche darin die Wäsche ein, schrubbe sie, kippe die verschmutzte Brühe weit ins Meer hinaus und schöpfe anschließend erneut Wasser zum Spülen. So verbrauche ich nur das tatsächlich notwendige Süßwasser, und die umherziehenden Tiere behalten ihr sauberes Trinkwasser.

Eins habe ich gut verstanden: Der Kreislauf des Wassers ist gnadenlos. Spare ich am Süßwasser, um meinen Körper vom täglichen Schweiß und Schmutz der trockenen oder vom Regen aufgeweichten Erde zu reinigen, ist die Bettwäsche entsprechend schneller schmutzig und muss gewaschen werden. Reinige ich mich im reichlich vorhandenen Meerwasser, rubbeln mir die feinen unsichtbaren Salzkristalle, die ich mit ins Bett schleppe, nachts die Haut auf und setzen sich in der Bettwäsche fest, die dann auch wieder dementsprechend oft gewaschen werden muss. Dusche ich ausgiebig, muss die Bettwäsche zwar weniger oft gewaschen werden, aber das Wasser ist auch weg. Sicher ist: Egal, was ich mache, Süßwasser fehlt immer. Es ist zum Verrücktwerden!

WARUM

❧

Und dann kreisen Fragen in meinem Kopf herum – warum bin ich immer noch hier? Warum steige ich nicht in das nächste Flugzeug und setze meine ursprünglichen Reisepläne in die Tat um? Warum fahre ich nicht endlich zu den Walen und Pinguinen und realisiere diesen lang gehegten Wunschtraum? Warum lebe ich hier mit Karlo in den Unbilden der Natur? Warum verzichte ich auf jegliche Art von Luxus? Warum verzichte ich sogar auf ein ganz normales Leben?

Nicht einmal die spanische Sprache beherrsche ich gut genug, um meine Verzweiflung, Wut oder Trauer entsprechend ausdrücken zu können. Alles, was mein Leben in Deutschland ausgemacht hat, alles, was ich gelernt habe, alles, was ich kann, erscheint mir jetzt schlichtweg unnütz.

Und doch bleibe ich, bleibe ich an der Seite von Karlo. Wer ist dieser Mann? Was bedeutet er für mich, dass ich bereit bin, all diese Veränderungen auf mich zu nehmen? Was macht diese Faszination aus, diese Anziehung, die er auf mich ausübt? So oft frage ich mich das alles, und genauso oft bleibt alles unbeantwortet. Ich hoffe, dass sich all die Fragen irgendwann von allein in Luft auflösen werden.

Ganz tief in mir habe ich das Gefühl, er ist mein Mann, und ich bin seine Frau. Ich gehöre zu ihm wie er zu mir. Warum auch immer!

43

ZEITPUNKT

❧

Die Musik dröhnt laut aus den Lautsprechern, westliche Musik, Techno, ab und zu ein langsamer Blues. Es ist ein Uhr nachts, und die Diskothek füllt sich. Sie füllt sich mit langhaarigen Männern, deren Gesichter oftmals mit einem schwarzen Vollbart zugewachsen sind. Aus ihren freundlichen dunklen Augen blicken sie mich neugierig und offen an. Ich falle auf, zumindest in dieser Jahreszeit, da nur wenige Touristen die Insel besuchen. Mit meinen blonden Haaren und blauen Augen sehe ich weder aus wie eine Frau von Tahiti noch wie eine Latina, eine Frau vom südamerikanischen Kontinent.

Es ist ein schöner Abend. Ich tanze viel, lache unbeschwert aus vollem Herzen, fühle mich begehrt und umworben. Kurz, mir geht es rundherum gut. Aber – ich will kein Abenteuer. Ich will in einer Woche weiterreisen, denn der Besuch der Osterinsel ist der Beginn meiner einjährigen Reise. Trotz der vielen freundlichen Angebote möchte ich mich in keinem Fall auch nur auf eine klitzekleine Seelenangelegenheit einlassen. Ich genieße den Abend, genieße mich mit den anderen. Mittlerweile ist es vier Uhr morgens, und ich bin wahrhaftig müde. Glücklich, zufrieden und vollkommen durchgeschwitzt, will ich jetzt nur noch eins: mich ausgiebig unter die warme Dusche stellen, allein unter meine Bettdecke schlüpfen und lange, lange ausschlafen.

Nur eine Einladung habe ich nach kurzer Überlegung angenommen. Morgen werde ich mir meinen Schlafsack unter den Arm klemmen und das Wochenende mit einem Osterinsulaner hinaus ins Campo fahren. Dort lebt seit kurzer Zeit sein Bruder. Er möchte ihn besuchen und sich in aller Ruhe mit ihm unterhalten. »So kannst du auch diese Seite von uns kennen lernen, es wird dir bestimmt gut gefallen.«

Ich freue mich über diese herzliche Einladung und bin neugierig auf den kommenden Tag. Nein, ich hatte nicht die geringste Vorstellung, dass er mein Leben derart verändern sollte.

BEGEGNUNG

❦

Barfuß und mit einer kurzen Hose bekleidet, begrüßt mich freundlich ein großer muskulöser Mann mit schwarzbraunen Augen und einer tiefen warmen Stimme. Halblang und grauweiß ist sein dichtes wuscheliges Haar, das in angenehmem Kontrast zu seinem dunklen Körper steht. Er strahlt Ruhe und Stärke aus.

Die beiden Brüder haben sich viel zu erzählen, ist doch der Ältere, Karlo, erst vor drei Monaten aus Tahiti zurückgekehrt – nach achtzehn Jahren. Mir gefällt die Umgebung. Ich gehe lange allein spazieren, suche Muscheln an dem weißen Sandstrand, setze mich in den Schatten unter den hohen Kokospalmen, genieße den Anblick der heranrollenden Wellen und beobachte die leise heraufziehende Dämmerung, bevor ich langsam wieder zurückschlendere.

Das Essen brutzelt mittlerweile auf dem Holzfeuer, und der würzige Duft weckt meinen Hunger. Stundenlang, bis tief in die funkelnde Sternennacht sitzen wir zusammen neben dem wärmenden züngelnden Feuer. Die beiden Brüder erzählen mit leiser Stimme, ich höre zu und versuche, etwas von ihrer Unterhaltung zu verstehen. Ab und zu unterbricht ein Lied zur sanft gezupften Gitarre ihr ruhiges Gespräch.

Karlo sitzt den ganzen Abend an meiner Seite. Plötzlich, wie von allein, berühren sich unsere Knie. Er gibt mir einen flüchtigen Kuss – und ich erstarre. Er nimmt meine Hand, wir stehen auf und gehen spazieren. Nicht weit entfernt befindet sich eine kleine Höhle. Wortlos, als wäre dies das Allernormalste, das Selbstverständlichste zwischen uns, als hätte es nie etwas anderes gegeben, legen wir uns nieder und lieben uns. Langsam und von weit entfernt dringen die Lieder der Gitarre anschließend erneut in meine Ohren.

Ich weiß nicht, bin ich wach, oder träume ich? Was läuft hier ab? Was passiert mit mir? Insgeheim hoffe ich, dass dies nur ein wunderschöner Traum ist, aus dem ich am nächsten Morgen gut gelaunt erwachen werde.

Aber ich schlafe nicht in meinem Bett. Jetzt erst gleite ich hinein ins Reich der Träume, jetzt erst, nachdem Karlo meine Hand fest in der seinen hält und sagt: »Ab morgen sind wir allein. Dann möchte ich dich in meinen Armen spüren, möchte wie Mann und Frau mit dir zusammen sein.«

KARLO

❧

Verliebte benötigen keine Sprache. So auch wir nicht, denn wir haben auch ganz einfach keine. Meine mühsam gepaukte spanische Grammatik verhindert bloß, dass ich – aus Angst, Fehler zu machen – komplexere Sätze formuliere. Nein, Körper benötigen keine Grammatik. Die Sinne sind sensibilisiert, alles, was wahrgenommen und beobachtet werden kann, in ihrer Weise zu entdecken, aufzusaugen und zu gestalten. Wir beide haben einen unschätzbaren Vorteil, wir nehmen das Geschenk an, die Zeit so zu nutzen, wie wir es wollen, wie wir sie für uns benötigen.

Kein schriller Weckton bestimmt unseren Tagesbeginn. Ja, wir haben Zeit, unendlich viel Zeit, uns zuzuhören, uns Fragen zu stellen, uns zu lieben, Essen zu suchen, das Essen zuzubereiten und uns weiter zu entdecken. Und allmählich erlernen wir eine gemeinsame Sprache, eine spezifische Ausdrucksweise, die zusammengesetzt ist aus spanischen Wörtern und Wörtern der Rapa-Nui-Sprache.

Was weiß ich von Karlo und seiner persönlichen Geschichte? Nichts außer Fakten, die ich irgendwo gelesen haben könnte, oder Daten, die vorspiegeln, den anderen zu kennen. Einundfünfzig Jahre ist er alt, sechs Jahre älter als ich und mit anderen Lebenserfahrungen ausgerüstet. Er ist Bildhauer, hat an der Universität von Santiago Kunst studiert, ist als Hippie durch Lateinamerika gezogen, hat sein Essen mit Kunsthandwerk und Tellerwaschen verdient und die alte Kultur der Inka und Maya studiert. Danach ging er nach Rapa Nui zurück und gründete vor über zwanzig Jahren die erste Theatergruppe, die sich das Ziel setzte, die alten Traditionen, Gesänge und Tänze in der ursprünglichen Kleidung wieder aufleben zu lassen. Nach einem kurzen Gefängnisaufenthalt unter General Pinochet ließ er sich für viele Jahre auf Tahiti nieder, um moderne abstrakte Skulpturen zu kreieren. Skulpturen, oft mehrere Meter hoch, aus Holz oder Stein, die einerseits vom Einfluss der Maori geprägt sind und andererseits von der Verbindung zur westlichen Kunst. Er suchte nach neuen Wegen, ohne die Kunst seiner Kultur zu vergessen. Er trägt sie in seinem Blut, wie er es ausdrückt.

Natürlich bin ich neugierig zu erfahren, warum Karlo hier draußen, völlig allein an der Seite der Bucht von Anakena lebt, wo die gesamte Bevölkerung doch in Hanga Roa wohnt.

Er sei hier, um sein Projekt, die Konstruktion des *Ahu Vaka Tupuna Maori* zu realisieren. Er arbeitet allein und ohne jegliche materielle oder finanzielle Unterstützung. »Wenn du etwas wirklich willst, dann machst du es auch«, ist seine Überzeugung.

Und ich, ich verstehe überhaupt nichts. Ich weiß weder, was *ahu* noch was *vaka* bedeutet. Nur an das Wort *tupuna* erinnere ich mich sehr genau, auch ohne dessen Bedeutung zu erahnen.

DIE ANDERE SEITE

෪

Auch ich habe fünfundvierzig Jahre meines Lebens gelebt, habe die Höhen genossen und die Tiefen durchlitten. Unabhängig und allein lebend, habe ich mir nach vielen kummervollen Trennungen geschworen, wenn tatsächlich noch einmal ein Mann einen wichtigen Teil meines Lebens bestimmen sollte, dann nur in zwei getrennten Wohnungen. Ich war mir sicher, eine größere Nähe nicht mehr zulassen zu können – und falls überhaupt noch einmal, dann wäre die Sicherheit der Geborgenheit für mich nur in der Distanz zu leben.

Mein Beruf als Lehrerin versprach Sicherheit und finanzielle Unabhängigkeit. Und ich liebte meine Arbeit. Es machte mir Spaß, Biologie zu unterrichten, ebenso wie Mathematik, Chemie und Physik. Es gefiel mir, die Heranwachsenden reifen zu sehen, sie zu begleiten mit ihren vielen Problemen und Fragen, die sie – und nicht nur sie – an ihr Leben und ihre Zukunft haben. Neugierig und offen war ich immer, neugierig auf Unbekanntes, auf andere Lebenserfahrungen und auf andere Menschen. Es war der Ausgleich, war die Lebendigkeit, um den klaren analytisch-abstrakten Verstand in seinen Grenzen zu halten. Den Verstand, den ich mit viel Disziplin von Kindesbeinen an geschult habe.

Doch jetzt musste ich ein Jahr ausspannen und mich erholen. Ich wollte neue Erfahrungen mit mir selbst machen und mir Zeit zum Nachdenken über meine eigene, persönliche Zukunft gestatten; vielleicht auch dieses freie Jahr dazu nutzen, Ruhe mit mir selbst und für mich zu finden. Ich wollte Abstand von den tagtäglichen Diskussionen, dem Problematisieren und den Klärungen von Missverständnissen, wollte mich mit Pinguinen und Walen unterhalten, mit den Meerestieren, mit denen mich keine gemeinsame Sprache verbindet. Das war mein Traum, auf den ich lange hingespart hatte, um ihn nun endlich zu realisieren.

Und nun soll ich hier in dieser Einsamkeit in einem neuen Leben gelandet sein? Ich, eine Stadtfrau aus dem munteren Köln, ich, die ich zwar nicht besonders gut, aber leidenschaftlich gern Tango tanze, ich, die ich immer über die neuesten Kinofilme mitdiskutieren musste und jeden Morgen beim Frühstück die Tageszeitung las … Soll es wahr sein, dass ich jetzt vierundzwanzig Stunden am Tag hautnah mit einem Mann aus einer fremden Kultur in der Natur leben werde? In einem *paepae* ohne Strom, ohne fließendes Wasser, ohne Zeitung, ohne Telefon, ohne Auto?

MAORI

❦

Ich genieße die Nächte. Stundenlang sitzen wir gemeinsam in der Dunkelheit unter den Tausenden blinkender Sterne des südlichen Himmels. Ich verfolge das Kreuz des Südens, wie es unerschütterlich seine Jahrmillionen alte Bahn zieht. Zum ersten Mal wird mir bewusst, dass diese Konstellation auch für mich die Orientierung der Himmelsrichtung sein wird.

Genauso wie vor Hunderten und Tausenden von Jahren für die Seefahrer, für das alte Seefahrervolk der Maori, das mit seinen Schiffen, den Katamaranen, die unendliche Weite des Pazifischen Ozeans durchzogen und überquert hat, um die unzähligen kleinen Inseln und Inselgruppen zu besiedeln.

Neugierig falte ich Karlos Weltkarte auf und breite sie vor mir aus. Sie ist anders als die mir bekannte. Der Pazifische Ozean bildet das Zentrum, die Kontinente rahmen die riesige Wasserfläche ein. Staunend betrachte ich die immense Ausdehnung des Lebensraums der Maori, die in dem Dreieck zwischen Hawaii, Neuseeland und der Osterinsel leben. Ihnen gemeinsam ist eine sprachliche, kulturelle und spirituelle Einheit. Einige Inseln sind heute unabhängig, andere gehören so verschiedenen Ländern an wie den Vereinigten Staaten von Amerika, Frankreich oder – wie im Falle der Osterinsel – Chile. Bis heute ist es ein Volk mit einer lebendigen gemeinsamen Sprache, die jedoch verloren zu gehen droht. Die offiziellen Landessprachen sind heutzutage Englisch, Französisch und – wie hier auf der Insel – Spanisch.

Interessiert lausche ich der warmen dunklen Stimme, die geduldig versucht, mir mit einfachen spanischen Worten die Eigenheiten einer mir unbekannten Kultur zu erklären und mich einzuführen in unbekannte Denkweisen. Ich lerne langsam, aber ich lerne.

Bevor ich die fünf Stunden über die Weite des Pazifiks flog, wusste ich nicht einmal, dass die Osterinsel zu Polynesien gehört und von der ethnischen Volksgruppe namens Maori bewohnt wird. Mit der Kultur der Südsee habe ich mich nie beschäftigt, ich fühlte mich nie dorthin gezogen. Das erschien mir alles viel zu exotisch. Die spärlichen Informationen über diese kleine Insel, die ich mit mir führte, stammen aus einem dünnen Reiseführer. Das Ziel meiner Reise war schließlich Südamerika und nicht Polynesien.

TRANSPORT

❦

K eine fünfzig Meter von unserem *paepae* entfernt liegt ein
großer ungeordneter Steinhaufen. Schwere unregelmäßi-
ge Felsbrocken türmen sich übereinander und sind durcheinander gewürfelt mit kleineren. Sie sollen – zusammen- und
übereinander gesetzt und mit Hammer und Meißel bearbeitet – den ersten neu geschaffenen *ahu* dieser Insel bilden.

Karlo beginnt mit seiner Arbeit. Dreieckig soll die Konstruk-
tion dieser Plattform werden, um die kulturelle Einheit der
Maori zu symbolisieren. In nördlicher Richtung wird der erste
Punkt markiert, Hawaii, die südwestliche Spitze soll Neusee-
land und der Eckstein im Südosten die Osterinsel darstellen.
Drei in die Erde gerammte Holzstämme zeigen die geplanten
Dimensionen an: etwa acht mal sieben mal fünfeinhalb Meter.

Ein schwerer Felsbrocken rückt langsam an den südöstlichen Punkt, den Ausgangspunkt der Arbeit. Eine lange Eisenstange ist das einzige Transportmittel. Sie wird unter den Stein
gestemmt, der damit angehoben und beweglich wird. Dabei
kann ich mithelfen und bin froh, etwas tun zu können. Karlos
Anweisungen entsprechend lege ich kleinere Steine unter die
entstandene Öffnung zwischen Erde und Felsbrocken, und der
schwere Stein wird nun in die vorgesehene Richtung gekippt.
So geht es den ganzen Tag weiter, millimeterweise, zentimeterweise.

Geschafft! Am Abend liegt der Stein an seinem vorgesehenen Platz. Das lange weiße Tuch, das ich gegen den immerfort blasenden Wind und die unbarmherzig scheinende Sonne um den Kopf gebunden trage, ist mittlerweile schmutziggrau vom abgewischten Schweiß. Langsam zieht die Dämmerung auf, und mein ungewohnter Arbeitstag neigt sich dem Ende entgegen. Ich freue mich auf ein erfrischendes Ausstrecken und Eintauchen in den warmen Wellen der Bucht. Karlo holt die Harpunen heraus und geht das wohlverdiente Abendessen jagen.

Anfangs erscheint es mir unmöglich, solche Gewichte zu transportieren, einzig und allein mit einer Eisenstange in der Hand, aber es funktioniert. Die Arbeit geht langsam voran, doch sie geht jeden Tag ein Stückchen weiter, und das eineinhalb Jahre lang, dann wird der *Ahu Vaka Tupuna Maori* fertig sein.

Und sollte ich dann immer noch mit Karlo zusammenleben, werde ich auch verstanden haben, was die tiefere Bedeutung der einzelnen Wörter und der Funktion des *Ahu Vaka Tupuna Maori* ist.

UNTERRICHT

❧

K arlo geht fischen, Karlo geht tauchen, er macht das Feuer, kocht, spült das Geschirr und wäscht die Wäsche, da ich sie immer noch nicht sauber genug wasche. Er macht alles lieber selbst, wie er es sein Leben lang gewohnt ist. »Frauenarbeit« gibt es für ihn nicht, er will keine Frau, die für ihn arbeitet. Eine Frau ist das Haus, in das er seinen Samen legen kann, damit sein Blut weiterexistiert und ihm die »weiße Flüssigkeit« nicht zu Kopf steigt und ihn dominiert. Eine Frau, die müde ist von der vielen Arbeit, will schlafen und muss sich erholen. Sie hat keine Kraft, ihn als Mann glücklich zu machen, ihn als Mann zu empfangen, ihn als Mann empfangen zu wollen. Deshalb ist es seine Aufgabe, dafür Sorge zu tragen, dass es seiner Frau gut geht, dass sie sich auf ihn freut und mit ihm Sexualität leben möchte. Wozu gibt es zwei Geschlechter auf der Erde? Um die Sexualität miteinander zu genießen. Und was will ein Mann? Er will in die Frau eindringen, will, dass sie ihn freudig aufnimmt, dass sie beide Lust aneinander empfinden. Dann fühlt er sich als Mann gut, dann fühlen sich beide gut.

Karlo wäscht. Rot vor Scham sehe ich ihn meine blutigen Unterhosen schrubben. Das will ich nicht. Ich nehme sie ihm aus den Händen. Verständnislos schaut er mich an: »Du hast keine Probleme, mich in deinen Körper eindringen zu lassen,

56

aber Schwierigkeiten mit deiner Unterwäsche? Das verstehe ich nicht. Du bist doch eine Frau, du bist doch meine Frau.« Kopfschüttelnd nimmt er wieder meine Unterwäsche und wäscht seelenruhig weiter.

Frau sein, meine Weiblichkeit anzunehmen, war nicht einfach in meiner Entwicklung. Völlig unvorbereitet traf mich meine erste Periode. Blut tropfte in die Toilette, mein Blut. Und es hörte den ganzen Tag nicht mehr auf. Ich legte mich verzweifelt in mein Bett und war bereit zu sterben. Nach drei Tagen lebte ich immer noch, und immer noch floss mein Blut. Eine Tante drückte mir eine dicke Binde und einen Bindengürtel in die Hand. »Das klemmst du dir zwischen die Beine. Du bist jetzt eine Frau.« Das war die unverständliche Erklärung, mit der ich von da an leben musste.

Ich genieße Karlo und fühle mich verwöhnt wie nie zuvor in meinem Leben. Meine einzige Aufgabe ist es, täglich das Bett zu machen, es für die gemeinsamen Stunden in der Nacht vorzubereiten. Langsam erkämpfe ich mir auch andere Bereiche, übernehme zwischendurch ohne Diskussion das Kochen und fühle mich geschmeichelt, wenn es ihm schmeckt oder die Wäsche endlich sauber genug ist.

Viele Stunden sitzen wir zusammen, und ich versuche, Karlo mein Wissen über Biologie und Chemie zu erklären. Ich zeichne Atommodelle auf, erkläre den Dipolcharakter des Wassers und male die pflanzliche Elektronentransportkette in verschiedenen Farben auf das weiße Papier. Er hört ruhig zu, und ich bin überrascht über seine erstaunlich guten Kenntnisse. Er ist ein geduldiger, doch manchmal, wie ich finde, kein guter Schüler. Oft schaut er mich nur an, sagt »Mh, mh, sehr interessant«, steht ohne einen weiteren Kommentar auf, nimmt seine Harpunen und geht tauchen. Ich sitze dann ziemlich perplex vor meinem methodisch und didaktisch gut aufgebauten Material und weiß nicht so recht, ob er es verstanden hat oder überhaupt verstehen will. Ich frage nach. Seine Antwort: »Ich will, dass du dich wohl fühlst. Wenn es dir Freude macht, höre ich dir gerne zu.« Das ist keine befriedigende Erklärung für mich, und ich hake nach.

»Ich finde das alles sehr interessant, aber was willst du von mir hören? Glaubst du, dass ich besser anpflanzen kann, wenn ich die Elektronentransportkette auswendig aufsagen kann? Glaubst du, dass mir der Dipolcharakter hilft, die Fische zu harpunieren? All dieses Wissen über die Natur führt auch zu ihrer Zerstörung. Die Atombombe der Franzosen wurde in meinem Land gezündet, auf dem Gebiet der Maori. Sie wurde gezündet, ohne uns zu fragen. Sie hat nicht nur Mururoa und die anderen Inseln für immer verseucht, nein, keiner wird je genau wissen, was letzten Endes die Folgen sein werden. Deshalb verlange bitte nicht von mir, dass ich all dieses Wissen beherrschen soll, dieses Wissen, das ihr ›technischen Fortschritt‹ nennt!«

WEGE

❦

Und Karlo arbeitet weiter an der Konstruktion seines *ahu*. Tag für Tag bewegt er geduldig einen Steinblock nach dem anderen zu dem vorgesehenen Platz. Zentimeter um Zentimeter schiebt die Eisenstange die Steine vorwärts, immer ein wenig weiter. Allmählich schließen sich die drei Eckpunkte des Dreiecks. Er weiß, dass er den *ahu* fertigstellen wird, jede Stunde Arbeit bedeutet ein Stück hin zu seiner Vollendung.

Ich beneide ihn, denn er hat seine Arbeit. Und ich? Was mache ich? Was soll ich bloß tun? Unser gemeinsames Leben wird nicht leichter, was nicht allein an der Sprache liegen kann, die ich jeden Tag besser erlerne. Nein, ich beginne mich selbst langsam, aber stetig immer tiefer anzuzweifeln.

Ich habe versucht, zwei Steinen ihre richtige Form zu geben. Dann habe ich Hammer und Meißel aus den Händen gelegt. Einige Wochen haben mir genügt, um einzusehen, dass dies nicht mein zukünftiger Weg sein kann. Begeistert hatte ich angefangen – eine gerade Fläche zu gestalten kann doch wohl nicht so schwierig sein! Die abgehauenen Steinsplitter flogen mir tatsächlich um die Ohren. Stunde um Stunde arbeitete ich unermüdlich, lediglich von kleinen Verschnaufpausen unterbrochen. Aber, so sehr ich mich auch bemühte, es gelang mir nicht, die Flächen plan herauszumeißeln. Egal, was ich versuchte, sie blieben in sich gewölbt.

Ich konnte es nicht glauben, ich sah die Fehler einfach nicht, ich habe keinen Blick für solche Dimensionen. Meine Augen sind es nicht gewohnt, großflächig abzumessen. Einen Unterschied von einem oder 1,1 Millimetern in einer Angelschnur zu bestimmen, ist für mich kein Problem. Aber große Dimensionen sind nicht mein gewohnter Alltag. Für Karlo ist es selbstverständlich, die waagrechte Fläche anhand des Horizonts zu kontrollieren, ich komme nicht einmal auf die Idee, diese natürliche Gegebenheit zu nutzen. Liegt es daran, dass ich immer in der Enge der Großstadt gelebt habe, mit begrenzenden, den Blick einengenden Mauern um mich herum? Sehe ich deshalb nicht einmal die Pferde den gegenüberliegenden Hügel hinabpreschen, während Karlo mir sogar sagen kann, wer der Reiter auf einem der Pferde ist?

Viele Fragen schwirren in meinem Kopf herum. Fragen, die ich mir vorher nie gestellt habe, und Fragen, von deren Existenz ich nichts wusste. Ich weiß nur eins: Mir geht es mit mir selbst immer schlechter. Es gibt nichts und niemanden, über den ich schimpfen oder dem ich die Schuld an meiner Unausgeglichenheit geben könnte. Ich fange unsinnige und völlig überflüssige Diskussionen mit Karlo an, damit ich wenigstens einen Grund habe, mich zu ärgern. Meine blaue Lieblingstasse ist längst in kleine Splitter zersprungen, nachdem ich sie voller Wut gegen den schwarzen Felsen geschleudert habe. Ja, ich beneide ihn aus tiefstem Herzen. Er hat seine Arbeit, kann seinen ihm vertrauten Weg gehen. Und ich? Nur wer arbeitet, ist auch wer, lautete die Devise meiner Erziehung. Bin ich nun nichts mehr wert, weil ich keiner geregelten Arbeit nachgehe? Ich muss versuchen, Karlo mein Problem zu erklären, obwohl ich eigentlich hilflos mit mir selbst konfrontiert bin und gar nicht so recht weiß, wo überhaupt das Problem liegt.

»Suche dein eigenes persönliches Zentrum. Wichtig ist, die Suche nicht aufzugeben. Lerne, dir selbst zu vertrauen. Ich weiß, dieses neue Leben ist schwer für dich, ist kaum aushaltbar. Es ist besonders schwer für jemanden, der den Tag, die Woche, selbst den Monat durchstrukturiert hatte, der immer wusste, was er wann tun wollte und musste. Doch gib nicht auf. Übe dich in Geduld mit dir selbst. Bleibe auf der Suche nach deinem ureigenen Weg. Du wirst ihn finden.«

Drei Dinge benötigt er für sein inneres Gleichgewicht, um eins mit sich zu sein. Er ist sich sicher, als Künstler geboren zu sein, dazu ist er auf der Erde. Seiner Kreativität Ausdruck zu verleihen – sei es, indem er Skulpturen schafft, sei es, dass er den *ahu* konstruiert – ist das eine. Den Boden zu bepflanzen und dessen Fruchtbarkeit zu nutzen, um sich zu ernähren, ist das zweite. Und Tauchen, Fischen und dem Meer abzuringen, was er zum Überleben benötigt, das dritte. Diese drei Elemente zusammen sind seine Nahrung, sind sein Zentrum. Sie geben ihm die notwendige Kraft, seinen eigenen persönlichen Weg zu gehen. Vernachlässigt er jedoch eines dieser Elemente, ist er unausgeglichen und verliert sein Gleichgewicht.

Es hört sich alles so einfach an. Und ich? In meinem Beruf hatte ich Ansehen und Selbstbestätigung. Hier kann ich mit diesem einstudierten Wissen, mit all meinen vielen Erfahrungen nichts, rein gar nichts machen! Ich fühlte mich immer als eine starke, selbstbewusste Frau. Wenn ich mehr Zeit hätte, würde ich dieses und jenes noch tun, sagte ich mir. Nie hatte ich Langeweile verspürt, im Gegenteil, ich erlebte die nicht vorhandene Zeit als einen riesigen Mangel. Und was habe ich hier? Zeit, Zeit und nochmals Zeit. Jetzt kommt sie mir endlos vor, weil ich nicht weiß, was ich mit ihr anfangen soll. Oder – ehrlicher gesagt – ich weiß nicht, was ich mit mir selbst anfangen soll. Ist das wirklich der Sprung vorwärts und ins Höhere?

Und doch gibt Karlo mir durch die Erklärung seines Lebens die Kraft weiterzugehen, weiter zu suchen und mich weiter selbst zu ertragen.

TUKI

❧

Eines steht fest: Ich muss meinen Kopf leeren, mich von
meinem Ballast befreien, wenn ich Raum schaffen will für
Neues. Da das Glas meines Lebens aber Jahre und Jahrzehnte
brauchte, um sich mit dem Lebenselixier Erfahrung zu füllen,
kann ich es jetzt nicht in einem kurzen Zug leeren. Das käme
einem Auskippen, einem Negieren, ja, einem Verlust meines
bisherigen Lebens gleich. Ich will lernen, meine vergangenen
Erfahrungen zu komprimieren, sie in Essenzen umzuwandeln,
so dass ich genug Platz schaffe, um das Neue darin aufzunehmen. Nachdenklich fange ich an, mich in Geduld zu üben und
den langen Weg zu akzeptieren, den ich offenbar zu gehen
habe.

Wie viele Stunden des Tages spaziere ich allein herum, denke nach und versuche, all das Neue, das mit mir geschieht, zu
erfühlen und zu ertasten. Karlo arbeitet jeden Tag weiter an
seinem *ahu*. Aber welch ein Glück! Ich habe einen neuen
Freund gefunden: einen Freund, der mir geduldig zuhört und
der mich ohne weitere Erklärungen zu verstehen scheint. Ja,
mit dem ich in meiner Muttersprache reden und so auch um
Rat fragen kann. Der einzige Nachteil: Er antwortet mir in einer anderen Sprache. Tuki heißt er, und er begleitet mich
schwanzwedelnd auf seinen vier Beinen. Ich kann es kaum fassen, ich habe jetzt tatsächlich einen deutschen Schäferhund.

»Flöß ihm Milch ein, Milch, so viel wie du kannst!« Karlo arbeitet in aller Seelenruhe an der Vergrößerung unseres *paepae* weiter. Er konstruiert ein Wohnzimmer mit Holzbrettern als Sitzgelegenheit und einem Dach als Schutz gegen den Regen, während ich diesen zitternden Vierbeiner, der sich zum Sterben ausgerechnet mein Zuhause ausgesucht hat, in meinen Armen halte und versuche, ihm diese weiße Flüssigkeit in die Schnauze zu bugsieren.

»Hat er Rattengift gefressen? Er ist total vergiftet!«, fragt mich der Tierarzt in Hanga Roa vorwurfsvoll, nachdem ich Touristen überreden konnte, mich mit dem Hund in den Ort zu fahren.

Woher soll ich das wissen, ich kenne den Hund doch nicht!

»Zweimal täglich, morgens und abends, diese beiden verschiedenen Spritzen!«

Der Hund lebt noch, ich kraule sein zotteliges Fell, er schaut mich ab und zu aus fiebrigen Augen an, während mich die netten Leute mitsamt Tuki wieder zurück nach Anakena bringen.

»Du wirst ihn spritzen, oder der Hund stirbt.« Das ist Karlos knappe Antwort auf mein Bitten, Tuki die Spritzen zu verabreichen. Ich erkläre Karlo, wieso ich das unter keinen Umständen machen kann. Ich, die ich eine Spritzenphobie habe, keine Spritze ansehen kann und bei jeder Verabreichung tausend kleine Tode sterbe.

»Du musst das lernen. Wenn du mit mir zusammen in der Natur leben willst, musst du unabhängig von mir werden. Wenn du möchtest, können wir so lange wie nötig über deine Ängste sprechen. Doch spritzen wirst letztendlich du.«

Ich rede und rede, rede mir den Mund fusselig und hoffe voller Inbrunst, Karlo zu überreden, ihn zu überzeugen, dass er mir diese Aufgabe abnehmen muss. Nein, das kann ich nicht! Nein, ich will das nicht können müssen!

Doch er lässt mir keine Wahl. So nehme ich zittrig die kleine Spritze mit der feinen Nadel in die Hand. Karlo hält den Hund fest, ich gebe mir einen Ruck, der Hund wimmert nur kurz auf, und die Spritze ist drin. Nun noch die zweite, die große mit der dicken Kanüle. Ich habe Angst, steche nur zögernd zu, der Hund jault jämmerlich auf, und Karlo fährt mich unwirsch an: »Du musst dem Hund Sicherheit geben. Schließlich hat er den Schmerz und nicht du!«

Ich atme einige Male tief durch, die Tränen laufen mir unkontrollierbar die Wangen herunter, aber ich reiße mich zusammen. Wenn du etwas wirklich willst, dann machst du es auch, geht es mir durch den Kopf, und mit einem kurz entschlossen kräftigen Ruck steche ich durch das weiche zerzauste Fell in den harten Muskel.

Vier Tage lang wiederhole ich zweimal täglich diese unangenehme Prozedur. Anschließend gehe ich eine Stunde an der Küste spazieren, schaue den unbeteiligten Wellen zu und beruhige meine Nerven. Am letzten Tag drehe ich meine Runde nicht mehr allein. Tuki begleitet mich. Er ist noch schwach, aber er läuft auf seinen eigenen vier Beinen hoch erhobenen Schwanzes neben mir her.

Ich bin sehr stolz auf mich – stolz, meine Grenze und meine Ängste überwunden zu haben. Das Resultat: Der alte Tuki, der kaum noch Zähne im Maul hat, wird mein treuer Bewacher und zuverlässiger Begleiter.

AHU VAKA

❧

Die Sonnenstunden tagsüber erlebe ich als meine ganz persönlichen Therapiestunden. Allein, auf mich gestellt, ohne Therapeuten, quälen mich Fragen, und manches Mal werde ich tatsächlich mit dem Geschenk einer erlösenden Antwort für meine Ausdauer belohnt. Aber wie oft suche und suche ich verzweifelt nach der Tür, hinter der die Antworten verborgen zu sein scheinen, und wie häufig laufe ich daran vorbei, ohne sie zu sehen! Doch ab und zu stehe ich plötzlich davor, drücke die Klinke herunter, und lachend purzeln mir die Antworten entgegen. Dann bin ich glücklich, fühle mich gestärkt und fühle die Kraft in mir wachsen, um weiterzuspringen auf diesem unbekannten Weg. Und abends, wenn die Sonne ihr Abschiedslied gezwitschert hat, freue ich mich auf die gemeinsamen Zweisamkeitsstunden, die ausgefüllt sind mit unserer Liebe und mit Erzählungen.

Karlo erklärt mir viel von seinen neuen Erfahrungen der letzten Zeit. Im vergangenen Jahr hat er viele Tage und Nächte auf dem Pazifischen Ozean zugebracht, dem Meer, das sie *Moana nui a Kiva* nennen. Er ist auf einem neuseeländischen Maori-Schiff namens *Te Aurere* mitgesegelt – einem Katamaran, der in der alten Tradition gebaut ist und ohne jegliche modernen technischen Hilfsinstrumente seinen Weg zu den kleinen Inseln in der Unendlichkeit des Ozeans sucht.

Karlo hat die vielen endlosen Stunden genutzt und sich mit den Navigationstechniken seiner Vorfahren vertraut gemacht. Genau wie vor Tausenden von Jahren segelten auch sie nach den Sternen, den Wolken, den Winden und anderen natürlichen Gegebenheiten. Fast zwei Monate lang hat er die unterschiedlichen Gesichter des Meeres kennen gelernt. Acht Tage segelten sie von Tahiti zu den Marquesas-Inseln, von wo aus sie siebzehn Tage nach Hawaii benötigten und von da aus wiederum dreißig nach Rarotonga. Er hat die Astronomie erlebt, wie seine Vorfahren sie erlebt haben, folgte den Schildkröten, um Festland zu finden, das die Tiere aufsuchen, um ihre Eier abzulegen.

Die Weltkarte liegt, wie so häufig, ausgebreitet vor mir auf dem Boden. Nein, ich weiß nicht, wo die Marquesas-Inseln liegen, auch nichts von Rarotonga, geschweige denn, dass ich den Namen »Raiatea« schon einmal gehört hätte. Und ich muss ehrlicherweise gestehen, dass ich auch nicht wusste, dass der Pazifische Ozean mit seinen 180 Millionen Quadratkilometern eine größere Oberfläche hat als alle fünf Erdkontinente zusammen mit ihren 150 Millionen Quadratkilometern. 50 Millionen Quadratkilometer, also fast dreißig Prozent dieses Ozeans, haben die Maori besiedelt.

Nun drücke ich die Schulbank und höre gespannt zu. Die Seiten haben gewechselt, und es geht mir ausgesprochen gut damit. 1995 hatte nach über zweihundert Jahren ein erstes gemeinsames Treffen der Maori-Schiffe in Raiatea, einer kleinen Insel in der Nähe von Tahiti, stattgefunden. Neun Schiffe nahmen teil. Sie alle navigierten ihrer alten Tradition entsprechend und legten Tausende von Kilometern von Hawaii, Neuseeland, Tahiti, Rarotonga zurück. Die auf Tahiti lebenden Rapa Nui – auch Karlo – hatten ebenfalls ein Boot gebaut und segelten zum Treffen zur Erneuerung der alten Allianz der Maori nach Taputapuatea auf Raiatea. Sie hatten es sich zur

Aufgabe gemacht, ihre fast in Vergessenheit geratene Seefahrerkultur wiederzuentdecken und neu aufleben zu lassen.

Taputapuatea ist ein heiliger Ort, das heilige Zentrum aller Maori. Ich höre das Wort zum ersten Mal. Es klingt sehr fremdartig, und es fällt mir schwer, es richtig auszusprechen. *Taputapu* bedeutet, dass es sich um einen heiligen Ort handelt, der strengstens zu respektieren ist. Hier befindet sich ihren Vorstellungen entsprechend der Körper des großen Oktopus namens *Taumata l'e'e*, der seine Tentakeln über das *Moana nui a Kiva* ausstreckt. Er ist der Helfer der Seefahrer, denn seine Tentakeln weisen den Weg zu den Inseln. Der große Seebeschützer *Te Ara o te Moana* und der Oktopus leiten die Menschen in ihren Schiffen mit Hilfe der Sterne zu ihrem Ziel und gegebenenfalls auch wieder zu ihrer Heimatinsel zurück. Allerdings gilt es, folgende Werte strikt einzuhalten: Respekt, Toleranz, Vertrauen und Einigkeit. Alle Bewohner der empfangenden Inseln haben den ankommenden Seefahrern die Werte *te hau* (Frieden), *haita'i* (Freundlichkeit) und *ho'e raa* (Einigkeit) entgegenzubringen. Das sind die Leitlinien der Allianz, die die Maori vor vielen Jahren gemeinsam unterzeichnet haben und die es jetzt wieder neu zu beleben gilt. Und nun soll das nächste Treffen all dieser Schiffe hier am Nabel der Erde, der Osterinsel, stattfinden.

Nach seiner Reise auf dem *Moana nui a Kiva* hatte Karlo beschlossen, zurück auf seine Heimatinsel Rapa Nui zu gehen, um den *Ahu Vaka Tupuna Maori* zu errichten. *Ahu* ist eine heilige Plattform, und *vaka* bedeutet in der Maori-Sprache Schiff, eigentlich maritimer Transport. Ein wichtiger Teil der Tradition seiner Vorfahren, so erfahre ich erstaunt, ist folgender: Alle *vaka* nehmen auf ihren Reisen Steine ihrer Heimatinsel mit an Bord. Betritt die Mannschaft den festen Boden einer Insel, wird einer dieser Steine auf einem *ahu* platziert. Dort wird er für immer an die Reise der Brüder und Schwestern erinnern. Karlo hat es sich zur Aufgabe gemacht, eben diese heilige Plattform zu konstruieren. Er wählte dazu die Form eines Dreiecks, die es ermöglicht, die Steine symbolisch dort aufzustellen, wo auch die entsprechende Herkunftsinsel innerhalb des Maori-Dreiecks liegt.

Aha, jetzt verstehe ich schon etwas mehr und frage neugierig nach. Was ist mit dem großen globusähnlichen Stein, dem *Te Pito Kura* – dem roten Nabel –, der fälschlicherweise fast immer als *Te Pito o te Henua* – Nabel der Welt – bezeichnet wird? Er ist einer der Anziehungspunkte der Touristen aus den verschiedensten Ländern. Sie setzen sich neben diesen runden Stein, der Metall in einem Kreis über sich tanzen lässt, und legen ihre Hände darauf, in der Hoffnung, spirituelle Energie zu empfangen. »Hat Hotu a Matu'a, euer erster König, ihn vielleicht von seiner Heimatinsel Hiva mitgebracht und ihn der Tradition entsprechend hier auf der neu zu besiedelnden Insel niedergelegt?«, frage ich gespannt.

»Das ist möglich. Aber niemand weiß es mit absoluter Sicherheit«, antwortet Karlo. »Es gehört in den Bereich der Spekulationen, denn unsere Überlieferungen sprechen nicht davon. Das Einzige, was sicher ist: Er ist nicht von dieser Insel.«

Merkwürdig! *Te Pito Kura* – der rote Nabel! Rot ist die heilige Farbe der Maori. Oder heißt er *Te Pito Te Kura* – Nabel des Lichts, Nabel der Erleuchtung?

TAG UND NACHT

Schritt für Schritt geht es mir besser. Ich zerbreche mir meinen Kopf nicht mehr mit Fragen nach mir selbst, was ich tun soll und warum ich hier bin. Und ich warte auch nicht mehr sehnsüchtig darauf, dass Karlo seine Arbeit endlich beendet, mich in seine Arme nimmt und ausschließlich für mich da ist. Ich übe mit mir und besinne mich auf meine Handarbeitsfähigkeiten, die ich früher in der Schule und in meinem Elternhaus gelernt habe. Zerschlissene Betttücher schneide ich sorgfältig auseinander und nähe Kopfkissenbezüge daraus. Rechts-Links-Naht, geduldig und ordentlich, einen Steppstich nach dem anderen, natürlich alles mit der Hand. Am Ende des Tages beziehe ich fröhlich ein Kopfkissen mit einem neuen selbst genähten Bezug.

Karlos Arbeitshosen sind von den spitzen Steinen ständig durchgewetzt. Trotz der vielen Kühe gibt es kein Leder auf dieser Insel, um die entsprechenden Stellen damit zu verstärken. Also heißt es, die aufgesetzten Taschen abzutrennen, anzupassen und festzunähen. Ich bitte meine Freunde in Deutschland, mir festes Garn, Zwirn und einen Fingerhut zu schicken. Diese Geschenke sind wirklich Gold wert. Meine Fingerkuppen sind nun nicht mehr zerstochen, die Nähte gehen nicht mehr so schnell kaputt, und mein Kreuzstich mit starkem Zwirn bewährt sich.

So nähe, flicke und stopfe ich, und es macht mir wahrhaft Freude. In Deutschland wäre ich mit Sicherheit nie auf den Gedanken gekommen, Kopfkissenbezüge mit der Hand zu nähen. Welche Zeitverschwendung! Selbstverständlich habe ich die zerschlissenen Betttücher weggeworfen und neue gekauft. Aber hier ist eben vieles anders. Sind am Ende dann auch die Kopfkissenbezüge kaputt, werden sie zu Säckchen verkleinert, um wichtige Utensilien darin aufzubewahren. Zu guter Letzt wird jedes Stückchen Baumwolle als Docht genutzt, der – in eine Blechdose mit Petroleum gesteckt – nachts einen warmen Lichtschein erzeugt.

Das Allerwichtigste ist, dass ich etwas tue oder – besser gesagt – das Resultat einer Arbeit in meinen Händen halte. So habe ich mir selbst etwas vorzuweisen. In meiner Jugendzeit habe ich Dinge gelernt, von denen ich nicht ahnte, wie hilfreich sie mir eines Tages Tausende Kilometer entfernt sein würden. Nein, ich bin alles andere als unnütz. Das tut mir rundum gut.

In den vielen hellen Stunden des Tages gehe ich einer anderen Lieblingsbeschäftigung nach – ich lese. Es sind nicht viele Bücher, die ich in meiner Muttersprache besitze, und ich hüte sie wie einen kostbaren Schatz.

»[…] Nach dem big bang vor dreizehn Milliarden Jahren vergingen zehn Milliarden Jahre, bis sich aus solchem Staub dann schließlich auch unsere Sonne mit ihren Planeten bildete und damit auch unsere Erde, auf der wir heute bis zu einer Entwicklungsstufe gediehen sind, uns den Kopf darüber zu zerbrechen, wie das alles gekommen ist.«*

Ach, du liebe Zeit! Auch ich sitze jetzt hier, zerbreche mir den Kopf und lese astronomische Bücher aus Deutschland mit

* Hoimar von Ditfurth, *Am Anfang war der Wasserstoff*, München 1992

70

Zahlen, Werten und Formeln, die mich immer mehr verwirren: $O=4R^2$, $V=(4/3)R^3$, $O=M/V$, $g=GM/R^2$. Also das sind die mechanischen Zustandsgrößen der Sterne über mir.[**]

Wie zärtlich streicheln mich dagegen die Namen *Hokule'a* – Arturus, *Aa* – Sirius oder *Matariki* – Pleiades, *Hetu'u Popohanga* und *Hetu'u Ahiahi* – Venus, Licht des Morgens und Venus, Licht des Abends. Dieser Planet, der am Sternenhimmel deutlich zu beobachten ist, der so hell ist, dass er sich von allen anderen unterscheidet … Klar, sein Licht erstrahlt so hell, da er, der uns so nah ist, eine Oberflächentemperatur von fast 500 °C hat. Das macht Leben, so wie wir es kennen, unmöglich. Unglaublich, in einer Höhe von sechzig Kilometern bläst ein ständiger Wind mit einer Geschwindigkeit von 470 Stundenkilometern! 225 Erdentage dauert der Umlauf der Venus um die Sonne, das Venusjahr beträgt etwas weniger als zwei Venustage.[***] Ist das alles verwirrend …

Tagsüber spendet mir die Sonne Licht, damit ich die Bücher lesen und mir den Kopf zerbrechen kann, und nachts sind die Sterne meine vielen Lichter, die ich zu entwirren versuche. Von den zwanzig superhellen Sternen befindet sich die Mehrzahl am südlichen Sternenhimmel. Allmählich erlerne ich ihre Namen, kann sie ihren Konstellationen zuordnen und erkenne sie wieder, wenn sie in Abhängigkeit zur Drehung der Erde erneut sichtbar werden.

Matamea – der rote Mars taucht eines Nachts als neues Licht im Skorpion auf. Er gehört da nicht hin, dessen bin ich mir sicher. Er bleibt auch nicht dort. Nach vielen Nächten verschwindet er wieder aus dieser Konstellation. Die Maori – mit Ausnahme der Rapa Nui – nennen den Skorpion *Maui*, in Reminiszenz an den Helden Maui, der versuchte, mit Hilfe

[**] Hans-Heinrich Voigt, *Das Universum*, Ditzingen 1994
[***] Rudolf Kippenhahn, *Abenteuer Weltall*, Stuttgart 1991

seines Angelhakens die kleinen Inseln der heutigen Gesellschaftsinseln zusammenzuziehen.

Raiatanga – Antares ist der rötliche Stern im Skorpion. Diese große Sternenkonstellation stellt für die Rapa Nui einen Angelhaken mit Federn dar. Der gebogene Schwanz des Skorpions ist der Angelhaken, der Kopf sind die Federn, die sie am Angelhaken befestigen, um damit die Fische anzulocken. Auf dieser Insel sprechen sie nicht vom Helden Maui, denn hier gibt es keine weiteren Inseln, die er hätte zusammenziehen können.

Nga Vaka – Alpha- und Beta-Centaurus – sind die beiden hellen unverwechselbaren Sterne, die in Richtung Kreuz des Südens weisen. Das Kreuz des Südens ist mit seinen fünf Lichtern, die den Südpol angeben, eine der wichtigsten Orientierungshilfen für die Seefahrer, die vom weiten unendlichen Blauschwarz des Meeres umgeben sind.

Tautoru ist der Gürtel des Orion, an dessen Seite ich den Sternnebel erkenne, der die Geburtsstätte neuer Galaxien sein soll. Und dann die faszinierende Vorstellung, dass das Zentrum unserer eigenen Galaxie im Sternbild des Schützen liegt! Der Schütze, der wie eine Teekanne geformt ist und jetzt langsam hinter dem Skorpion erscheint. Für mich sieht er so aus, als ließe er die hell erleuchtete Milchstraße immerfort durch seinen Ausguss herausfließen.

Mit viel Geduld lege ich meinen eigenen Sternenhimmel an. Ich schneide kleine Schnipselchen aus reflektierendem Papier aus und klebe die Sterne für die entsprechenden Monate, in denen ich sie in der Dunkelheit ruhig beobachten kann, auf ein Blatt Papier. Das leuchte ich nachts mit der Taschenlampe kurz an, und die Punkte, meine künstlichen Sterne, erstrahlen in der Schwärze der Nacht. So lege ich mich entspannt auf den Rücken und halte meinen kleinen Sternenhimmel in der Hand, um über mir die Vielzahl der glitzernden

Punkte einzusortieren und zuzuordnen. Viele nächtliche Stunden verbringe ich so, nichts anderes um mich herum und über mir als die stille Sprache der Sterne, die mir das Vorüberziehen der Monate anzeigen und mir meine befristete Verweildauer auf diesem Planeten namens Erde demonstrieren.

Ich genieße die Nächte und die Seiten dieses neuen Buches, das aufgeschlagen über mir liegt und sich von allein umblättert. Die Seiten, die mir unklar geblieben sind, tauchen mit Sicherheit wieder auf. Eben im nächsten Jahr um die gleiche Zeit. Die Natur ist ein geduldiger Lehrmeister!

KARLOS MUTTER

❧

Und dann erhalten wir überraschenden Besuch, der uns die unfassbare Nachricht überbringt: Karlos Mutter ist verschwunden! Sie hat sich nachts unbemerkt aus dem Haus geschlichen, ist allein aufgebrochen, hat sich aufgemacht, um gemäß der Tradition ihrer Vorfahren eine Höhle zu suchen, sie von innen zu verschließen und darin auf ihren Tod zu warten. Was tun?

Jeden Tag kommen die Geschwister zu uns. Sie treffen sich bei uns, um gemeinsam zu überlegen: Soll man die Mutter ihrem Willen entsprechend sterben lassen, oder muss man sie suchen gehen? Selbstvorwürfe tauchen auf: Warum habe ich nicht bei ihr geschlafen? Warum habe ich sie nicht daran gehindert fortzugehen? Schon zwei Mal hatte sie versucht, sich heimlich aus dem Haus zu schleichen, zwei Mal hatte die Familie sie nach intensivem Suchen wiedergefunden. Die Mutter gab keine Antwort mehr auf Fragen. Sie schwieg, sprach einfach nicht mehr, weil sie nicht mehr reden wollte.

Ich persönlich habe sie nicht näher kennen lernen können. Einmal nur hielt ich ihre Hände, als sie noch warm und durchblutet waren. Sie saß stumm bei uns im *paepae*. Man hatte sie wiedergefunden nach einem abermals gescheiterten Versuch, ihren letzten Weg zu gehen. Wortlos streckte sie mir ihre beiden Hände entgegen und forderte mich mit Gesten auf, ihre

Fingernägel zu schneiden. Unablässig beobachtete sie mich, und ihre Augen lagen prüfend auf mir, der neuen Frau ihres ältesten Sohnes. Ich fühlte mich angenehm wohl mit ihr.

Maria Rosario, die älteste Tochter von Pedro Atan. Er war der erste vom chilenischen Militärgouverneur eingesetzte Bürgermeister dieser Insel. 1956 richtete er gemeinsam mit anderen Rapa Nui im Zusammenhang mit der Thor-Heyerdahl-Expedition den ersten der umgestürzten *moai* wieder auf, einen riesigen schweren *moai*, der hier in Anakena mit einer Gedenktafel versehen auf seinem *ahu* ins Landesinnere schaut.

Alle sprechen mit einer großen Hochachtung von Maria Rosario. Mit sechzehn Jahren heiratete sie einen sechzehn Jahre älteren Mann, Karlos Vater Petero Huke. Er hatte eine feste Arbeit bei der alles dominierenden englischen Schaf-Farm William, Balfourt & Company, die bis 1953 die gesamte Insel vom chilenischen Staat gepachtet hatte und etwa 80 000 Schafe auf ihr grasen ließ. Petero konnte somit seine Frau und ihre zu gebärenden Kinder ernähren. Vierzehn Nachkömmlingen schenkte sie das Licht der Welt, zwei von ihnen starben jung, zwei weitere hat sie adoptiert, großgezogen und ihnen ihre Werte vermittelt.

Ihr ganzes Leben lang hat sie sich für die Rapa Nui eingesetzt und für eine gerechte Behandlung ihres Volkes gekämpft. Für die Menschen, die bis 1966 auf ihrer eigenen Insel wie im Gefängnis leben mussten – hinter Toren, die morgens geöffnet und abends wieder geschlossen wurden. Als sich für die Rapa Nui die Türen öffneten und sie für das Betreten anderer Teile der Insel kein Genehmigungsschreiben beim Militärgouverneur mehr erbitten mussten, wurden sie offizielle Staatsbürger Chiles und erfuhren gleichzeitig, dass ihnen ihr Fleckchen Erde nicht mehr gehörte. Das ist bis heute so.

Ein chilenischer Militärgouverneur persönlich schor Maria Rosario die Haare kurz, um sie zu demütigen, nachdem zwei

anwesende Männer sich geweigert hatten, seinen Befehl aus-
zuführen. Was war geschehen? Maria hatte ihre kleine Tochter
verteidigt, die von den Nonnen in der Schule mit dem Rohr-
stock verprügelt, anschließend ins Gericht geschleppt und
dort mit vorgehaltenen Gewehren bedroht worden war. Gegen diese Behandlung der Kleinen hatte sie sich zur Wehr gesetzt und protestiert. Sie sagte dem Militärgouverneur schließlich voraus, dass seine Hand eine gerechte Bestrafung für das
zugefügte Unrecht erhalten werde.

Ihre Tochter wurde des Diebstahls eines Füllfederhalters be-
schuldigt. Per Zufall hatte die Ehefrau des Gouverneurs den
»gestohlenen« Gegenstand allerdings noch am selben Tag auf
der Straße gefunden. Als sie ihn am Abend ihrem Mann übergab, waren die Haare von Karlos Mutter schon ab. – Jahre später erhielt Maria Rosario vom chilenischen Kontinent die
Nachricht, dass der Gouverneur einen Unfall erlitten habe. Er
sei am Leben, doch eine Granate sei in eben jener Hand ex-
plodiert, die ihr das Haar geschoren hatte. Nun hing sie zer-
fetzt an seinem Arm.

Maria Rosario war es auch, die dafür sorgte, dass in Santiago für die Rapa-Nui-Kinder, die dort zur Schule gingen, ein
Haus eingerichtet wurde, wo sie schlafen und essen konnten.
Außerdem setzte sie sich dafür ein, dass ein Stückchen Land
auf der Insel immer für die Schulkinder zur Verfügung gestellt
blieb, damit die Schüler das Anpflanzen lernen konnten.

Maria Rosario gab ihren eigenen Kindern Folgendes mit auf
den Weg: »Du hast dich zu reinigen, du hast sauber zu sein. Innerlich in deinem Geiste, deinen Gedanken, deinen Gefühlen
bis hin zu deinem äußeren Erscheinen, deiner Kleidung. Das
gibt dir Kraft, Stärke und Würde. Das verschafft dir Respekt
erst einmal dir selbst gegenüber, und das ist die Voraussetzung,
um respektvoll mit anderen Menschen umzugehen!«

SUCHE

❧

Die Entscheidung ist gefallen. Sie gehen die Mutter suchen. Viele Stunden sitzt die Familie zusammen, überlegt, berät und entwirft Pläne, um Maria Rosario lebendig oder tot wiederzufinden. Generalstabsmäßig wird dieser kleine Fleck Erde nun in kleine Einheiten unterteilt, das heißt in Höhlen, Höhlen und nochmals Höhlen.

Auch unsere Rucksäcke sind gepackt. Karlo verstaut die schweren Utensilien in seinem. Reis, Nudeln, Kaffee, Milchpulver, Haferflocken und Wasser, das ist unser Proviant für die nächsten drei Tage. Wir brechen auf nach Poike, im Osten der Insel.

Die ganze Insel erscheint mir wie ein Puzzle aus einzelnen Höhlen zusammengesetzt. Höhlen mit gut sichtbaren Eingängen, winzig kleine Schlupflöcher, hinter denen sich riesige Gewölbe auftun, oberirdische, unterirdische, mit Eingängen, die oft nur vom offenen Meer her zugänglich sind. Es ist wie die berühmte Stecknadel im Heuhaufen finden wollen. Meist bemerke ich die Höhlen gar nicht, sehe ihre Eingänge erst, wenn Karlo mit ausdrucksloser Miene wieder herauskommt. Dann geht's weiter zur nächsten Höhle, weiter, weiter, immer weiter. Die Dunkelheit rückt heran, und müde, erfolglos und niedergeschlagen bereiten wir unser erstes Nachtlager.

Die Helligkeit am nächsten Morgen weckt uns. Die Rucksäcke wieder geschultert, beginnen wir mit dem anstrengenden Aufstieg hoch hinauf nach Poike. Während Karlo in Schlangenlinien systematisch die einzelnen Höhlen absucht, setze ich mich von der Sonne ermattet hin und ruhe mich erschöpft aus.

Wir laufen weiter, den ganzen Tag. Immer wieder hinauf, wieder ein Stück hinunter und nirgends Schatten. Die Sonne brennt unbarmherzig. Meine Füße schmerzen, ich verfluche meine dicken Wanderschuhe und beneide Karlo, der wie immer barfuß geht. Er hat bestimmt das Doppelte an Wegstrecke zurückgelegt, ist immer wieder voller Hoffnung in jede Höhle hineingekrochen und enttäuscht herausgekommen. Er spricht kein Wort. Ich folge ihm still. Der Abstand zwischen uns wird immer größer. Ich kann nicht mehr, ich bin hundemüde. Nur noch einige Meter bis zu unserem Nachtquartier.

Endlich, am Ende meiner Kräfte, lege ich mich hin, strecke alle viere von mir, und sofort fallen mir die Augen zu. Karlo geht noch Eukalyptuszweige suchen und kocht einen starken erfrischenden Sud daraus, um seinen Körper für den nächsten Tag zu kräftigen. Aber ich will nichts mehr sehen und nichts mehr hören. Zu guter Letzt fängt er noch ein Huhn, tötet es, kocht eine stärkende Hühnersuppe und weckt mich. Mit geschlossenen Augen schlürfe ich sie in meinen leeren Magen hinein.

Strömender Dauerregen weckt uns am nächsten Morgen. Niedergeschlagen stehen wir auf und machen uns auf den Rückweg nach Anakena. Der Wind peitscht uns die Wassertropfen ins Gesicht und in die Kleidung. Unterwegs suchen wir einige Male Unterschlupf, ziehen die triefend nassen Kleidungsstücke aus und stehen nackt im kalten, pfeifenden Wind. Ich wringe das Wasser aus dem Stoff heraus und bedecke erneut meinen zitternden Körper damit. Viele Stunden später bin ich endlich wieder in meinem *paepae*, meinem Zuhause.

Der Regen weint für uns die ungeweinten Tränen. Die Suche war erfolglos. Die Mutter bleibt verschwunden.

Und so müssen wir unseren ruhigen Ort, unsere Einsamkeit in Anakena verlassen und ziehen um nach Hanga Roa, in Karlos Elternhaus. Er ist der älteste Sohn der Familie und damit das Familienoberhaupt. Die letzten Entscheidungen und die Verantwortung liegen bei ihm.

Der Vater ist mit seinen siebenundachtzig Jahren der älteste Mann der Insel. Mit gekrümmtem Rücken sitzt er inmitten seiner erwachsenen Kinder. Er spricht kein Wort. Lautlos verfolgt er die Pläne und Vorschläge, die zum Auffinden seiner Frau gemacht werden. Fünfundfünfzig Jahre seines Lebens hat er mit ihr gemeinsam gelebt.

HANGA ROA

❧

Das Haus im Ort ist ständig voller Leute. Verwandte, Freunde und Nachbarn kommen, bringen Lebensmittel vorbei, kochen, essen, waschen, räumen auf und entlasten die engsten Familienmitglieder. Sie versuchen Kraft zu spenden und die Hoffnung aufrechtzuerhalten. Tag und Nacht sitzen die Menschen zusammen, sprechen miteinander, überlegen gemeinsam, wägen ab und entscheiden sich für einen der vielen Pläne zum Auffinden von Maria Rosario.

Und ich? Hier habe ich nun einen Tisch zum Schreiben, einen Stuhl, auf dem ich sitzen kann, ein Haus mit einem ordentlichen Bett und einem festen Dach über dem Kopf. Ich habe Papayas, Bananen und Avocados im Überfluss. Ich brauche mich nur zu strecken, sie von den Bäumen zu pflücken und so viele ich möchte genüsslich in meinem Munde zergehen zu lassen. Und doch – hier ist alles anders.

Ununterbrochen habe ich das ungute Gefühl, misstrauisch beobachtet zu werden. Woher soll ich die Regeln kennen, die in der Familie einer fremden Kultur einzuhalten sind? Ich bin verunsichert und weiß nicht, wie ich mich angemessen verhalten soll. Will ich, um wenigstens etwas zu helfen, das Geschirr abwaschen, wird es mir aus den Händen genommen. Karlo ist nicht an meiner Seite, ich kann ihn nicht fragen, und er kann mir keinen Rat geben. Er organisiert den ganzen Tag und spricht mit diesem und jenem aus der großen Familiengemeinschaft.

Wenn ich mit diesen vielen Menschen zusammen bin, verstehe ich überhaupt nichts mehr. Sie sprechen natürlich ihre eigene Sprache und nicht Spanisch. Ich kann nur noch erfühlen, was der Inhalt der Gespräche sein könnte. So sitze ich mittendrin und fühle mich ausgeschlossen.

Wie schön ist die Erinnerung an die erste Nacht unserer gemeinsamen Suche nach Karlos Mutter: Es ist Vollmond. Die nächtliche Himmelsscheibe erhebt sich langsam und riesengroß aus dem schwarzen Meer, keine einzige Wolke bekleckst das dunkle Firmament. Der Auftritt wird begleitet von den ruhig strahlenden Sternen, und bald fällt auch das Meer ein in dieses einzigartige Szenario. Das Schwarzblau des Wassers glitzert mit seinen blinkenden auf- und abtanzenden Lichtern, es spiegelt die Lebendigkeit des Meeres, sein unermüdliches Kommen und Gehen. Das Mondlicht wird heller und lässt das funkelnde Licht der Sterne verblassen, um den Lichtern des Meeres den Vortritt zu geben. Die Bühne verändert sich. Langsam, kaum, dass mein Auge es wahrnimmt, schleicht sich ein dunkler Schatten heran und beginnt sein Werk. Er überzieht und bedeckt den hell strahlenden Vollmond. Sichelähnlich wird die kreisrunde Scheibe verformt, immer weiter, immer weiter bis sie schließlich vollkommen zugedeckt ist. Plastisch, orangerot wie eine große reife Apfelsine hängt der Mond nun am nächtlichen blauschwarzen Himmelszelt.

Die nun wieder strahlenden Sterne schicken ihren Beifall dazu. Eine totale Mondfinsternis! Wir halten uns an den Händen. Es bedarf keiner Worte. Wir schauen uns stillschweigend das überwältigende Naturschauspiel an, bis uns die Augen zufallen und wir in einen traumlosen Schlaf hinübergleiten.

Ja, dort waren wir zusammen, erlebten uns gegenseitig und konnten einander Kraft schenken. Und jetzt? Jetzt bin ich traurig, fühle mich einsam und allein. Außerdem lässt das Verschwinden von Karlos Mutter die Erinnerung an meine eigene Mutter wieder bildhaft erscheinen.

Nein, meine Mutter hat nicht gekämpft, sie hatte keine Kraft dazu. Aber auch sie wollte sterben. Sie hatte sich für einen anderen Sterbeweg entschieden, einen langsamen und zermürbenden.

MEINE MUTTER

❦

Fünfundzwanzig Jahre ist sie alt. Ihren Sohn hat sie zwei Jahre zuvor im Ehebett ihrer eigenen Eltern geboren. Die drei jüngeren Schwestern und ihre Mutter haben ihr Mut zugesprochen. Mut, in dieser Zeit ein hilfloses Wesen aus ihrem beschützenden Leib in eine ungewisse Zukunft gleiten zu lassen. Es ist der erste Sohn, mütterlicherseits hat er nur Tanten. Sein Großvater heißt ihn in seinen derben Arbeiterhänden überglücklich willkommen. Er erfühlt die zarte Haut, er riecht ihn, liebkost ihn und nimmt ihn an als neues Mitglied der Familie.

Der leibliche Vater erfährt von seinem ersehnten Glück durch einen Fetzen vergilbten Papiers mit einer Notmarke aus der Heimat versehen. Kein Willkommenskuss für den Erben, keine gemeinsamen Freudentränen und kein Liebkosen seiner geschwächten Frau. Nein, jeder muss sein Glück über das gemeinsame Kind allein erleben, getrennt über Tausende von Kilometern.

Der Ehemann schreibt sehnsüchtige Liebesbriefe. Sie sollen Kraft geben, Kraft für das erträumte gemeinsame Leben mit dem schon geschaffenen Nachwuchs. Ölsardinen in Dosen kann er ab und zu besorgen. Er schickt sie nach Hause in die ferne Heimat zu seiner geliebten Frau und dem unbekannten Kind, seinem Sohn, seinem ganzen Stolz. Wärme und Trost sind in dieser Ration nicht mitzuschicken. Briefe, jeden Tag mindestens einer, zeugen von der verzweifelten Situation und der erbarmungslosen Hoffnung auf die Beendigung dieses erstickenden Zustands.

Jetzt ist die junge Mutter unterwegs. Ihre eigene Mutter hat während der Evakuierung in einem weit entfernten Ort diesen Planeten und ihre geliebte Familie verlassen. Das Herz konnte es nicht verkraften, hörte einfach auf zu schlagen. Es war für die Einsamkeit nicht geschaffen.

Die junge blonde Frau geht weiter und weiter im Staub der ungeteerten Straßen. Bei jedem Fliegeralarm sucht sie – wie tausend andere neben ihr – in einem Bunker Schutz für sich und ihren kleinen Sohn. Sie geht weiter, sie muss weitergehen mit ihrem Söhnchen im Arm, der vaterlos geliebt werden muss. Geblieben sind die Träume, die alle Kraft zum Überleben mobilisieren. Wärme, Zuneigung, Liebe – was beinhalten, was bedeuten diese Worte? Zu lange hat sie diese Gefühle vermisst, selbst in ihren Träumen kann sie diese menschlichen Regungen kaum mehr erahnen.

Es geht um die Bewältigung des Überlebenskampfes. Einsamkeit und Alleinverantwortung für sich und ihr Kind. Beschaffung der tagtäglichen Lebensmittel und des Nachts ein schützendes Dach über dem Kopf, das ist lebenswichtig. So ist der Krieg für die Frauen. Nein, darauf war sie in ihrer Erziehung nicht vorbereitet worden. Davon hatte sie nichts geahnt, als sie als Kunststickerin die kostbaren pastoralen Gewänder durch ihre Hände gleiten ließ und sie stolz verzierte.

Jetzt muss sie endlich eine Übernachtungsmöglichkeit finden. Die Füße tun schon längst nicht mehr weh, sie sind zu lange unterwegs, als dass der Schmerz noch wahrgenommen werden könnte. Weiter und weiter. In Erwartung und Hoffnung? In erwartungsvoller Hoffnung, in hoffnungsvoller Erwartung? Worauf? Auf ein Stück des Kuchens namens Menschlichkeit?

Es kommt und kommt anders als erwartet. Er bietet ihr

Wärme, teilt ihre Ängste, sorgt für Nahrung und schenkt dem erschöpften Herzen ein wenig Ruhe. Und sie will nicht an die Vergangenheit denken. Sie lebt, sie liebt die kurze Gegenwart. Sie hat Angst, sie hat Sehnsucht, und sie erlebt sich wieder als Frau, erlebt wieder ihren zärtlich bebenden Körper.

Lebt der Vater ihres Sohnes noch? Wird er jemals wieder zu ihr zurückkommen von der Front oder aus der Kriegsgefangenschaft?

In diesem Konflikt spürt sie plötzlich wieder die Peitschenschläge ihres Vaters auf dem nackten Rücken, als sie gestand, den Vater ihres Kindes schon lange vor dessen Zeugung geliebt zu haben. Der Geliebte sieht nicht arisch aus, hat dunkle gewellte Haare und gleicht eher einem Zigeuner. Aber sie heiratet ihn, sie liebt nur ihn.

Sie entscheidet sich.

Ihr Ehemann kommt unerwartet aus dem mörderischen Krieg der Männer zurück. Überall sucht er verzweifelt nach seiner Frau. Mit Küssen und all seiner Liebe will er sie und seinen Sohn in ein gemeinsames Leben zurückholen, endlich seiner Aufgabe als Mann gerecht werden und ein schönes trautes Heim für seine Familie aufbauen. Er sucht sie, und schließlich findet er sie auch.

Doch ihm gegenüber sitzt eine verzweifelte Frau. Schwanger ist sie. Was soll sie machen? Vergewaltigt worden sei sie! Sie sagt dies, ohne zu ahnen, dass sie sich von jetzt an bis zu ihrem frühen Tod tagtäglich selbst vergewaltigen wird. Das Kind der unerlaubten Liebe, das sie unter ihrem weinenden Herzen trägt, wird zu einem Wendepunkt in ihrem Leben, wird zu ihrem eigenen persönlichen Krieg.

Der Ehemann will keine vergewaltigte Frau. Er will eine reine Frau, er möchte noch einmal eine jungfräuliche Beziehung beginnen. Seine männliche Ehre ist verletzt, dieser Rest Ehre, der ihm noch geblieben ist. Das Schlachtfeld ist getränkt von der eingesickerten Ehre der Männer. Die geliebte Frau seiner jahrelangen Träume und nächtlichen Samenergüsse hat ihn mehr zerstört als der verloren gegangene Krieg mit seinen Millionen Toten. Er kann nicht Seite an Seite mit dieser Kränkung ein neues Leben anfangen. In seiner Verzweiflung bleibt ihm kein anderer Ausweg – als sie zu verstoßen.

Aber seine eigene Familie lässt dies nicht zu. Seine Mutter redet auf ihn ein, versucht zu erklären und zu vermitteln. Er habe schließlich einen Sohn, einen Erben mit dem Blut der Familie.

Das Geburtstagsgeschenk der reuig Wiederaufgenommenen an ihren vor so vielen Jahren angetrauten Ehemann ist der Verlust eines Eierstocks. Ein gewonnener Kampf mit dem physischen Tod. Die Stricknadel war nicht sauber, der rote Körpersaft wollte nicht aufhören, ihren Körper zu verlassen. Doch es ist geschafft. Die Schande liegt bei der Engelmacherin in der Toilette, die verbotene Liebe ist weggespült. Die Ehefrau ist wieder ohne Makel. Sie ist wieder vorzeigbar.

Die junge Frau ist schwer krank. Zerronnen ist die wiedergewonnene Lebenslust, in Auflösung begriffen, genauso wie das Kind der zweiten Liebe. Das verletzte Herz will seinen natürlichen Rhythmus nicht mehr finden. Der Ehemann versucht, seine Vergangenheit durch selbstzerstörerische Arbeit und beruflichen Aufstieg zu verdrängen. Jeder ist auf sich allein gestellt und in seinem Schmerz allein gelassen. So versuchen sie, eine gemeinsame Zukunft aufzubauen.

Auch er ist noch jung, auch er hat alles verloren, seine Hoffnung, seine Träume und seine Identität als Mann. Er arbeitet an seiner Verdrängung bis ihm die Haare ausfallen, diese schwarzen gelockten Zigeunerhaare, die seine Ehefrau einst so sehr liebte.

Doch es hat sich gelohnt, er wird wieder wer. Er wird ein guter deutscher Beamter. Seine Frau ist wieder rein, sein Sohn muss ihn als Vater akzeptieren lernen. Eine neue glückliche deutsche Nachkriegsfamilie ist geboren. Keiner hat ein Recht auf eine Vergangenheit, nie wieder wird ein Wort darüber verloren.

Nur ein vorzeigbarer Beweis fehlt noch. Die vielen ehelichen Umarmungen in all den Jahren im dunklen Schlafzimmer führten nicht zum gewünschten Erfolg. Am Vollzug der ehelichen Pflicht kann es nicht gelegen haben.

Und dann endlich, dann doch! Ein neues Familienmitglied nistet sich ein in der versehrten Gebärmutter und setzt sich hartnäckig darin fest. Dieses befruchtete Ei will leben, will in diesem arg zerschundenen Körper seinen Platz behaupten. Es wächst heran, stetig immer mehr Raum einnehmend, als ihm zusteht. Der Bauch dieser ehemals schlanken Frau wird dick und dicker, und schließlich gebiert sie ihr zweites Kind, ein Mädchen. Ich habe das Licht dieses Planeten namens Erde erblickt.

Meine Mutter nimmt nach der Geburt nicht mehr ab. Als wollte sie für immer schwanger sein, bleibt ihr Bauch kugelrund. Und ihre wunderschön gewachsenen Zähne und ihre goldblonden Haare fallen weiter aus. Die Zeit unseres Zusammenlebens ist kurz, dann verlässt sie mich unerwartet.

Meine Mutter schläft. Ich will zu ihr und mich in ihre Arme legen, wie immer, wenn ich aus der Schule komme und sie krank ist. Mein Vater hält mich zurück. Zum ersten Mal sehe ich ihn weinen. Überall um meine Mutter herum sind Kerzen angezündet. Ich erstarre. Alle sind traurig, und ich habe keine Ahnung, warum. Sie sollen meine Mutter doch in aller Ruhe schlafen lassen. Sie scheint etwas Wunderschönes zu träumen. Ganz entspannt liegt sie dort mit gefalteten Händen.

Ich will zu ihr, stattdessen muss ich zu den Nachbarn spielen gehen. Irgendwer begleitet mich die Treppen hinab, eine Etage tiefer werde ich abgeliefert. Ich verstehe nichts. Als ich endlich wieder nach oben zu meiner Familie darf, fehlt meine

Mutter. Das Bett ist leer, ebenso die Augen meines Vaters. Ich weiß nicht, wie dieser Tag zu Ende geht.

Am nächsten Tag laden mich die Nachbarn ein, meine Mutter besuchen zu gehen. Natürlich will ich mit. Wir gehen los, gehen auf einem Friedhof an endlosen Reihen von Gräbern entlang. Der Weg endet an einer kleinen Kapelle, wir gehen hinein, in der Mitte steht ein Sarg. Ein Mann kommt, öffnet den Sarg, und ich bin wieder bei meiner Mutter. Sie träumt immer noch, jetzt hält sie rote Rosen in ihren Händen. Ich möchte mich an sie schmiegen, sie fühlen, sie soll mir meine Angst nehmen. Die Kapelle, der Friedhof, alles ist vergessen beim Anblick meiner Mutter. Wieder halten mich Hände zurück. Der Sarg wird geschlossen.

Völlig verwirrt gehe ich traurig den Weg an den vielen Gräbern zurück. »Du bist zu klein, du verstehst das nicht.« Das Einzige, was ich nicht verstehe, ist, dass meine Mutter hier und nicht zu Hause ist. »Armes Kind«, sagen die Leute und nehmen mich weinend in die Arme.

Am übernächsten Tag weint selbst der Himmel, es regnet in Strömen. Totenblättchen werden in der Kirche verteilt, auch mein Name steht darauf, so viel kann ich mit meinen gerade acht Jahren schon lesen. Dann wieder auf den Friedhof. Der Sarg ist übersät mit einem Blütenmeer und wird aus der Kapelle gerollt. Unzählig viele bekannte Gesichter sind um uns herum, und wir folgen schweigend dem Sarg. Der weinende Vater hält meine Hand. Der Pfarrer spricht, der Sarg senkt sich tief in die feuchte Erde. Ich soll Erde auf meine Mutter werfen! Nein, ich will nicht. Ich will nicht, dass sie in diesem dunklen Loch verschwindet, ich weiß doch, dass sie in diesem Sarg drinnen schläft. Irgendjemand führt meine Hand mit der Schaufel voll Erde. Nein, nein, ich darf nicht schreien. Ich muss ganz lieb sein, ich habe es versprochen!

Tage, Wochen, Monate schreibe ich jede Nacht an den lieben Gott: »Ich will mich bessern, ich werde lieb sein. Bitte gib mir meine Mutter wieder zurück.« Immer mit den vorwurfsvollen Worten unserer Nachbarn in den Ohren: »Du bist ein so wildes Kind! Wenn du dich nicht besserst, bringst du deine Mutter noch ins Grab!«

Egal, wie sehr ich versuche, mich zu ändern, was ich auch tue und wie lieb ich auch bin, sie kommt nicht mehr zu mir zurück. Ich werde sehr jung zur Atheistin, für mich existiert kein lieber Gott mehr.

So werde ich wieder das schwierige, unfolgsame Kind, das sich trotz aller Drohungen standhaft weigert, die Blumenvase mit dem langen spitzen Ende in das Grab zu stecken. Ich hatte Angst, damit den Kopf meiner Mutter zu durchstoßen.

So werde ich wieder das schwierige, unfolgsame Kind, das zu der neuen Frau, die den gleichen Ehering wie mein Vater trägt und mit unserem Familiennamen unterschreibt, die mein Vater mir stolz als meine neue Mutter vorstellt, niemals »Mama« sagt, egal, wie viele Schläge auf meinen Kopf niederprasseln.

So werde ich wieder das schwierige, unfolgsame Kind, das des Nachts heimlich leise die Tür der elterlichen Wohnung hinter sich schließt, zum Friedhof rennt, sich stundenlang neben das Grab seiner Mutter hockt und sie verzweifelt weinend um Rat und Hilfe fragt.

Ich klaue wie ein Rabe, gehe mit leeren Händen in ein Kaufhaus hinein und komme mit Tüten beladen wieder heraus. Erwischt werde ich nie. Die Zeit des wochenlangen Stubenarrestes nutze ich und übe geduldig, bis ich die Unterschrift meines Vaters exakt nachzeichnen kann. So bleibt mein Schwänzen der Schule über Jahre unentdeckt.

Ich bin das schwierige, unfolgsame Kind, das früh den Weg seines eigenen Lebens sucht, ohne zu wissen, was das ist.

TOD

❦

Zwei Wochen sind mittlerweile in Hanga Roa verstrichen, vierzehn lange Tage und vierzehn nicht enden wollende Nächte. Kleine Gruppen von Männern und Frauen steigen jeden Morgen mit Proviant bepackt auf ihre Pferde, angetrieben von der Hoffnung, irgendein Zeichen – vielleicht den Fetzen eines Kleidungsstückes oder hoffentlich ein Lebenszeichen – von Maria Rosario mit zum Elternhaus zurückzubringen. Der Mondschein erhellt den Weg, wenn die Ausgerittenen Nacht für Nacht zur angespannt wartenden Familie zurückkehren. Erwartungsvolle Gesichter schauen sie an und erhoffen eine gute Nachricht. Enttäuschung breitet sich über den müden Zügen aus. Nichts, wieder nichts gefunden.

Die zuzuteilenden Sektoren an der aufgehängten Karte der Insel werden tagtäglich weniger. Und ständig taucht erneut die Frage auf, ob man die Suche abbrechen, ihren letzten Willen respektieren soll. Muss man ihren letzten Willen akzeptieren?

Ein »Ja« kommt mir so leicht über die Lippen. Es ist nicht meine Mutter. Es ist nicht die Frau, die mich geboren, mich gestillt, großgezogen und mir ihre Wärme geschenkt hat. Ich scheue mich davor, mir selbst eine Antwort auf diese Frage zu geben. Ich erahne, wie schwer es für die eigenen Kinder sein muss, untätig zu warten, die Tage zu zählen, die Tage verstreichen zu sehen, ohne irgendetwas zu tun, irgendetwas zu unternehmen. Untätig herumzusitzen mit der Frage, die sich ohne Unterlass im Kopf dreht und einen keine Ruhe finden lässt: »Vielleicht lebt sie ja noch? Muss ich mich nicht doch aufmachen, sie zu suchen? Vielleicht finde ich sie ja noch lebend?« Nein, ich glaube, das geht nicht, das kann man nicht aushalten. Vielleicht gibt es ganz einfach keine Antwort, keine Lösung?

Ich erinnere mich an die vielen intensiven Gespräche mit meinem eigenen Vater. Eine Flasche Wein erleichterte uns das Reden über seinen Tod. Ich bin mir sicher, auch er wusste zu diesem Zeitpunkt, dass er nicht mehr lange leben würde.

Er hatte nur vor einem Angst, panische Angst. Nein, nicht vor dem Tod, sondern davor, dass man ihn gegen seinen Willen am Leben erhalten würde. Dass man ihn an Geräte anschließen würde, an Apparate, die ihm den Sauerstoff in die Lungen pressen, ihm die Nährlösung in die Venen tropfen, und an Katheter, die seinen Urin unablässig in eine Flasche fließen lassen würden, während er selbst ohne Bewusstsein wäre. Nur davor hatte er Angst. Und so bat er mich um einen letzten Gefallen. Ich solle die Geräte abschalten und ihn in aller Ruhe sterben lassen. Dieses Versprechen sei das größte Geschenk, das ich ihm machen könne.

Wir sprachen häufig darüber, weil ich häufig darüber sprechen musste. Ich konnte ihm dieses Versprechen nicht spontan geben, ich musste mich selbst lange damit auseinander setzen, bevor ich in der Lage war, ihm eine ehrliche Antwort auf seine Bitte zu geben. Weinend, schluchzend habe ich in seinen Armen gelegen, als ich ihm die Zusicherung gab. Ja, ich versprach, die Geräte abzuschalten, und er war erleichtert und beruhigt. Er wusste, wenn ich mein Wort gebe, würde ich es halten. Letztendlich erlebte ich es als eine sehr große Ehre, als ein ganz tiefes Vertrauen, das der Mann, der mich gezeugt und mir Leben gegeben hatte, in mich setzte, indem er mich bat, in einer Extremsituation über sein Leben – nein: über seinen Tod zu entscheiden.

Ungezählte Stunden habe ich verbracht mit der Frage: Habe ich das Recht – nicht das juristische Recht, das hat mich nie interessiert – das Leben meines eigenen Vaters zu beenden, wenn vielleicht mit Hilfe der Gerätemedizin doch noch Hoffnung auf ein Weiterleben bestünde? Ich habe ihn immer und immer wieder mit meinen Fragen konfrontiert. Er blieb ganz gelassen und antwortete mir seelenruhig: »Für jedes Lebewesen schlägt die Stunde seines Todes. Und niemand, kein einziger Mensch, hat das Recht, ein Leben gegen die Bestimmung künstlich zu verlängern.«

Noch heute bin ich ihm dankbar für sein Vertrauen und für die offene Auseinandersetzung mit seinem Tod. Und genauso dankbar bin ich, dass mir die Entscheidung über den Tod meines Vaters durch seinen natürlichen Tod schließlich abgenommen wurde.

Doch Karlo und seine Familie sind in einer anderen Situation. »Lebt die Mutter noch, oder ist sie schon gestorben?« Es ist so schwer, den Tod zu akzeptieren, ohne sich von dem Leichnam verabschieden und sich persönlich davon überzeugen zu können, dass der Mensch tatsächlich verstorben ist, oder ihn zumindest auf seinem letzten Weg zum Friedhof zu begleiten.

Nur die Zeit dreht von allem unbeeindruckt ihre Runden. Dreißig Tage und ebenso viele Nächte sind verstrichen. Verzweiflung und Hoffnung hält die Familie weiterhin eng zusammen. Ja, man hat davon gehört, es gibt Extremsituationen, in denen Menschen überleben, die überleben wollen. Sie können lange ohne Wasser, noch länger ohne Nahrung auskommen. Aber Karlos Mutter ging nicht weg zum Überleben, sie hat sich aufgemacht zum Sterben.

Und doch – Maria Rosario kennt ihre Insel sehr genau. Geht sie nachts vielleicht zu den verborgenen Wasserstellen, oder hat sie einen Vorrat an Wasser mitgenommen? Natürlich kennt sie die Pflanzen, die sie essen kann, die sie am Leben erhalten könnten. Häufig frage ich mich, was wohl in ihr vorgehen mag, wenn sie über oder neben sich das suchende Klappern der Pferdehufe, die Stimmen der Freunde oder das verzweifelte Rufen ihrer Kinder hört. Überlegt sie sich dann vielleicht doch manchmal, wieder hinauszutreten aus ihrer dunklen Höhle und wieder einzutreten in das Licht des Lebens? Nimmt sie sich die Zeit, ihre Entscheidung nochmals zu überdenken? Oder versucht sie womöglich, immer schwächer werdend, sich bemerkbar zu machen, in der Hoffnung, doch noch gefunden zu werden? Nur ist vielleicht jetzt niemand mehr in ihrer Nähe, der sie hören kann?

Weder ich noch irgendjemand anders kann sie fragen, und niemand wird jemals eine Antwort erhalten. Der Priester hat kein letztes »Amen« sagen können. Kein Sarg ist für sie gezimmert worden, und kein Grabstein erinnert an ihren Namen. Hat sich Maria Rosario, eine fromme christliche, streng katholisch lebende Frau, am Ende ihres Lebens auf die alte Rapa-Nui-Tradition besonnen und als letzten Weg den ihrer Vorfahren gewählt? Ist sie so in das Reich ihrer alten Geister eingetreten und selbst *tupuna* geworden?

Sie ist auf Reisen, wie die Familie bis heute sagt.

WEG

❧

Und auch ich mache mich auf. Auf zu einer konkreten Reise mit einem bekannten Bestimmungsort und einem unbekannten Ziel. Der Motor des startenden Flugzeugs dröhnt laut in meinen Ohren, und die Tränen rollen mir ungebremst die Wangen herunter, obwohl meine Augen längst ausgetrocknet sein müssten. Ja, ich sitze im Flugzeug, atme einige Male tief durch und weiß, dass ich mich mit jedem Atemzug von Karlo und von Rapa Nui entferne. Ich bin aufgebrochen in Richtung Kontinent, bin unterwegs nach Santiago, der Hauptstadt Chiles.

Meine persönlichen Dinge habe ich eingepackt, nichts habe ich zurückgelassen. Nichts soll später an mich erinnern. Meine Liebe zu Karlo trage ich voller Verzweiflung tief in meinem Herzen. Ich habe keine Vorstellung, wie ich sie realisieren und wie ich sie leben soll.

Was ist passiert? Gar nichts. Im Grunde genommen überhaupt nichts, und doch muss ich weg, will ich einen sicheren Weg für mich selbst finden. Diese Liebe ist so stark, dass ich anfange, mich in ihr zu verlieren. Ich habe allen Mut verloren, ich kann nicht mehr auf den nächsten Stein springen. Ja, ich habe mein komplettes Vertrauen in mich selbst verloren.

Die Wochen in Hanga Roa, die Wochen im Kreise der Familie … Karlo ist nicht mehr an meiner Seite, ist nicht mehr

94

da, wenn ich ihn brauche. Und ich werde krank und kränker. Dann wenigstens habe ich ihn, dann schenkt er mir die Aufmerksamkeit, die ich so dringend von ihm benötige. Natürlich kenne ich den Mechanismus, durchschaue alles, aber ich habe, verdammt noch mal, keine Ahnung, wie ich da herauskommen soll! Seine Tage sind ausgefüllt mit der Sorge um die verschwundene Mutter. Ich verstehe und respektiere das, doch er fehlt mir. Ich vermisse seine selbstverständliche Nähe, und ich spüre eine tiefe Abhängigkeit in mir wachsen. Und davor, genau davor, habe ich entsetzliche Angst.

Die gemeinsamen nächtlichen Stunden sind nicht mehr auszufüllen mit den liebenden Umarmungen. Ich kann die Tränen der Verzweiflung nicht länger zurückhalten. Ich fühle mich einsam und verlassen, ich ziehe mich immer weiter in mich selbst zurück.

Stundenlang gehe ich weinend mit Tuki spazieren und jammere ihm mein Leid ins Fell. Ich vermisse meine Freunde und die vertrauten Gespräche in einer Sprache, die ich verstehe und in der ich mich ausdrücken kann. Ich vermisse die Kneipe um die Ecke, und ich möchte zum Frühstück wieder meine Tageszeitung lesen können. Ich vermisse dieses, und ich vermisse jenes. Und ich weiß, ich vermisse Karlo, und genau das will ich mir selbst nicht eingestehen. So wird mein Heimweh stark und schmerzlich. Es gibt keine andere Möglichkeit. Ich will zurück!

Ich muss zurück nach Köln. Vielleicht haben die Bläck Fööss ja doch Recht, wenn sie singen: »Kumm zoröck noh Kölle, kumm zoröck zum Rhing, he bessdo jeboore, he jehössdo hen, kumm zoröck noh Kölle, mach dohinge Schluss, denn nur he en Kölle, do bessdo zohuss.«

Unter dem nächtlichen Sternenhimmel sitze ich verzweifelt mit Karlo zusammen. Wir diskutieren und überlegen hin und her, ob es einen gemeinsamen Weg für uns gibt. Und wenn ja, welchen. Karlo will mich nicht leiden sehen, und ich will nicht leiden. Doch was sollen wir machen, was soll ich nur machen?

Am Ende nehme ich seinen Vorschlag an und fahre in den Süden Chiles. Ich weiß nicht, ob mit dem Ziel, dort fünf Wochen Urlaub zu verbringen oder für immer von ihm getrennt zu sein. Wir wissen beide nicht, in welches Flugzeug ich anschließend steigen werde – in das zurück nach Deutschland oder zurück zum Nabel der Erde, zurück zu Karlo?

arlo und ich

2/3 Rapa Nui

4a Anakena

4b *Ahu Vaka Tupuna Maori*

Paepae; *tupa* noch nicht rekonstruiert

Paepae mit Garten

6a Am Meer
6b Beim Schnitzen

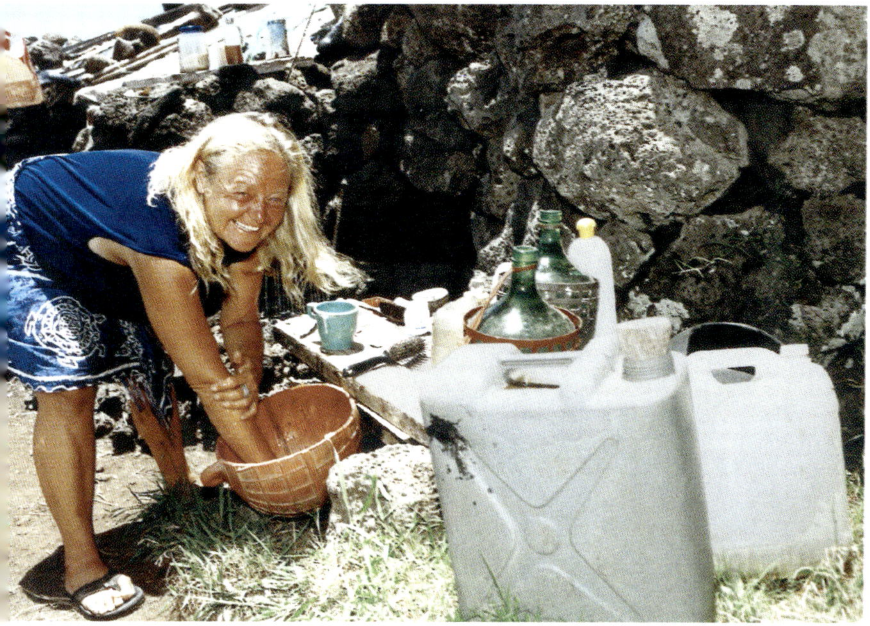

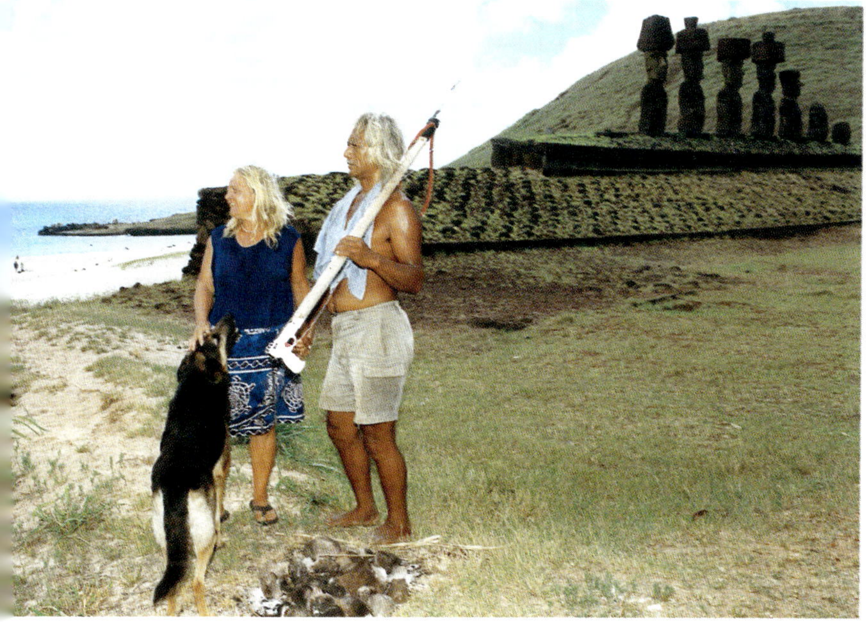

Das Wasser ist knapp

In Anakena

8a, b Arbeit am Manuskript

TEIL ZWEI

FEST

❧

Wie angenehm erscheint mir im Rückblick die Kälte Patagoniens und Feuerlands, wie viel leichter war es, sich dort gegen die niedrigen Temperaturen zu schützen als hier gegen die Hitze! Die Erinnerungen springen ins Gedächtnis. Die vielen endlos erscheinenden Abende, an denen ich dick eingemummelt allein in meinem Bett liege und nicht einschlafen kann. Die Gedanken kreisen und kreisen ohne Pause in meinem hellwachen Kopf. In einem Moment ist die Sehnsucht nach Karlo so stark, dass ich das nächste Flugzeug zu ihm zurück buchen will, die nächste Nacht verbringe ich schlaflos, weinend vor Heimweh nach Köln. Ich will zurück ins Bekannte, zurück in vertraute Strukturen. Ich fühle mich von meinen eigenen Gefühlen wie ein Pingpongball mal hierhin, mal dorthin geschlagen. Tausende Kilometer von Rapa Nui und weitaus mehr Kilometer von Deutschland entfernt, wird mir eins sehr deutlich: Ich muss etwas ändern, etwas ändern mit mir selbst. Nur was, nur wie?

Ich weiß, die Erfahrungen, die ich in meiner vergangenen Beziehung gemacht habe, dürfen nicht mein ganzes Leben dominieren. Doch je ehrlicher ich mir meine tiefen Gefühle zu Karlo eingestehe, desto mehr Ängste befallen mich. Weglaufen, heraus aus dieser emotionalen Situation, erscheint mir viel einfacher, als noch einmal die Gefahr von Verletzungen einzugehen. Natürlich bin ich mir bewusst, dass es nicht Karlo war, der mir das angetan hat. Es war ein anderer Mann.

Sitze ich fest mit mir selbst, oder habe ich die Kraft, ein neues Risiko einzugehen?

Was war geschehen?

Ferien, endlich nahen die ersehnten Sommerferien! Sechs lange Wochen Zeit, aus dem gewohnten Alltag herauszutreten und sechs lange Wochen Zeit zum Erholen.

Zusammen mit einer Freundin unternehme ich eine selbst geplante Türkei-Rundreise. Lachend und gut gelaunt steigen wir in Istanbul aus dem Flugzeug und fahren mit dem Schiff über das Schwarze Meer in die Ost-Türkei. Und dort verliebe ich mich in den Mann, den ich später heirate, ohne zu ahnen, in welche Hölle ich geraten werde.

Nachdem wir in Istanbul geheiratet haben, beginnen wir ein gemeinsames Leben in Köln. Ich verschulde mich sehr hoch, damit er eine Imbiss-Stube in der neuen Stadt eröffnen kann. Das ist sein Traum. Das glückliche Zusammenleben mit ihm ist mein Traum.

Einige Monate nur, dann weiß ich nicht einmal mehr, wo er sich aufhält. Er kommt und geht, wann er will, er arbeitet nicht mehr, und ich habe plötzlich zwei Berufe: Lehrerin und Imbissstubenbesitzerin. Um fünf Uhr morgens beginnt mein Tag mit dem Einkauf im Großmarkt, anschließend schnell zur Schule zum Unterrichten, nachmittags grille ich Bratwürste, frittiere die Fritten, bis spät in die Nacht räume ich auf und falle ins Bett. Die Schulden müssen irgendwie bezahlt werden!

Ich erkenne mich nicht wieder. Ich fühle mich wie ein Roboter, nicht wie ein menschliches Wesen mit einem schlagenden Herzen. Und genau dieses lebenswichtige Organ macht mir Probleme. Es ist, als ob es seinen natürlichen Rhythmus vergessen hätte, es hüpft, es rast, es setzt aus, anscheinend ganz, wie es ihm beliebt.

Er kommt nachts, wann er will, und was er will, ist Geld. Genau das will ich nicht. Schläge, die mich unvorbereitet treffen. Schläge, die ich vor mir selbst negiere, weil ich die Realität nicht wahrhaben will. Ich bin entsetzt über mich selbst, dass ich die Beziehung trotz alledem aufgrund von Versprechungen und Beteuerungen fortführen will und es auch tue. Ich halte den Schein nach außen aufrecht und das Schlimmste: Ich belüge mich selbst. Nein, ich will mir nicht eingestehen, dass ich mit dieser Heirat einen Riesenfehler gemacht habe. Und so mache ich weiter.

»Was ist mit dir?« Auf die besorgten Fragen meiner Freunde weiche ich mit lapidaren Bemerkungen aus und spiele mit mir selbst ein erstklassiges Theater. Aber auch das hat seinen Schlusshöhepunkt.

Er kommt wieder nach Hause zurück – nur ist er nicht alleine. Eine Prostituierte ist seine Freundin geworden, schwanger sei sie, und ab sofort wohne sie bei uns. Das heißt, er mit ihr in unserem Ehebett und ich nebenan in einem anderen Zimmer. Das Telefon ist herausgezogen, und den Haustürschlüssel hat er mir längst schon gewaltsam abgenommen. Und niemand – da wieder die ersehnten langen Sommerferien sind – bemerkt meine Situation.

Die Fenster schließe ich, damit niemand mein Schreien und Weinen hören kann, wenn er mich misshandelt, wenn er mit seinen Knöcheln die dicken Schwielen in meine Kopfhaut einprügelt. Eine Rippe ist angebrochen, wie der Arzt später neben anderen Verletzungen attestiert, die Arme kann ich längst nicht mehr bewegen, und die Beine versagen von allein ihren Dienst. Entwürdigende Vergewaltigungen und demütigende Misshandlungen werden mein eingeschlossener Alltag.

Die Zeit des Schulbeginns rückt heran, das Ende meines

Dahinvegetierens naht. Ich muss in die Schule, das weiß auch er. Nachdem er mich ohnmächtig getreten und mir eimerweise kaltes Wasser über den Kopf geschüttet hat, damit ich die Augen wieder öffne, erhalte ich unter der Drohung, nur ja kein Wort zu verlieren, meinen Schlüssel zurück, um meiner Arbeit nachzugehen.

Es ist drei Uhr nachts, als ich, nur mit einem Schlafanzug bekleidet, leise aus der Wohnung schleiche. Meine ordentlich gepackte Schultasche unter dem Arm, suche ich Unterschlupf bei meinem Bruder. Ich kann den Worten kaum Glauben schenken, die nun aus meinem Mund heraussprudeln. Die Wahrheit ist oft mehr als schmerzlich.

Alle behördlichen Schritte – die Einreichung der Scheidung, Einschaltung der Polizei und des Ausländeramtes – erledige ich mit letzter Kraft, bevor mir eine befreundete Lehrerfamilie, die er nicht kennt, ihr Haus als Versteck anbietet.

Nachdem die Zeit der Krankschreibung vorüber ist – die Pusteln der Gürtelrose im Gesicht trocknen langsam aus – fahre ich im Kofferraum versteckt in die Schule und unterrichte. Zeitweise steht zu meinem Schutz ein Polizist an der Tür des Klassenzimmers, da niemand einschätzen kann, was er tatsächlich unternehmen wird. Aber es kommt schlimmer, als wir es uns haben vorstellen können.

Er macht das Haus der Familie ausfindig, dringt dort gewaltsam ein, versteckt sich und wartet auf mich, um mich gewaltsam mitzunehmen. Darauf deuten die mitgebrachten Gegenstände wie Messer und meterlanges Seil hin. Aber ich fahre zum ersten Mal zu einer anderen Freundin, ich bin zum ersten Mal nicht im Haus der Freunde. So droht er der Familie, ihre beiden kleinen Kinder zu entführen, falls sie meinen Aufenthaltsort nicht preisgäben.

Das Resultat: Noch in der gleichen Nacht sitze ich zitternd vor Angst in einem Zug nach Lübeck, die nächste Nacht verbringe ich auf einem Schiff in Richtung Schweden. Wohin ich gebracht wurde, weiß ich bis heute nicht. Ein einsames Haus mit Sauna, mit Elchen, denen ich eines Tages verschreckt gegenüberstehe, das ist mein neues Versteck. Ein unerwarteter Besuch erscheint mit der Nachricht: Ich kann zurück, er sitzt im Gefängnis, und gleich befinde ich mich wieder auf dem Schiff Richtung Heimat.

Notscheidung unter Polizeischutz, Morddrohungen seinerseits und schließlich die erlösende Abschiebung in seine alte Heimat. Und ich setze vorsichtig einen Schritt vor den anderen in meine eigene Zukunft.

Deshalb wollte ich in gar keinem Fall wieder einen engeren Kontakt mit einem Mann eingehen. Ich igelte mich vollkommen ein, und allmählich ging es mir besser. Nach drei Jahren Eremitendasein verspürte ich neue Lebensenergien in mir wachsen. Nein, ich wollte diesem Mann nicht die Macht zugestehen, mein weiteres Leben zu bestimmen.

So öffnete ich zaghaft erneut die Tür nach draußen, um zu schauen, welche – hoffentlich guten – Überraschungen das Leben für mich bereithält. Nur wollte ich keinerlei enge Beziehung zu einem männlichen Wesen mehr, davor hatte ich eine tief verwurzelte Angst. Ich wollte wieder hinaus in das sprudelnde Leben, das von meiner persönlichen Geschichte unbeeindruckt war.

Salsa tanzen, Unterricht nehmen, ja, das konnte eine Lösung sein. Ich landete beim Tango, trug zum ersten Mal im Leben hohe Stöckelschuhe und schmiegte mich mehr oder weniger eng an einen Tanzpartner im Rhythmus dieser leidenschaftlichen Musik. Nach Jahren erlebte ich mich wieder als Frau, und das tat gut. So schloss ich mein eigenes Gefängnis auf und trat hinein in eine neue unbekannte Zukunft.

Mein Entschluss, mir nicht das Leben zu nehmen, war der richtige gewesen. Ich wollte leben, allerdings anders. Wie anders, davon hatte ich keine Vorstellung. Aber für mich stand fest: Ich wollte nicht gebrochen, sondern gestärkt aus dieser Erfahrung hervorgehen. Ich verkaufte alles, was sich mein Eigentum nannte, lebte von ein paar Mark monatlich, und mit meinem gesicherten Einkommen zahlte ich jahrelang den hohen Schuldenberg ab.

Das Allerwichtigste war, dass ich lebte, und ich wollte weiterleben. Allerdings allein.

Und jetzt passiert mir das mit Karlo! Es ist nicht der gleiche Mann, das ist wahr. Aber habe ich mittlerweile wirklich wieder die Kraft, um mich abermals zu öffnen und erneut eventuelle Verletzungen zu heilen? Wenn ich mich auf die Liebe mit ihm einlassen und das Leben mit ihm draußen in der Natur leben will, bleibt mir nichts anderes übrig, als einen Weg zu finden, um auf eigenen Füßen zu stehen. Ich muss unabhängig von Karlo Kontakte zu anderen Menschen suchen und eigene Freundschaften schließen. Ich muss aus der Abhängigkeit heraus, und das kann nur ich allein. Eine befriedigende Aufgabe für mich zu finden, das soll der erste Schritt sein. Es erfordert sicherlich viel Geduld mit mir selbst. Wo und wie ich anfangen soll, davon habe ich keinerlei Vorstellung.

Aber ich habe mich entschlossen und bin eingestiegen in das Flugzeug zurück nach Rapa Nui. Ich will mich auf die dünne Eisschicht meiner neuen Liebe und meines neuen Lebensabschnitts einlassen.

Noch jetzt, während ich die Kartoffeln schäle und den Fisch ausnehme für das Weihnachtsessen, erstarrt mir das Blut in den Adern, wenn ich daran zurückdenke, dass Karlo mich bei meiner Ankunft am Flughafen nicht erwartete.

»Ich soll dich zu Karlo bringen.« Mit diesen Worten forderte mich sein Bruder am Flughafen auf, in sein klappriges Gefährt zu steigen. Auch unterwegs kein weiteres Wort und keine weiteren Erklärungen. Verdammt, Karlo wusste doch, dass ich an diesem Tag zurückkommen würde! Oder will er mich nun vielleicht nicht mehr? Hat er eine andere, eine neue Frau? Eine, die nicht so kompliziert ist wie ich?

»Ich habe dich die ganze Zeit begleitet und die *tupuna* um deinen Schutz gebeten. Ich wollte dich nicht am Flughafen unter den vielen Menschen empfangen. Ich wollte dich hier in unserem Zuhause in die Arme schließen.« Eng umschlungen saßen wir unter einer Palme am Strand und fühlten uns wieder, fühlten uns wieder gut miteinander. Die mir zu Ehren gepflanzten Blumen strahlten mich am nächsten Morgen fröhlich an.

Heute werde ich also hier, am anderen Ende des Planeten, am Nabel der Erde, mein erstes Weihnachtsfest im Kreise meiner neuen Familie feiern. Nein, hier gibt es keinen Tannenbaum zu schmücken, kein nächtliches Läuten der Kirchenglocken gemahnt an den Besuch der Christmette, und es werden keine Weihnachtsgeschenke ausgepackt. All dies vermisse ich auch nicht. Wir wollen mit der Familie und Freunden zusammen sein, gemeinsam gut essen und uns aneinander erfreuen.

Holz sammeln und ein Feuer anzünden. Ein Feuer, das trotz der Hitze den ganzen Tag über brennen soll. Jeder bringt etwas mit. Es gibt frisch zubereitete Salate, Gemüse, Fleisch, Hühnchen, Papayas, Ananas, liebevoll dekorierte Nachspeisen und natürlich immer frischen Fisch. Ist keiner mehr vorhanden oder geht er langsam zur Neige, macht man sich auf, neuen zu fangen. Der Duft von gegrilltem Fisch und Schweinerippchen durchdringt die Luft, zieht in die Nase und lockt die zufälligen Besucher auf ihren Pferden an. Es ist immer für alle genug zu essen da, immer ist Zeit für ein Schwätzchen, bevor die einen weiterziehen und die nächsten Gäste nahen.

Die orangeroten Blüten des Korallenbaums über uns bilden das Schatten spendende Dach. Hier sitzen einige zusammen und singen schwermütige Liebeslieder zur Gitarre, dort erzählt ein Grüppchen alte Geschichten, andere liegen vereinzelt im Schatten. Man ruht sich aus, schläft ein Ründchen, der Wein steigt schnell zu Kopf bei dieser Hitze. Jeder sorgt sich um das Wohlbefinden des anderen, jeder spricht mit jedem, jeder lacht mit jedem. »I te kopu«, der Magen ist gefüllt, es passt nichts mehr hinein.

Der koro, wie der alte Vater von allen liebevoll-respektvoll angesprochen wird, sitzt auf einer Decke im kühlenden Schatten. Kinder, Enkel und Urenkel leben ihr eigenes Leben um ihn herum, und doch ist er mittendrin. Er sitzt still, in sich gekehrt inmitten der fröhlich-ausgelassenen Stimmung. Er spricht kaum, hat nie viel gesprochen, seine Augen reden, aber er hält sie nun schon lange Zeit geschlossen. Müde bittet er Stunden später, ihn nach Hause zu bringen, er möchte in Ruhe schlafen. Die Fotos, die wir an diesem Weihnachtsfest aufnehmen, werden die letzten gemeinsamen Bilder sein.

Wir feiern weiter, wir lachen und freuen uns, bis uns die ersten morgendlichen Sonnenstrahlen auf dem Weg in den wohlverdienten Schlaf begleiten.

NEUES JAHR

❦

Eine lange Gedenkminute lege ich ein und versetze mich zurück in die letzten Jahre mit meinen Freunden. Ein wenig schwermütig wird mir ums Herz, die geliebte Tangomusik erklingt in meinen Ohren, die Töne und Melodien, auf die sie jetzt sicherlich hingebungsvoll tanzen. Und wenn sie sich müde und angeheitert schwankend auf den Weg nach Hause begeben, werde ich hier auf der Osterinsel die zweite Flasche Sekt knallen lassen. Allerdings sechs Stunden später, da wir um diesen Zeitraum jünger sind als Europa.

Es ist der ausdrückliche Wunsch von Karlos Vater, zusammen mit allen Familienmitgliedern in seinem Haus in Hanga Roa in das neue Jahr, sein letztes Lebensjahr, einzutreten.

So verwaist das Elternhaus innerhalb weniger Monate. Kurze Zeit vorher erst ging die Mutter auf Reisen, und der Vater wird ihr bald folgen. Ich mochte ihn gern, diesen wortkargen alten Mann mit dem gekrümmten Rücken, und bin traurig darüber, ihm nun nicht mehr heimlich eine Zigarette zustecken zu können, die er sorgfältig unter seinem Bett versteckt hält, um ab und zu doch mal wieder eine zu rauchen, obwohl der Arzt es ihm strengstens verboten hat. Traurig auch, ihm keinen Tee mit drei hoch gehäuften Esslöffeln Zucker zubereiten und keinen frisch gefangenen Fisch aus Anakena mehr mitbringen zu können.

Karlos Schwester erzählt mir lange Zeit später, dass ihr Vater ganz ruhig eingeschlafen sei. Ab einem bestimmten Zeitpunkt war er sicher, dass er nun bald sterben würde, die kommende oder eine der folgenden Nächte. So zog sie ihm sein Lieblingshemd und seine Lieblingshose an, setzte sich zu ihm ans Bett und wartete geduldig, bis sein gleichmäßiger Atem den Schlaf ankündigte. Er solle sich nicht einsam, sondern geborgen fühlen auf seinem letzten Weg. Und so vernahm sie auch seinen allerletzten tiefen Atemzug, mit dem er in den ewigen Schlaf hinüberglitt.

Er hatte keine Angst vor dem Tod. Er sagte ihr, ein Engel würde ihn begleiten. Und so geschah es auch. In der gleichen Nacht, in der er für immer die Augen schloss, verstarb dreißig Minuten vor ihm ein kleines Kind, ein wenige Monate alter Säugling. Gemeinsam mit dem Engel trat er seine letzte Reise an.

Auf dieser Insel bleibt der leblose Körper noch vierundzwanzig Stunden über der Erde, da diese Zeit benötigt wird, um alle notwendigen Formalitäten zu erledigen. Aber auch nicht länger. Die Sonne ist heiß, und der Verwesungsprozess setzt schnell ein. Das Grabloch wird mit den eigenen Händen geschaufelt und der Sarg mit den eigenen Händen gezimmert. Den Beruf des Bestatters gibt es nicht. All das ist Aufgabe der Familie.

Man geht hier anders um mit dem Tod, das wird mir sehr deutlich. Es gibt kein mühsames Aussuchen eines teuren Totenhemdes. Warum das, fragen sie mich erstaunt, habe er doch seine frisch gewaschenen Lieblingskleider an. Auch das Auswählen des Sarges und die Frage nach den Preisen entfällt. Warum solle man Geld für einen Verstorbenen ausgeben? Das hätte man ihm besser während seines Lebens gegeben, als er es benötigte. Doch nicht jetzt, nach seinem Ableben, das erscheint den Menschen unsinnig. Jeder Sarg ist aus Holz, jeder

Sarg verrottet in der Erde, genauso wie der Leichnam seinen Verwesungsprozess durchläuft. Nein, Geld für einen Toten auszugeben, das mache keinen Sinn.

Einen Monat lang treffen sich die Familienangehörigen im Haus des Verstorbenen und beten und trauern gemeinsam. Es ist Sitte, Nahrungsmittel mitzubringen, damit sich die Hinterbliebenen keine Sorgen zu machen brauchen. Ständig brennt das Holzfeuer, immer ist für alle Besucher ausreichend zu essen da, und einen Monat lang ist keiner der Trauernden allein.

Aber noch lebt der Vater, noch zieht er sich heute wie jeden Tag in ein abgedunkeltes Zimmer zurück, um in aller Ruhe vor dem kleinen Marienaltar mit der brennenden Kerze zu beten, den Rosenkranz unermüdlich durch die Finger gleiten zu lassen und die Bibel zu lesen. Ob er die alte zerfledderte Bibel wirklich liest oder die Texte auswendig vor sich hin murmelt, weiß niemand, es ist auch nicht wichtig.

Große, mächtige rote Steinklötze, mehr als zwei Meter hoch und mindestens genauso breit, stehen vereinzelt und verstreut im Garten des Elternhauses und warten darauf, zu Skulpturen verarbeitet zu werden. Wer es wann macht, ist ungewiss, es spielt keine Rolle. Sicher ist aber, dass es irgendwann eines der Kinder, der Enkel, der Urenkel oder der Ururenkel machen wird. Der Zeitpunkt hat keinerlei Bedeutung.

Auch der Umgang mit der Zeit ist, der alten Tradition entsprechend, wahrhaft anders, als ich es aus meiner Kultur gewohnt bin. Die Zeit gehört allen und niemandem, sie ist das Geschenk beim Eintritt ins physische Leben. Sie war bei den Vorfahren, begleitet die Lebenden und wird weitergegeben an alle zukünftigen Generationen. »Ich habe keine Zeit«, darf man nicht sagen, kann man nicht sagen, weil niemand ihr Besitzer sein kann.

Wie oft kamen diese Worte so selbstverständlich über meine Lippen, genauso häufig wie die Frage: »Wann hast du Zeit?«

Es gilt, die Zeit zu nutzen mit dem, was gemacht werden muss, und mit dem, was man machen möchte. Die Nutzung der Zeit liegt in der Hand eines jeden einzelnen Menschen. Jeder trägt die Verantwortung dafür, was er zu welcher Stunde tun muss oder möchte. Doch die Zeit selbst verläuft unbeeinflusst weiter und weiter bis zur nächsten Generation, nein, die Zeit kennt keinen Besitzer, sie hat ihre eigene Existenz unabhängig von den Menschen.

Ich spüre meine Veränderungen. Der feste Entschluss, meine eigenen Wurzeln zu schlagen, hilft mir auch bei der Überwindung, Spanisch zu sprechen. Holprig und mit vielen Fehlern, aber ich traue mich endlich. Ich frage nach, frage abermals nach und bemühe mich, die Erklärungen zu verstehen. Dabei stelle ich fest, dass es nicht nur die Sprache ist, die bei mir so viele Fragen offen lässt. Vielmehr ist es die andere Lebenseinstellung, die einer mir fremden Kultur. Das wird mir umso deutlicher, je mehr ich von der Sprache verstehe.

»Weißt du, bevor ein Mann und eine Frau hier früher heirateten, wurde ein Fest veranstaltet, an dem alle teilnahmen. Jedes Familienmitglied hatte nicht nur das Recht, nein, die Pflicht, alles, was es Schlechtes über den anderen dachte, öffentlich auszusprechen. Es war ein Fest der Beschimpfungen. Und warum? Ganz einfach: Dadurch wurde der neu zu gründenden Familie Glück versprochen. Es gab nun keine schlechten und üblen Gedanken mehr. Beide Familien hatten sich gereinigt, und so wurde der neuen Ehe alles Gute für die Zukunft gewünscht. Es war ja schließlich die eigene Zukunft. Die jungen Eheleute würden Kinder zeugen, die später Enkeln das Licht der Erde schenken würden.

Nein, heute ist das nicht mehr so. Viele unserer alten Traditionen sind verloren gegangen, und vieles ist durch Neues ersetzt worden. Unsere Mutter hat uns noch Respekt, Achtung und Würde als die grundlegenden Werte beigebracht. Doch

110

jetzt bin ich zu müde, um weiterzusprechen. Es ist genug für heute.«

Gespannt höre ich den Erklärungen von Karlos Schwester zu und genieße es, in der Kühle der Nacht mit ihr unter dem Avocadobaum zu sitzen. Ist es das, was ich spüre und was die Anziehung zu Karlo ausmacht? Der Respekt, sich selbst und mir gegenüber? Die Art, wie er handelt, mit sich und mit mir umgeht, ohne die mir sonst bekannten kleinlichen Diskussionen im täglichen Leben? Vielleicht ist es das! Wie viele Beziehungen scheitern nach der Verliebtheitsphase an den Kleinigkeiten des Alltags: »Ich habe gespült, du trocknest ab.« »Ich habe eingekauft, du kochst dafür.« Ich tue dies, du tust jenes … Wie oft habe ich gehört: »Du bist mir zu stark.« Du bist mir zu dies, du bist mir zu jenes. Karlo respektiert mich so, wie ich bin. Ich bin seine Frau, die er weder kritisiert noch ändern möchte. Ich bin so, wie ich bin.

Ich spüre deutlich, dass ich viele Jahre nicht respektvoll mit mir umgegangen bin. Ich habe Erwartungen erfüllt und perfekt funktioniert. Dadurch erhielt ich Anerkennung und genoss Zuwendung, ich war wer, ich hatte meine feste Position, die kaum jemand in Zweifel stellte. Viel mehr Gedanken habe ich mir nicht gemacht.

MANAVAI

Ich fühle mich sesshaft werden. Ich genieße die neuen zaghaften Kontakte, ich spüre, wie die Menschen sich mir gegenüber öffnen, weil ich ihnen meine Arme entgegenstrecke. Zwar sind meine Wurzeln noch zart und zerbrechlich, aber sie wachsen. Genauso wie die Wurzeln meiner Pflanzen in den mühsam angelegten Gärten. Auch sie benötigen ihre Zeit, um Kraft aus der Erde zu schöpfen, zu erblühen und mir ihre Früchte zu schenken. Die Gärten sind ein Spiegel meiner selbst.

Selbst jetzt noch schmerzt mir der Rücken bei der bloßen Erinnerung daran, wie wir unsere eigenen Gärten eingerichtet haben. Gärten, die in der Sprache der Rapa Nui *manavai* genannt werden. Das Wort, das zusammengesetzt ist aus *mana*, der außergewöhnlichen spirituellen Kraft, und *vai*, dem Wasser. Schwere, sorgfältig aufeinander gesetzte unbearbeitete schwarze Lavasteine bilden die runde Mauer, hinter der die pflanzliche Nahrung gedeihen kann. Wahrscheinlich haben die Erstbesiedler die natürlichen Gegebenheiten beobachtet und vieles nachgeahmt.

Im Innern der eingestürzten Höhlen wachsen die Pflanzen weitaus besser, denn das kostbare Wasser verdunstet nicht so schnell, und die Steine konservieren es länger. In entsprechender Art und Weise wurden die künstlichen *manavai* oberhalb der Erde angelegt. Die Steinmauern dienen als Schutz gegen die Gischt des Meeres und das unbarmherzige Salz, das die Blätter verbrennt. Vor allem bieten sie dem oft tagelang anhaltenden stürmischen Wind Einhalt, der nicht nur die Stängel der Pflanzen umknickt, sondern auch das kostbare Nass schnell wieder mit sich fort nimmt und den Boden austrocknet.

Stein um Stein richten wir die alten eingestürzten Mauern wieder auf und reißen meterhohes Gras heraus, das sich mit seiner dicken Wurzelschicht dagegen wehrt, seiner jahrelangen Lebensgrundlage beraubt zu werden. Alles muss neu aufgebaut und gesäubert werden von jahrzehntelangem Ungenutztsein. Eine harte und für mich ungewohnte Arbeit. Der Boden ist voller spitzer Steine, und häufig kehre ich mit blutenden Händen zum *paepae* zurück. Die Sonne brennt gnadenlos von oben herab, und die Hitze lässt alles doppelt so schwer erscheinen. Viele Tage vergehen, an denen ich es nicht schaffe, mehr als einen einzigen Quadratmeter Erde von den gröbsten Steinen zu befreien. Aber jedes Stückchen Erde ist ein Platz zum Säen, zum Pflanzen und irgendwann zum ersehnten Ernten.

Die Briefumschläge der Freunde sind nun dicker und enthalten häufig kleine Extrabriefchen mit Samen aus Deutschland: Kohlrabi, Rosenkohl, Kopfsalat, Pflücksalat, Möhren und Samen von Kräutern, die ich manchmal sehr vermisse: Oregano, Bohnenkraut, Rosmarin, Schnittlauch und Basilikum. So säe ich das ersehnte Gemüse, und die Fotos auf den Tütchen lassen mir in Erwartung schon das Wasser im Mund zusammenlaufen. Jeden Tag gehe ich hoffnungsvoll zu den *manavai* und gebe den Pflänzchen ein wenig Wasser. Aber sie überleben nicht, es ist viel zu trocken. Die letzten Samen von Möhren und Salat streue ich hier in den Garten vor dem *paepae*. So kann ich ihnen wenigstens das Wasser, mit dem ich mich gewaschen habe, zu trinken geben in der Hoffnung, dass es ausreicht. Einzelne kleine Pflänzchen wagen es, den Kopf aus der Erde zu strecken, und ich breite eine Plastikplane über ihnen aus, um sie vor der sengenden Sonne zu schützen.

Eine einzige Möhre überlebt. Um sie herum errichte ich einen kleinen Turm aus Steinen, der sie gegen den zerrenden Wind schützt, und gieße sie jeden Morgen und jeden Abend mit meinem Waschwasser. Nach drei Monaten Umsorgen ziehe ich sie ganz vorsichtig aus der Erde, bedanke mich und verspeise sie. Eine wahre Köstlichkeit!

Viel weniger Mühe haben Taro, Maniok, Süßkartoffeln und Mais. Sie sind besser angepasst an das Klima und die Trockenheit. Langsam sprießen die ersten Triebe aus der trockenen Erde, und ihre sättigenden Knollen werden uns bald als Nahrung dienen.

Wird es mir hier so ergehen wie den vielen Samen aus Deutschland, die sich nicht anpassen konnten, oder werde ich die eine Möhre sein, die es geschafft hat? Diese Frage geht mir häufig durch den Kopf.

Gern erinnere ich mich an mein kleines Gärtchen im Garten meines Großvaters. Einen oder zwei Quadratmeter Erde hatte er mir geschenkt. Dort pflanzte ich mein Gemüse, das ganz allein ich essen durfte. Es war schwierig, meinen Garten gut zu pflegen, da ich meinen Großvater nur in den Ferien besuchen konnte, er wohnte zu weit von uns entfernt. Ich säte, goss und rupfte Unkraut. Kerzengerade abgesteckt zog ich sorgfältig meine Furchen, wie er es mir beigebracht hatte, und streute die Samen hinein. Drei, vier Möhren, drei, vier Erbsenpflänzchen und ebenso viele Bohnensamen gingen auf. Für mich gab es nichts Schöneres als die Ernte in meinem eigenen Gärtchen.

Doch wie viele Jahre und Jahrzehnte liegt das zurück! Gemüse und Früchte zu kaufen, war mein gewohnter Alltag. Fein säuberlich nebeneinander gelegt oder übereinander gestapelt wurde alles in Hülle und Fülle angeboten. Zu jeder Jahreszeit war alles vorhanden, ob Erdbeeren zu Weihnachten oder Trauben zum Osterfest. Meine einzige Tätigkeit war das Aus-wählen und Bezahlen. Ehrlicherweise sehne ich mich auch jetzt manches Mal nach dieser Annehmlichkeit.

HENUA

ভৈ

Die Arbeit in der Erde ist hart. Meine Hände sind aufgeris-
sen, meine Fingernägel schwarz, mein Rücken schmerzt,
und noch immer halte ich keine essbaren Pflanzen in meinen
Händen. Ich habe den ganzen Tag nichts anderes getan als
widerliche Raupen aus der Erde zu buddeln und zu zerquetschen. Jedes einzelne Pflänzchen habe ich versucht, von diesen Schädlingen zu befreien. Der gesegnete Regen hat auch
allen Tieren genügend Kraft gegeben, sich auf den Weg der
Nahrungsbeschaffung zu machen. Die Raupen haben sich
meine Salatpflänzchen – inzwischen mühsam pikiert – ausgesucht. Wurzeln sind nicht mehr vorhanden, verwelkt liegen
die zarten Blättchen, die eigentlich meinen Gaumen erfreuen
sollten, am Boden. Ich gehe Tabakpflanzen suchen, und wir
kochen einen starken Sud daraus. Aber es ist zu spät, die Raupen waren schneller, die Wurzeln sind verdaut.

Und doch – dieses Material namens Erde übt eine starke,
unbekannte Anziehung auf mich aus. Diese feuchte, dunkle
Masse, in die ich die Samen hineinlege und die die Kraft hat,
sie keimen und wachsen zu lassen. Die Erde lockt mich immer
wieder, meine Hände in sie hineinzustecken, sie zu bearbeiten
und mich mit ihr zu beschäftigen. Die braunen Erdkrumen faszinieren mich, die die Nahrung wachsen lassen, so dass wir auf
diesem Planeten existieren können.

116

Ich lebe schließlich auf der Insel, die ursprünglich den wohlklingenden Namen *Te Pito o te Henua* – Nabel der Erde – besaß. *Henua* ist ein Wort mit zwei Bedeutungen, die letztendlich das Gleiche beinhalten: *Henua* – die Erde – und *henua* – die Plazenta. Abgenabelt, endgültig losgelöst von der ernährenden Plazenta der Mutter, bleibt bei jedem Menschen die Erinnerung an sein Werden, an sein Verbundensein mit der Mutter, symbolisiert im unvergänglichen Nabel, dem *pito*.

Und genau dieser kleine Teil des Körpers hat für die Rapa Nui, wie für alle Maori, eine besonders wichtige Bedeutung. Hier, einzig und allein hier, sitzt das Zentrum eines jeden Menschen. Nicht das Herz ist der bedeutendste Teil des menschlichen Körpers, nein, es ist der Bauchnabel. Lange bevor alle übrigen Organe wachsen können, muss es die Nabelschnur geben, die die Verbindung herstellt zwischen gebendem und werdendem Leben. Es ist die Nabelschnur, durch die die Nahrung von der Mutter zu dem entstehenden neuen Wesen fließt, damit alle zum eigenständigen Überleben notwendigen Organe gebildet werden können.

Und die bleibende Erinnerung an das eigene Entstehen, an die Verbundenheit und Abhängigkeit von der Mutter, von den vielen Generationen von Müttern, von der Mutter Erde und dem Kosmos, alles das symbolisiert der Nabel. Und deshalb ist er, der *pito*, als wichtigster Teil des Körpers gleichzeitig auch dessen Zentrum, und nicht, wie in meiner europäischen Kultur, das Herz.

Henua, die Nahrung gibt, die den heranwachsenden Embryo ernährt, die die Verbindung zwischen Mutter und Kind herstellt und die gleichzeitig die Verbindung zweier Generationen, vieler Generationen miteinander ist. Jeder ist mit seinen Vorfahren, seinen *tupuna* verbunden. Früher wurden die durchtrennte Nabelschnur und die Nachgeburt, die *henua*, in der Erde, der *henua*, vergraben. Dadurch wurde die Verbindung des Menschen mit der Erde charakterisiert. Das Land ist die Mutter und die Quelle der Ernährung. Die Erde wird von den Vorfahren an die Nachkommen geschenkt. Diese tragen nun die Verantwortung, sie an die folgende Generation als Nahrungsquelle weiterzugeben.

Henua ist ein Wort, das für »Erde« benutzt wird, nicht dagegen für »Welt«. Welt ist für die Maori der weite Kosmos, das Universum, von dem ein Teil, nur ein winzig kleiner Teil, der Planet Erde ist. Durch die Erde, die zweite Mutter, sind die Menschen letztendlich mit dem Universum verbunden. Folglich ist die Erde für die Menschen dieser Insel die zweite Mutter, die man weder besitzen, geschweige denn verkaufen kann.

Hotu a Matu'a, der erste König der Insel, verteilte die Insel vor seinem Tod auf *mata*, auf einzelne Tribus. Individuelles Eigentum im europäischen Sinne war unbekannt. Das zugewiesene Gebiet gehörte einem Zusammenschluss vieler Familien, die das Recht und die Pflicht hatten, das Land ihrer Tribus zu nutzen, zu bepflanzen und zu bebauen.

Selbst in den schrecklichen Zeiten der vielen Kriege und des gegenseitigen Mordens war eines immer zu respektieren: Man konnte die Menschen, niemals jedoch das Land erobern. Alle Gebiete blieben für immer und ewig in der Hand der einmal zugewiesenen Tribus. Bis heute weiß jeder einzelne Rapa Nui, welcher Tribus er angehört, und damit selbstverständlich auch, auf welchem Teil der Insel zu leben er das theoretische Recht besitzt.

Nein, *henua*, die Erde, die Mutter Erde, die Verbindung zum Universum zu verkaufen, das widerspricht vollkommen der Vorstellung der Maori.

GEBURT

◆

Lächelnd und strahlend steht eine hochschwangere Frau vor mir mit ihrem dicken, weit nach vorn gewölbten Bauch, der mit einem fröhlich-bunten Badeanzug bedeckt ist. Ihre Plazenta, ihre *henua*, versorgt ihr ungeborenes Kind noch mit Nahrung. Sie ist eine Rapa Nui, hat deutsches Blut in ihren Adern und spricht perfekt meine Muttersprache.

Uns gegenüber hat sie ihre Zelte aufgeschlagen und wartet zusammen mit ihrer Schwester und ihrem zehnjährigen Sohn auf die Stunde ihrer Niederkunft. Hier, in der Bucht von Anakena – der richtige Name ist *Hanga Rau tomo o te Ariki* – will sie gebären, im selben Meeresbecken, an derselben Stelle, wo Hotu a Matu'as Frau ihrem ersten Sohn das Licht des Lebens schenkte. Die Sterilität und Unpersönlichkeit eines Krankenhauses möchte sie nicht noch einmal erleben. Gebären ist eine natürliche Angelegenheit, und sie hat keine Angst. Sie ist sich sicher in ihrer Entscheidung und wartet gelassen auf den Zeitpunkt der Niederkunft. Die Ärzte raten ihr ab, sie ist seit zehn Tagen über dem errechneten Termin. Aber was soll's, wenn das Kind noch in ihrem Bauch bleiben möchte, ist das zu akzeptieren.

Frühmorgens mit den ersten Sonnenstrahlen sehe ich sie im Meer. Sie liegt auf dem Rücken, und den Bauch weit vorgewölbt auf der Wasseroberfläche, lässt sie sich von den Wellen

119

hin- und herschaukeln, treibt hierhin, treibt dorthin. Dann steigt sie heraus aus dem warmen Wasser, die langen schwarzen glänzenden Haare kleben eng an ihrem Körper und unterstreichen ihren erwartungsvollen Zustand. Die Augen strahlen und ihre Schönheit verrät, es wird ein Junge – sagen die Rapa Nui. Und das Baby will immer noch nicht heraus aus ihrem Bauch.

Seitlich vom weißen Sandstrand wird das kleine natürliche Wasserbecken ein wenig ausgehoben und der Rand mit einigen Steinen erhöht, damit die Wellen keinen Sand in die Augen des Neuankömmlings spülen. Sie verbringt hier zwei Wochen – sonnt sich, vergnügt sich im Meer und wird von der engsten Familie liebevoll umsorgt.

Dann, eines Morgens in aller Frühe, die Sonne blinzelt neugierig hinter den goldgelben Wolken hervor, macht sie sich auf den Weg zu dem Wasserbecken, begleitet von ihrem Freund und den Helferinnen, um dem Wunsch des Babys nachzukommen, das nun endlich das Licht der Erde erblicken will. Sie hockt sich in das warme Meerwasser, sanfte Wellen spielen um ihren Körper, und zwei Stunden später ist der neue Erdenbürger da. Es ist, wie vorhergesagt, tatsächlich ein Junge, der aus dem warmen Bauch in das wohl temperierte Salzwasser hineingleitet. Nachdem man ihn abgenabelt und in ein großes buntes Tuch gewickelt hat, macht sich die Familie auf zum Krankenhaus in Hanga Roa, um die notwendigen Formalitäten zu erledigen. Und der Junge erhält den Namen Hanga Rau tomo o te Ariki, den Namen des Ortes, an dem er geboren wurde.

Vielleicht erwartet sie zu Hause – der alten Tradition gemäß – ein leckeres Huhn, das ihre Mutter oder Schwiegermutter ihr zum Dank, dass sie ein weiteres Mitglied der Familie, des eigenen Blutes, in ihrem Körper heranwachsen ließ und ihm das Licht der Erde schenkte, zubereitet hat. Für sie ganz allein ist es bestimmt, es ist *tapu*, unantastbar, ein heiliges Essen. Kein anderer darf einen noch so kleinen Bissen davon zu sich nehmen. Egal, ob die anderen Hunger haben oder nicht, ob sie es selbst mit einem Male aufessen kann oder nicht, es ist ausschließlich für die Mutter zubereitet, es ist das Dankeschön für das Geschenk des neuen Erdenbürgers.

Ich habe sie nicht gefragt, wie ihr Sohn abgenabelt wurde. Früher wurde das Neugeborene, egal ob Junge oder Mädchen, zunächst mit den Fußsohlen auf die Handinnenflächen des Geburtshelfers gestellt. An der Wölbung des Fußes, an den Kontaktflächen mit der Erwachsenenhand, erkannte derjenige, der die Nabelschnur durchtrennte, die zukünftigen Qualitäten des Kindes. Zum Beispiel, ob es ein guter Läufer oder ein guter Taucher werden würde. Den Vorhersagen entsprechend wurden von nun an die Fersen des Läufers speziell massiert und gekräftigt, damit sich das Kind seinen Anlagen gemäß bestmöglich entwickelt konnte. Zwischen den Geschlechtern wurde dabei kein Unterschied gemacht.

Auch dieses Wissen, das viel Erfahrung voraussetzt, geht allmählich verloren. Der technische Fortschritt der Krankenhausgeburt lässt dafür keinen Platz mehr.

Ein Freund von uns, der achtzehn Kindern – nicht nur seinen eigenen Geschwistern – bei der Geburt geholfen hat, erzählt mir, woher er sein Wissen hat. Im Alter von zehn Jahren war er mit seiner hochschwangeren Mutter unterwegs, als bei ihr plötzlich die Wehen einsetzten. Natürlich musste er helfen, den Neuankömmling ans Tageslicht zu bringen, er war schließlich allein mit seiner Mutter. Die Schmerzen der Mutter trieben ihn an, der Geburt möglichst schnell ein Ende zu bereiten, und so zog und zog er am Kopf des neuen Erdenbürgers. Die Mutter musste beruhigend auf ihn einreden, geduldiger zu sein und den natürlichen Verlauf abzuwarten, damit das neue Leben auch wirklich überleben konnte. So lernte er von

Kindesbeinen an, bei der Geburt seiner weiteren Brüder und Schwestern zu helfen und sie abzunabeln.

Ich habe keine Kinder geboren. Ob ich darüber traurig bin, kann ich nicht sagen, es ist sowohl als auch. Für meinen Vater wäre es sicherlich die größte Schmach gewesen, ihm einen unehelichen Enkel, einen Balg, in seine Arme zu legen. Und ich selbst hatte kein Vertrauen in eine zukünftige heile Familie.

Mit sechzehn Jahren legte ich demonstrativ und gut sichtbar die Antibabypillen neben mein Bett, die Antikonzeptiva, die damals noch kein Arzt an eine Jugendliche verschrieb. Sie kamen von einem unbekannten Arzt aus einer fremden Stadt, der Verständnis für die jungen Menschen zeigte und ohne gynäkologische Untersuchung die gewünschten Rezepte verschickte.

Natürlich trafen mich wieder die Schläge meines Vaters, ich hatte sie provoziert, sie kamen erwartet und taten nicht weh. Schmerzhaft war der wütende Vorwurf: »Du bist eine Nutte! Du wirst noch böse enden, weil es dir Spaß macht, mit einem Mann zu schlafen!«

Ich lebte mein eigenes Leben weiter, auch mein sexuelles mit meinem festen Freund, und ließ mir von niemandem etwas vorschreiben. Achtzehnjährig zog ich aus dem erdrückenden Elternhaus aus und ging in eine fremde Stadt, um zu studieren, auch das gegen den Willen meines Vaters. Aber ich wusste, das kann er mir nicht verbieten, ich hatte das gesetzliche Recht dazu.

»Nein, ich lasse dich nicht studieren! Du bist meine Tochter. Du sollst heiraten und Kinder gebären. Lerne einen Beruf, den du zu Hause ausüben kannst. Du wirst Steuerberaterhelferin.«

Ich habe meinen Kopf durchgesetzt und ging hinaus in die unbekannte Großstadt, aus meiner einengenden katholischen Kleinstadt raus in die Anonymität, an eine Universität mit mehr als zwanzigtausend Studenten. Unzählige Tränen der Einsamkeit habe ich geweint, ja, ich vermisste meinen Vater – doch ich wollte auf keinen Fall zurück.

Unsere »Sandkastenbeziehung« hatten wir legitimiert und zwischen zwei Vorlesungen standesamtlich geheiratet. Mit diesem offiziellen Papier war es leichter für ihn, einen Studienplatz in derselben Stadt zu erhalten. Mein Vater erfuhr davon, als ich ihn um eine notwendige Geburtsurkunde bat. Er war zutiefst enttäuscht, seiner einzigen Tochter keine weiße Hochzeit ausrichten zu können. Mein Mann und ich wollten keine Kinder, noch nicht. Nach der Scheidung vernahm ich die Kommentare der Verwandtschaft: »Er war viel zu gut für dich. Du brauchst einen Mann, der dich an die Kandare nimmt.«

Wir wollten uns nicht trennen, doch wir hatten uns in eine scheinbar unlösbare Situation verstrickt. Ich wollte mehr Zärtlichkeit, und er wollte mehr Sex. Ich konnte ohne Zärtlichkeit nicht mit ihm schlafen, und er konnte mir ohne Sex keine Zärtlichkeit geben. Ausweglos! Aber mein analytischer Verstand fand die Lösung. Gemeinsam suchten wir einen Studienkollegen meines Mannes aus, und er selbst arrangierte das Treffen zwischen uns. Ich schmuste die ganze Nacht mit diesem Mann und genoss alle erträumten Zärtlichkeiten. Jedoch löste sich so nicht unser Eheproblem. Ich verliebte mich in ihn und er sich in mich. Die nächsten sieben Jahre lebte ich mit ihm zusammen.

Aber wir genossen unser Glück nicht allein, sondern mussten in einer Wohngemeinschaft leben. Die Zeit, da kleinbürgerliche Strukturen aufgehoben werden mussten, war angebrochen, es galt die traditionelle Zweierbeziehung zu überwinden. Die alten Werte sollten bekämpft und durch neue ersetzt werden. Da gab es keinen Platz für einen Kinderwunsch. »Später, wenn wir eine bessere Welt geschaffen haben, setzen wir Kinder in diese neue Welt«. Und so nahm ich mir nicht einmal die Zeit, von einem Kind zu träumen. Verhütung war zur selbstverständlichen Gewohnheit geworden.

Nachdem ich meinen dreißigsten Geburtstag schon einige Jahre hinter mir gelassen hatte und die neue Welt, die bessere Welt, immer noch nicht geschaffen war, wollte ich ein Kind. Aber er nicht, die Bedingungen waren noch immer nicht entsprechend. Sie wurden es nie, und ich wurde nie schwanger. Wir trennten uns enttäuscht über uns selbst.

Eine Mitbewohnerin aus unserer zehnköpfigen Wohngemeinschaft wartete dagegen auf ihre erste Niederkunft. Ein letztes Eis auf dem langen Spaziergang, und die Wehen setzten allmählich ein. Sie hatte sich für eine Hausgeburt entschieden und wollte zusammen sein mit vertrauten Menschen, sie wollte nicht ins Krankenhaus. Die Hebamme, die ins Haus kam, war eine alte erfahrene Frau, die schon vielen Kindern auf die Welt geholfen hatte und eine tiefe Ruhe und Zuversicht ausstrahlte.

Bis heute ist das Erlebnis dieser Geburt für mich unvergesslich, noch heute bin ich glücklich, es gesehen und miterlebt zu haben. Ich erinnere mich genau an das Sichtbarwerden des Köpfchens, ein letztes starkes Pressen, und das kleine Mädchen glitt sanft heraus. Es wurde auch Zeit, denn es hatte die Nabelschnur um den Hals gewickelt, der Sauerstoff wäre bald knapp geworden. Dank der Erfahrung der Hebamme war aber alles gut gegangen. Wir standen um das neue Geschöpf herum, Tränen der Freude und der Erleichterung liefen allen die Wangen herunter. Staunend betrachteten wir diese kleine Erdenbürgerin, die die nächsten Jahre in unserer Gemeinschaft aufwachsen sollte.

Nur wie sie abgenabelt wurde, daran kann ich mich beim besten Willen nicht mehr erinnern. Ich weiß auch nicht, wie ihr *pito* heute aussieht.

124

Es sind schmerzhafte, und es sind schöne Gedanken an meine alte Heimat. Aber es sind Erinnerungen, das alles ist Vergangenheit. Und ich denke an die Worte eines Freundes, die mich sehr beeindruckt haben: »Es ist viel schwerer, sich auf das Schöne, das die Zukunft bereithält, vorzubereiten, als das Schlechte der Vergangenheit zu vergessen.« Nein, es ist mir nicht schwer ums Herz, wenn ich an all diese Erfahrungen zurückdenke, die wie ein kostbarer Schatz tief in meinem Inneren geborgen sind. So paradox es klingt, gerade die Fülle der Erinnerungen, die mir hier unvorhergesehenerweise in mein Gedächtnis springen, helfen mir. Es ist, als ob sie sich von allein immer weiter komprimierten, als Essenzen erhalten blieben und ich so die Möglichkeit hätte, das Glas weiter zu leeren, um es mit neuen Lebenserfahrungen zu füllen.

Langsam, ganz allmählich stehe ich nicht mehr so wacklig auf meinen Füßen. Ich falle hin, und ich stehe auch wieder auf. Irgendwann, da werde ich mir immer sicherer, kann ich auf ihnen laufen und meinen eigenen Weg an der Seite von Karlo finden, hier auf dieser Insel *Te Pito o te Henua*.

NACHRICHT

❧

Und dann überrascht mich wieder die Realität, und ich muss mir eingestehen, dass ich doch viel wackliger auf den Beinen stehe, als ich dachte. Ich spüre, so eindeutig, wie ich mir das einbilde, ist das wohl doch alles noch nicht.

Glücklich halte ich einen ersehnten Brief aus Deutschland in den Händen. Aber dann ist es eine unerfreuliche Nachricht, mit der ich nicht gerechnet habe und die droht, mich aus dem Gleichgewicht zu bringen. Meine an eine Freundin untervermietete Wohnung steht ab sofort leer, sie ist ausgezogen. Die Wohnung mit all meinen persönlichen Dingen darin – das wird mir schlagartig bewusst – ist immer noch ein wichtiges Stück Sicherheit für mich. Das Gefühl, meine Wohnung aufgeben zu müssen, bereitet mir unkalkuliertes Unbehagen. Denn falls mit Karlo alles schief gehen sollte – so steht es in meinem Hinterkopf geschrieben –, könnte ich problemlos nach Köln zurück und mich unter meiner warmen Daunendecke verkriechen. Ich kann und will diesen Rockzipfel, diese Nabelschnur nicht loslassen. Gleichzeitig komme ich mir seltsam vor mit diesem Sicherheitsgedanken. Meine Reisepläne, alles habe ich eingetauscht gegen dieses neue Leben, und ich bin nach wie vor glücklich, diese Entscheidung getroffen zu haben. Und ausgerechnet das Problem meiner leer stehenden Wohnung erscheint mir unlösbar.

Karlo fragt nach, er erlebt mich verändert. Ich druckse herum und weiß nicht recht, wie ich ihm meine in mir streitenden Gefühle erklären soll. Ich bin mit mir selbst nicht im Reinen, habe aber keine andere Wahl und rede mit ihm. Er schaut mich ruhig an und sagt: »Es gibt zwei Möglichkeiten, das Problem zu lösen: Du gehst wieder zurück nach Deutschland, dann hast du das Problem nicht mehr, oder du heiratest mich, dann hast du es auch nicht mehr.« Er steht auf, und gleich darauf höre ich die Musik seiner Hammerschläge. Er arbeitet. Ich bleibe sitzen, erstarrt, gelähmt, ich bin ganz einfach sprachlos. Verdutzt rolle ich die Worte aus seinem Mund mehrmals in meinem Kopf hin und her. Heiraten? Darüber hatten wir nie gesprochen.

Plötzlich, als wäre ein Knoten von allein geplatzt, beginne ich lauthals zu lachen und verstehe die symbolische Bedeutung des Wortes. Wir haben bis heute nicht geheiratet, da uns eine schriftlich formulierte Garantie für ein gemeinsames Zusammenleben sinnlos erscheint. So kuscheln wir auch ohne dieses gestempelte Dokument weiterhin zusammen unter meiner Kölner Daunendecke. Meine Wohnung habe ich ohne großen Schmerz aufgegeben und viele persönliche Dinge an Freunde verschenkt. Es war ein schönes Abschiedsfest.

Es ist nicht nur die Wohnung, wegen der ich eine Entscheidung treffen muss, denn auch die Zeit meiner Beurlaubung neigt sich ihrem Ende entgegen. Und es fällt mir nicht im Geringsten schwer, diese weitaus wichtigere Entscheidung zu treffen. Frohen Herzens reiche ich meine Kündigung aus dem sicheren Staatsdienst ein, als ich erkenne: Nicht Wohnung und Arbeit in Köln können mir Sicherheit geben, einzig und allein in mir selbst kann sie liegen. In der Hoffnung, sie immer weiter in mir zu finden, beginne ich nun tatsächlich mit meiner Abnabelung.

Ich weiß, dass es ein langer und mühevoller Weg werden

wird. Aber ich bin sicher, ich gehe in die richtige Richtung. Mein Weg ist voller Steine. Es sind Steine, auf die ich springen kann, die mir Halt und Vertrauen geben, und andere, von denen ich abrutschen werde. Ich nehme mir vor, die Steine geduldig und bedächtig auszusuchen, bevor ich weiterspringe, weiter vorwärts und hoffentlich ins Höhere.

WOCHENENDE

Einen Kalender benutze ich schon lange nicht mehr, ich habe keine Ahnung, welches Datum heute ist oder morgen sein wird. Die Tage verstreichen genauso wie die Sternkonstellationen, die die vorüberziehenden Nächte anzeigen.

Dass Wochenende ist, erkenne ich daran, dass viele Menschen zu Besuch kommen. Ganze Familien, oft zehn bis fünfzehn Leute, springen von der Ladefläche eines verrosteten Autos herunter und beleben unsere Stille mit ihrer Lebendigkeit. Ein Kanister voll Süßwasser, unterwegs gesammeltes Brennholz, ein Stück Fleisch zum Grillen und frisches Brot ist stets dabei. Die Kinder laufen zum Strand, sind nicht mehr zu sehen und zu hören, bis Hunger oder Durst sie wieder zu uns treibt.

Bunte *pareu* sind die allseits beliebte Kleidung. Es sind lange dünne Tücher, mit kunstvollen Symbolen bedruckt, die von Männern und Frauen gleichermaßen geschätzt werden. Die glänzenden schwarzen Haare der Frauen, die oft bis zu den Hüften reichen, sind hochgesteckt oder zu Zöpfen geflochten. Eine im Vorbeigehen gepflückte wohlduftende Blüte unterstreicht das liebevolle Lächeln ihrer schwarzen Augen in ihren dunklen Gesichtern.

An einem schattigen windigen Platz werden die Säckchen mit den gereinigten Muscheln ausgepackt, und alle Hände sind damit beschäftigt, lange Ketten zum Verkauf herzustellen. Währenddessen wird ununterbrochen erzählt und gelacht. Auch wenn ich nichts von ihrer Sprache verstehe, hier kann ich mich dazusetzen, beobachten und selbst Ketten machen.

Manche Männer haben noch lange Haare, die zu einem Pferdeschwanz gebunden und auf dem Kopf mit einem geschnitzten Holzstab zusammengehalten werden. Sie schlingen sich ebenfalls den bunten *pareu* um die Hüften. Ketten, aus Hunde- oder Haifischzähnen gefertigt, schmücken ihren Hals, der Körper ist oftmals mit mir unbekannten Symbolen tätowiert. Heutzutage tragen die meisten älteren Männer die Haare kurz geschnitten und sind westlich, mit kurzen Hosen, gekleidet.

Viele Menschen hier sind leidenschaftliche Angler. Eine Angelschnur, an der ein Angelhaken befestigt ist, ein Stück Blei oder ein kleines Steinchen zum Beschweren und eine Paste aus Mehl und Meerwasser als Köder ist die Ausrüstung, mit der die bunten Fische gefangen werden. Gekocht wird gemeinsam. Und immer ist die Luft erfüllt von der mir unbekannten Sprache. Die Menschen sitzen gern zusammen, lachen gemeinsam, tauschen Erfahrungen aus und erzählen sich gegenseitig die alten mündlichen Überlieferungen. Jung und Alt erfreuen sich aneinander. Die Atmosphäre ist ruhig und entspannt. Wenn einer spricht, hören die anderen zu, unterbrechen ist verpönt, jeder spricht so lange, wie er sprechen möchte.

Früher wurde es als Geschenk betrachtet, wenn die alten oder älteren Menschen die Überlieferungen und die Familiengeschichten weitergaben. Alle hockten still um den Erzählenden herum, ohne ein Wort zu sagen, ohne etwas nachfragen zu dürfen; galt es doch, sich Wort für Wort genau einzuprägen. Das dauerte oft Stunden und bedeutete, ununterbrochen in einer Hockposition zu verharren, sich hinzusetzen war nicht erlaubt. In dieser Zeit wurde weder gegessen noch getrunken, noch durfte jemand aufstehen, um seine Notdurft zu verrichten. Wurde das nicht eingehalten, verstummte der Erzählende, und keiner wusste, wann er seine Stimme aufs Neue erheben würde, um weiterzusprechen.

Die Rapa Nui sind ein Sprechvolk. Ihre Traditionen werden mündlich an die nächsten Generationen weitergegeben. Die Menschen zeichnen sich durch ein exzellentes Gedächtnis aus. Erzählt jemand eine Geschichte und weiß nicht weiter, fällt der Nächste an der betreffenden Stelle ein. Alle Überlieferungen sind wortwörtlich im Gedächtnis eingebrannt. Sie sind kein Volk der Bücher, sondern der gesprochenen, lebendigen Sprache.

Selten redet man über persönliche Probleme. Allgemein herrscht die Auffassung vor, dass die Schwierigkeiten durch das Weitergeben an dritte, unbeteiligte Personen nur noch unnötig vergrößert werden. Außerdem belastet man niemand anderen mit seinen persönlichen Sorgen. Ist jemand traurig oder bedrückt, ist es die Aufgabe aller, ihn durch lustige Geschichten abzulenken und wieder zum Lachen zu bringen.

So sitzt man fröhlich zusammen und ist bemüht, sich gegenseitig Gutes zu tun. Lautes Sprechen oder lautes Lachen wird vermieden, keiner will die *tupuna* und die Geister belästigen.

Die untergehende Sonne taucht den Himmel in zart rosafarbenes Licht, alles ist verspeist, die Bäuche sind gefüllt. Man sammelt das Geschirr ein, geht damit zum Meer hinunter und wäscht ab. Alles ist sauber und steht wieder ordentlich an seinem ursprünglichen Platz, wenn das Auto langsam zurück zum Ort, zurück nach Hanga Roa klappert.

Es ist ein ungeschriebenes Gesetz, dass man alles mitbringt, was man im Campo benötigt, selbst Salz ist in der Tasche. Genauso selbstverständlich ist es, dass alles, was übrig bleibt, im Campo zurückgelassen wird. Und das bedeutet für uns, dass der Wasserkanister zum Glück wieder aufgefüllt ist.

Viele Stunden nehme ich mir Zeit, zu beobachten. Ich beginne mitzusprechen und nachzufragen. Oft überlege ich und stelle fest, wie wichtig es für mich war, zu diskutieren und zu problematisieren. Ich erinnere mich an stundenlange Diskussionen, die dadurch gekennzeichnet waren, dass man den anderen überzeugen wollte, dass jeder glaubte, die besseren Argumente zu haben. Das Erleben der Gemeinsamkeit war geprägt durch die Abgrenzung dem anderen gegenüber. Und ich erinnere mich an die vielen Stunden und die Tränen, die vergossen wurden, meine oder die der anderen, wenn wir uns Trost und Hilfe versprachen, weil wir keinen Ausweg aus einer verzweifelten Situation fanden. Wie froh waren wir, dass wir uns hatten, um uns gegenseitig zu stützen und Kraft zu geben.

Das habe ich hier nicht und werde es wahrscheinlich nie haben, es entspricht nicht der hiesigen Lebenseinstellung. Die Menschen behandeln mich zwar freundlich, ich spüre jedoch noch ihre Distanz, gleichzeitig aber auch ihre wachsende Neugier mir gegenüber. Ich bin eine Fremde, eine Frau aus einer anderen, für sie unbekannten Kultur. Aber eine Frau aus dem luxuriösen Deutschland, die im Campo unter diesen Bedingungen leben kann, das finden sie doch erstaunlich.

Und ich, ehrlich gesagt, manchmal auch.

WOCHENTAGS

☙

Anders sind die Besuche während der Woche. Meist sind es jüngere Männer zwischen zwanzig und dreißig Jahren, die auf ihren Pferden angeritten kommen. Dick vermummt, mit löchrigen Jacken und verschlissenen Hosen, oft mehrere übereinander angezogen, bunte Tücher oder *pareu* um den Kopf gebunden, erscheinen sie wie aus dem Nichts plötzlich bei uns im *paepae*. Unheimlich sind sie mir in der ersten Zeit, beängstigend. Lange, vom Wind zerzauste schwarze Haare verhüllen ihre Gesichter, die freundlichen dunklen Augen kann ich durch die dunklen Sonnenbrillen nicht erkennen.

Alle Rapa Nui, Männer und Frauen, Alte und Kinder, reiten wie selbstverständlich auf dem Rücken der Pferde über die verschlungenen Pfade der Insel. Stolz sehen sie aus, hocherhobenen Hauptes passen sie sich den rhythmischen Schritten der Tiere an, selbst im Galopp aufrecht sitzend. Ein ungewöhnlicher Anblick: Kleine Kinder, eins vor, eins hinter dem Reiter, begleiten die Erwachsenen, noch bevor sie überhaupt auf ihren eigenen Beinen laufen können. Ohne Sattel, ohne Steigbügel trifft man sie an, oft sitzen auch zwei Erwachsene auf diesen hohen Tieren und preschen in vollem Galopp die Hügel hinauf und hinunter. Das Pferd ist für sie ein normales Fortbewegungsmittel, selbst wenn sie ein Auto oder ein Motorrad ihr Eigentum nennen, besitzen sie ebenfalls ein Pferd.

Nicht nur, dass es immer funktioniert, es ist auch viel praktischer, gelangt man mit diesem Tier doch an jede Stelle der Insel. Schließlich gibt es außerhalb des Ortes nur eine einzige geteerte Straße, und die führt nach Anakena.

Bei den jungen Männern handelt es sich meist um Viehhirten, die die frei umherziehenden Kühe und Pferde zusammentreiben und sie mit Wasser versorgen. Auf dem Weg zum Fischen an der Felsküste schauen sie mal eben auf einen kurzen Plausch oder eine Zigarette vorbei, und es wird auch schon mal länger. Die Pferde grasen friedlich vor sich hin, und wir verspeisen gemeinsam das, was wir gerade gekocht, oder was sie mitgebracht haben. Alles wird geteilt, ein oder zwei Teller mehr, das spielt keine Rolle.

Eines kann ich mir immer noch nicht abgewöhnen, und jedes Mal trifft mich ein kurzer strafender Blick aus Karlos Augen, wenn ich den Gast meiner Erziehung entsprechend höflich frage: »Willst du einen Kaffee, oder möchtest du etwas essen?« Nein, hier ist es selbstverständlich, dass man einen Teller, voll gefüllt mit Essen, vor den Gast stellt. Umgekehrt ist es verboten, um Essen zu bitten oder zu sagen: »Ich habe Hunger.« Bedeutet es doch, dem anderen zu vermitteln: »Vorsicht, mein Magen ist leer, ich will ihn füllen. Vielleicht töte ich dich, um dich zu verspeisen.« Alle Maori, auch die Rapa Nui, waren schließlich Kannibalen.

So teilt man bis heute ungefragt mit dem Gast das Essen. Gastfreundschaft ist zwar nicht mehr für alle, doch immer noch für die meisten, ein ehernes Gebot.

GASTFREUNDSCHAFT

❧

Einst lebten auf unserer Insel zwei Männer, der eine trug den Namen Makita, der andere wurde Rokeaua genannt. Sie stammten aus dem *manavai* Mariri, dem Hügel Tangaroa. Eines Tages kamen sie nach Hotu Iti zum Haus des berühmten Kriegers Kainga. Der Tradition gemäß lud Kainga sie ein, in sein Haus einzutreten, sich auszuruhen und zu schlafen.

Der Krieger Kainga war gerade damit beschäftigt, das Essen im Erdofen zuzubereiten. Um den ersten Hunger seiner Gäste zu stillen, legte er schnell die Innereien eines geschlachteten Huhns auf einen heißen Stein und garte sie. Später würde er ihnen das fertig gekochte Huhn servieren. Er schickte seinen kleinen Sohn mit den zubereiteten Innereien ins Haus zu den beiden, während das weitere Essen im *umu kai*, im Erdofen, schmorte.

Der kleine Junge traf Makita schlafend an, nur Rokeaua war wach. Rokeaua empfing den Knaben, sah die dampfenden Innereien des Huhns und sagte zu dem Jungen: »Wir essen nur menschliche Eingeweide, diese nicht.« Unberührt ließ er sie stehen.

Der Sohn verließ den Raum, ging zu seinem Vater und erzählte, was Rokeaua ihm gesagt hatte. Nachdem der Vater das vernommen hatte, schickte er den kleinen Jungen hoch hinauf zur Halbinsel Poike, um seinen geliebten Adoptivsohn,

135

der dort lebte, zu holen. Sein Name war Maanga Rakerake a Kainga – »Hässliches Küken, das Kainga großzog«.

Der kleine Junge kam in Poike an und sagte zu seinem Adoptivbruder, dass er hinuntergehen solle zum Hause seines Vaters. Augenblicklich wurde Maanga Rakerake traurig und dachte an den Ort, an dem er lebte. Er sah ihn vor sich, diesen Ort, wo er sich vom rohen Fleisch des Fisches Mahore ernährte, und fing bitterlich an zu weinen. Alles um ihn herum stimmte ein in die Trauer, die gesamte Natur, alles Lebendige, die Vögel, die Insekten, alle begannen sie mit ihm zu weinen, weil sie ihn liebten und wussten, was mit Maanga Rakerake geschehen würde.

Nachdem er im Haus seines Vaters angekommen war, tötete dieser seinen geliebten Adoptivsohn. Er bereitete erneut Innereien zu, dieses Mal jedoch menschliche. Denn der Gast ist heilig.

Als der leibliche Sohn mit den gekochten Innereien in den Raum der Gäste eintrat, erwachte Makita vom Essensduft, erkannte sofort, dass dies menschliche Innereien waren, und fragte sich, was hier los war. Der kleine Knabe ließ das Essen bei den beiden stehen und verschwand nach draußen. Währenddessen legte Kainga den ausgenommenen Körper seines Adoptivsohns in den Erdofen, um ihn seinen Gästen später als Speise zu servieren.

Im gleichen Moment fragte Makita seinen Gefährten Rokeaua: »Was soll das? Warum die Innereien eines Menschen?« Nachdem Rokeaua dies vernommen hatte, erkannte er voller Schrecken die Situation und antwortete, er habe nur einen Scherz gemacht, es sei nur ein Spiel mit dem kleinen Kind gewesen.

Sofort begannen die beiden Männer, die ja nicht ungesehen durch den Eingang flüchten konnten, sich ein Schlupfloch unter den Steinbrocken des Fundaments zu graben, um

136

schnell zu entkommen. Und so verschwanden sie. Sie flohen aus dem Haus des Kriegers Kainga und gelangten unentdeckt zu dem kleinen Inselchen Motu Nui, wo sie sich versteckt hielten.

Es war eine heilige Angelegenheit, denn mit kleinen Kindern treibt man keine Scherze. Was Rokeaua getan hatte, war ein schweres Vergehen. Doch nicht nur das, er hatte auch keinerlei Respekt dem Gastgeber gegenüber gezeigt, und das war ausgerechnet Kainga, der starke Krieger des Meeres und des Landes.

Nachdem der Körper seines Adoptivsohns fertig gegart war, schickte Kainga das Mahl, wiederum durch seinen kleinen Sohn, zu seinen Gästen. Doch nun war der Raum leer. Die Gäste waren verschwunden. Als der Krieger dies erfuhr, fühlte er sich ungeheuer gedemütigt. Das war die größte Beleidigung, die man einem Gastgeber antun konnte, und das auch noch einem Mann von solch hohem Ansehen. Augenblicklich nahm er den zubereiteten Körper von Maanga Rakerake und legte ihn mit folgenden Worten in einem *ahu* nieder: »*Mai vai para ngia te tino ia pepe e tuu haka ou ro mai*« – »Ihr werdet zurückkommen an diesen Ort, ihr zwei Männer, die ihr euch auf und davon gemacht habt.«

Kainga ließ sich vom berühmten Meister Tuukoihu ein großes Schiff für dreißig Personen konstruieren. Dreißig ist eine heilige Zahl. Er ließ es ins Meer hineingleiten und machte sich auf nach Motu Nui, um die beiden Männer zu finden.

Als er mit dem *vaka*, seinem Schiff, dort ankam, rief er den Leuten auf dem Inselchen zu: »Ich komme, um meine beiden Männer zu suchen. Sie sind hier!« Kainga beschrieb deren Aussehen. Es befanden sich viele Menschen dort, und nachdem sie erkannt hatten, wer der Suchende war, bekamen alle entsetzliche Angst. Aber gleichzeitig fühlten sie sich erleichtert, da er nicht ihretwegen unterwegs war. Sofort brachen sie auf, die beiden beschriebenen Männer aufzuspüren, um sie zum Schiff des Kriegers zu bringen, so wie Kainga es ihnen befohlen hatte. Sie suchten und suchten, doch vergeblich, die beiden Männer waren unauffindbar.

Zuletzt, nach einer Zeit des ergebnislosen Wartens, befahl der Krieger, dass alle, die sich auf Motu Nui befanden, vom höchsten Punkt der Insel ins Meer springen müssten, damit Kainga sehen könne, um welche Person es sich handelte. Denn wer unschuldig war, würde nicht umkommen, sondern wieder unversehrt zur Insel zurückschwimmen können.

Als Letzte kamen schließlich die beiden gesuchten Männer Makita und Rokeaua. Der Erste der gesuchten, Rokeaua, sprang. Bevor er das Meer berühren konnte, war er bereits tot. Leblos sank er in die Wellen, Kainga fischte ihn heraus und zog den toten Körper in sein *vaka*. Der Krieger Kainga hatte Rokeaua schon in der Luft getötet.

Der Zweite, Makita, der ja geschlafen hatte, als Rokeaua mit Kaingas Sohn sprach, bat um einen letzten Wunsch: »Ich bin unschuldig. Lass mich mit dir zusammen im Schiff ein letztes Mal meinen Ort, meinen Manavai Mariri sehen. Ich möchte ein letztes Mal weinen. Danach gehöre ich dir, danach töte mich.« Mit dieser Bitte sprang nun auch er vom höchsten Punkt hinab ins Meer. Und Kainga zog Makita hinein in sein Schiff und machte sich auf den Rückweg. Unterwegs kamen sie am Manavai Mariri vorbei, und so konnte Makita vom Boot aus ein letztes Mal seinen geliebten Ort sehen. Danach tötete Kainga auch ihn.

In seinem Haus in Hotu Iti angekommen, öffnete Kainga das *umu kai*, legte die Leichen von Rokeaua und Makita hinein, entzündete das Feuer und garte die Körper. Und so hatte nicht nur er, sondern alle dreißig Männer, die Besatzung seines *vaka*, ausreichend zu essen«, beendet Karlo seine Erzählung.

»Würdest du auch Menschenfleisch essen?«, frage ich erschrocken. »Selbstverständlich, warum denn nicht!«, ist seine knappe Antwort.

Ich schlucke und schlucke nochmals. Mit dieser Frage habe ich mich in meinem ganzen Leben noch nicht auseinander gesetzt, allerdings war das auch nicht nötig gewesen.

»Überleg doch einmal. Auf dieser kleinen isolierten Insel war das Überleben sehr schwierig, die Nahrung war immer knapp. Soll man einen Gefangenen zur Strafe auch noch mit Essen beschenken? Die beiden Männer Makita und Rokeaua wussten, dass sie ihren Fehler mit dem Tod bezahlen würden. Es war nur eine Frage der Zeit. Die einzige Strafe, die es bei uns früher für ein schweres Vergehen gab, war das Töten und anschließende Verspeisen. Das wusste jeder. Also hatte auch jeder die Möglichkeit, zu überlegen und frei zu entscheiden, wie er handeln will. Das war die damalige Erziehung in dieser meiner Kultur. Findest du euer Strafsystem menschlicher, wo Verbrecher ein Leben lang hinter Gittern eingesperrt werden, nur noch einige Stunden am Tag die Sonne sehen dürfen und ihnen keine Möglichkeit mehr gelassen wird, ihre Sexualität zu leben?«

Darauf antworte ich nicht. Ich bin gegen die Todesstrafe, ich will nicht über das »menschlicher« diskutieren. Ich bin schockiert über das Verspeisen von Menschenfleisch.

Ja, alle Maori waren Kannibalen. Ich treffe eine ältere Frau von Huahine, einer Insel in der Nähe Tahitis, die mir Folgendes erzählt: »Als ich klein war, erklärte mir mein Vater, wie die Menschen gegart wurden. Man errichtete ein großes *umu kai*, und der getötete Gefangene wurde in Hockposition hineingesetzt. Nur der Kopf blieb draußen, unbedeckt. Das Feuer wurde entzündet, und wenn der gut sichtbare Schädel platzte, wussten alle, das Essen ist fertig, und der Erdofen konnte geöffnet werden.«

Wie kann es sein, dass diese Menschen, die ich als wirklich

ruhig und friedliebend empfinde, so »unmenschlich« sein sollen? Oder urteile ich vorschnell? Urteile, verurteile ich ausschließlich von meiner Kultur ausgehend? Gibt es Extremsituationen, in denen auch ich in der Lage wäre, Menschenfleisch zu essen? Warum irritiert mich das Verspeisen von Menschen eigentlich mehr als ihr Töten? Ich habe wahrhaftig über vieles nachzudenken.

WANDERUNG

❦

M eine Neugier wächst. Ich will mehr über Karlos Vorfahren und den Ursprung der Maori erfahren.

»Wo kommt ihr her? Was weißt du darüber?«, frage ich ihn
in der Stille einer lauwarmen Nacht.

»Es gibt viele Theorien. Für mich persönlich steht fest, dass
wir einst aus Ägypten ausgewandert sind. Ein Beispiel dafür:
Alle Maori benutzen bis heute das gleiche Wort für Sonne, wir
bezeichnen sie als *ra*, hier in Rapa Nui heißt es etwas abge-
wandelt *ra'a*. Anschließend sind wir über Indien, Indonesien
in die Weite des Pazifischen Ozeans gesegelt und haben im
Laufe der Jahrhunderte all die kleinen Inseln innerhalb unseres Dreiecks besiedelt.«

Wie viele Jahrhunderte, Jahrtausende mochten vergangen
sein, seit sie aus Ägypten ausgezogen waren und dann 1400
Jahre vor unserer Zeitrechnung Tonga fanden und besiedelten,
vierhundert Jahre später nach Samoa weitersegelten, drei- bis
zweihundert Jahre vor unserer Zeitrechnung bereits die Marquesas-Inseln entdeckten und anschließend ihr heiliges Zentrum auf Raiatea in der Nähe von Tahiti errichteten. Von dort
aus besiedelten sie die drei äußersten Eckpunkte ihres Dreiecks – um das Jahr 400 unserer Zeitrechnung Rapa Nui, um
500 Hawaii und um 800 Neuseeland, das in ihrer Sprache
Aotearoa heißt, »Land der langen weißen Wolke«.

Wie viele Jahrhunderte beobachteten sie den nächtlichen Sternenhimmel und nutzten die Nacht zum Studium der Astronomie. Die Nacht, die für sie der wichtigere Teil im Rhythmus von Helligkeit und Dunkelheit war, die Nacht, die ihnen mit den Sternen die Richtung zu ihrem Ziel auf der hohen schwarzen See wies, die sie an den Tentakeln des Oktopus entlangsegeln ließ. Zweihundert Sternen schenkten sie Namen, den Sternen, die die Straßen, die Hinweisschilder zu den weit entfernten Inseln waren.

Ich sitze unter dem südlichen Sternenhimmel, und langsam begreife ich, kann ich mich ein wenig besser hineindenken in die Seele dieses alten Seefahrervolks namens Maori, dessen Lebensphilosophie und Kosmologie Karlo mir Schritt für Schritt verständlich zu machen versucht.

VAKA

$\mathcal{C}\mathcal{O}$

Es ist still. Keiner spricht ein Wort. Die *kauteki** wird einige Male in die Luft gehoben und saust nach unten, der Baumstamm knickt ein und bedeckt den Boden.

Oftmals waren es mehrere Generationen, die diesen und genau diesen Baum beobachtet und gepflegt haben. Jetzt ist es soweit – der ausgewählte Baum wird gefällt. Nun ist er groß genug, und er ist schön gewachsen. Aus ihm soll ein neues Schiff, ein *vaka* gebaut werden. Der Baum wird Teil des Katamarans, des traditionellen Boots der Maori.

In den Tagen zuvor waren die Männer eifrig beschäftigt. Einen Baum für ein Schiff zu fällen, ist eine heilige Angelegenheit. Nicht nur die Männer, die mit ihrer Hand die *kauteki* führen, müssen innerlich und äußerlich vollkommen gereinigt sein, auch die Werkzeuge, die von nun an bis zur Fertigstellung des *vaka* benutzt werden, durchlaufen eine Reinigung. Auf einem geweihten Ort werden die *kauteki* eine Nacht lang niedergelegt. Hier ruhen sie in der Dunkelheit, um am nächsten Tag im Meer gereinigt zu werden. Die Götter werden angeru-

---

* Die *kauteki* sind das traditionelle Werkzeug der Maori. Dabei handelt es sich um eine Axt mit einer quer stehenden Klinge, mit der Künstler und Kunsthandwerker auch heute noch arbeiten. Früher, als Metall noch unbekannt war, wurden Obsidiansplitter oder geschärfte Knochen dafür verwendet.

fen und um Hilfe gebeten. Alle Voraussetzungen sollen erfüllt sein, das bedeutende Werk, die Konstruktion eines hochseetüchtigen Schiffes, durchzuführen und gut zu vollenden.

Die Baumeister der *vaka* besaßen einen hohen gesellschaftlichen Status, sie waren Meister, die in Rapa Nui *maori* genannt wurden. Sie mussten nicht nur die Kenntnisse zum Bau der Schiffe besitzen, sondern waren auch eingeweiht in geheiligtes spirituelles Wissen.

Monatelang wurde an diesem Schiff gearbeitet. Die Baumstämme wurden ausgehöhlt und mit Pflanzenfasern verschnürt, alles wurde gut befestigt, und auch die Segel waren mittlerweile fertig gestellt.

Nun war es soweit. Kein Laut ertönte an diesem Tag der Einweihung, nichts störte die heilige Zeremonie. Kein Hahn krähte, kein Hund bellte, nicht einmal Rauch durfte die Luft vernebeln. Nichts, aber auch gar nichts durfte die Verbindung zwischen den Göttern der Himmel, den Göttern der Meere und den Göttern der Winde stören. Denn allein sie waren ausschlaggebend für das Gelingen einer Reise ins Unbekannte, aber dennoch Erreichbare. Alles war so gut wie möglich vorbereitet und kalkuliert. Nichts sollte dem Zufall überlassen werden. Die Maori waren keine Abenteurer. Ihre Fracht, speziell auserwählte Personen, war ihnen viel zu kostbar.

Diese Menschen, die sich den engen Raum auf einem Expeditionsschiff teilten, mussten sich sowohl hinsichtlich ihrer psychischen als auch ihrer physischen Fähigkeiten ausgezeichnet haben. Meister der unterschiedlichen Gebiete nahmen genauso darauf Platz wie hervorragende Handwerker, Fischer und Bauern. Starke junge und gesunde Frauen begleiteten sie.

Auf diesen speziell konstruierten Expeditionsschiffen, die zwischen fünfzig und dreihundert Personen an Bord aufnehmen konnten, musste außerdem Platz für genügend Wasservorrat, für Hühner, Pflanzen und Saatgut vorhanden sein.

144

Schließlich sollte eine Insel entdeckt, bevölkert und ein neues starkes Königreich aufgebaut werden.

Während sich die Wikinger in Europa erst vor etwa neunhundert Jahren hinaus auf das hohe Meer wagten, waren zu diesem Zeitpunkt schon so gut wie alle Inseln des heutigen Polynesiens von den Maori besiedelt. Diese Reisen setzten ein detailliertes Wissen und einen Reichtum an Erfahrungen in der Navigation voraus. Die Maori benutzten keinerlei technische Hilfsmittel zur Navigation und benötigten offensichtlich auch keine. Was sie besitzen mussten und sie bis in die heutigen Tage noch auszeichnet, ist ihr phänomenales Gedächtnis. Sie kannten keine Bücher, in denen das Wissen niedergeschrieben war, denn sie kannten keine Schrift – alles musste im Gehirn gespeichert sein.

Wolken und Wolkengebilde gaben ihnen Auskunft darüber, wo Land lag. Anhand der Farbe und der Reflexionen in den Wolken wussten sie sogar noch vor ihrer Ankunft, ob die Insel üppig bewachsen oder kahl war. Wellen, die von einer Insel abgelenkt wurden und einen bestimmten Klang hatten, nutzten sie ebenso als Hinweis wie die Änderung der Strömungen innerhalb des Meeres in Abhängigkeit von den Jahreszeiten. Sie waren wie vieles andere mehr Indikatoren für die Nähe von festem Land oder einer gesuchten Insel. Über Generationen wurde die Natur beobachtet und das Wissen weitergegeben. So besaßen die Maori alle notwendigen Kenntnisse, um ihre Inseln in den Weiten des Pazifiks zu finden und zu besiedeln.

Und natürlich entwickelten sie umfassende Kenntnisse von der Tierwelt. Die Luft über dem Meer ist bevölkert von Meeresvögeln. Es sind Vögel zu beobachten, die unterwegs sind, um ihre Nester auf bestimmten Inseln zu bauen, und es gibt andere Vögel, die immer in einem festgelegten Radius um ihre Heimatinsel herumkreisen und dadurch ebenfalls Land anzeigen.

Ein wichtiges Leittier für die Navigation ist die Wasserschildkröte. Zieht eine einzelne an einem *vaka* vorbei, kann es Zufall sein. Sind es jedoch mehrere, handelt es sich mit ziemlicher Sicherheit um Schildkrötenweibchen, die sich aufgemacht haben, ihre Eier abzulegen. Sie legen sie im Sand ab, also muss feste Erde in ihrer Zugrichtung vorhanden sein.

Eines ist sicher: Diese Reisen über Tausende Kilometer offene Wasserfläche setzten eine ausgezeichnete Beobachtungsgabe und Kenntnisse über die Natur und ihre Besonderheiten voraus.

So machte sich auch Hotu a Matu'a, der erste König von Rapa Nui, vor etwa 1500 Jahren zusammen mit seinen auserwählten Menschen auf die lange weite Seereise, um eine neue Insel zu besiedeln. Auch Nuku Kehu, der Konstrukteur und Meister, der die Häuser von Hotu a Matu'a bauen sollte, war auserwählt worden. Aber nur er allein, ohne seine geliebte Ehefrau. So weinte er jeden Abend in Richtung der untergehenden Sonne, in Richtung Westen nach ihr. Nach ihr, die nicht mitfahren durfte, die ihren Mann nicht begleiten konnte und in Hiva zurückbleiben musste.

HOTU A MATU'A

☙

Karlo erzählt mit seiner ruhigen, tiefen Stimme, bemüht, die einzelnen Worte der Überlieferung gemäß exakt wiederzugeben.

»Hotu lebte einst in Hiva, in einem Land, das auch ›Maori‹ genannt wurde. Ob es der untergegangene Kontinent *Mu* ist, weiß ich nicht. *Mu* ist kein Wort unserer Maori-Sprache. Es könnte *mou* sein, was ›fertig‹, ›abgeschlossen‹ heißt. Vielleicht wurde es nach dem Absinken benutzt. Wir sprechen vom Kontinent *Marangai*. Das Folgende ist die Abstammung, die wir uns von Hotu, unserem ersten König, weitergeben.

Unsere Erzählungen sprechen von zehn Königen, die nacheinander in Hiva lebten. Der erste König trug den Namen Oto Uta, und er hatte sechs Söhne, die alles über das Universum, die Sterne, den Mond und vieles mehr wussten. Einer von ihnen sagte voraus, dass ihr Land eines Tages vom Meer überschwemmt werden würde.

Nach Oto Uta übernahm einer seiner Söhne das Königreich, er trug den Namen Tangaroa a Oto Uta – Tangaroa, der Sohn von Oto Uta. Nach ihm regierte sein Sohn Tiki Hati das Reich, Tiki Hati a Tangaroa. Danach folgte der vierte König namens Roroi a Tiki Hati, Roroi, der Sohn von Tiki Hati. Und während seiner Herrschaft begann das Meer stetig anzusteigen. Die Insel wurde überschwemmt, und viele Menschen verloren ihr Leben, die Wellen trugen sie mit sich fort. Das Meer stieg weiter und weiter, immer höher wurde der Meeresspiegel und überschwemmte immer größere Teile der Insel, als Tuu Kuma a Roroi, seinem Sohn, die Verantwortung für das Reich übergeben wurde. Er gab sie weiter an Ataranga a Tuu Kuma, seinen Sohn. Dieser begann nun mit der Konstruktion von Schiffen, um neues, sicheres Land für sein Volk ausfindig zu machen, da die Überschwemmungen nicht enden wollten. Sein Nachfolger wurde sein Sohn Harai a Ataranga, der die Insel schließlich an seinen Sohn Taana a Harai weitergab. Dessen drei Söhne begaben sich auf die Reise, um neues Land für ihr Volk und den König ausfindig zu machen. Doch sie kehrten nie wieder nach Hiva zurück.

›Wir müssen neues Land finden, da das Meer immer bedrohlicher ansteigt‹ , sprach der König Taana, als er seinem Sohn Matu'a a Taana das Königreich übergab. Und Matu'a ließ weitere Schiffe konstruieren. Hotu a Matu'a ist der Sohn Matu'as, der sich letztendlich aufmachte, ein neues Königreich auf einer neuen Insel zu gründen.

Der König Matu'a hatte einen Bruder namens Hau Maka. Und der Geist von Hau Maka machte sich auf in Richtung der aufgehenden Sonne. Er verließ seinen Körper und begab sich auf eine visionäre Reise, um eine neue geeignete Insel für den Königssohn Hotu zu finden. Die ersten sieben Inseln, die Hau Makas Geist sah, schienen ihm für den Aufbau eines neuen Königreichs nicht geeignet. Die achte jedoch war die entsprechende.

Hau Makas Geist betrat zuerst die kleinen Inselchen Motu Nui, Motu Iti und Motu Kao Kao, und er erkannte in ihnen die drei Söhne des Königs Taana, die drei Söhne, die niemals wieder in ihr Königreich zurückgekehrt waren.

Hau Makas Geist wanderte über die Insel und fing an, den einzelnen Orten Namen zu geben, die sie bis heute besitzen.

Auf der Suche nach einem geeigneten Anlegeplatz für Hotu a Matu'as *vaka* fand er den heute Anakena genannten Strand und taufte ihn *Hanga Moria One*, was vielleicht ›Bucht des glänzenden Sandes‹ heißen soll. Der Geist beendete seine Reise und kehrte zurück in Hau Makas Körper in Hiva. Hau Maka sprach zu Hotu: ›Du wirst eine geeignete Insel für dein Volk finden in der Richtung, in der die Sonne aufgeht.‹

Hotu schickte daraufhin sieben Kundschafter aus. Sie waren alle Mitglieder der königlichen Familie. Nach fünfunddreißig Tagen Fahrt über den Ozean fanden sie die beschriebene Insel auch tatsächlich. Die Kundschafter waren Ira und Raparenga, die beiden Söhne von Hau Maka, und Kuu Kuu, Ringiringi, Nonoma, Uure und Makoi, die fünf Söhne von Huatava. Sie sollten etwa ein Jahr auf der von Hau Maka beschriebenen Insel bleiben, sie erforschen und bepflanzen. Etwa zur gleichen Zeit wurde mit der Konstruktion des Schiffes für Hotu in Hiva begonnen.

Wie gesagt, die sieben Kundschafter fanden die vorausgesagte Insel. Sie gingen über dieses Fleckchen Erde und pflanzten *uhi*, eine Knollenpflanze, deren Wurzeln als Nahrung dienten. Am Strand, dem heutigen Anakena, trafen sie auf eine Schildkröte. Es war jedoch keine wirkliche Schildkröte, sondern ein Geist. Jeder wollte sie hochheben, jeder versuchte es, aber keiner war stark genug. Nur Kuu Kuu schaffte es, er hob die Schildkröte hoch und setzte sie sich auf den Rücken. Sie wehrte sich, strampelte mit den Beinen und verletzte Kuu Kuu schwer. Er konnte nicht mehr weitergehen und blieb in einer kleinen Höhle an der Seite des Strandes liegen, um seine Wunden zu heilen. Die sechs anderen Kundschafter, die nach einigen Tagen wieder aufbrechen wollten, bauten sechs Türmchen vor Kuu Kuus Höhle auf, spuckten darauf, und während sie sich entfernten, antworteten nun statt ihrer selbst die Steintürmchen. Fragte Kuu Kuu aus dem Innern der Höhle besorgt: ›Wo seid ihr?‹, entgegneten die Türmchen: ›Wir sind draußen, wir sind hier, wir sind bei dir. Sorge dich nicht.‹ Kuu Kuu verstarb bald darauf allein gelassen in seiner Höhle.

Und lange Zeit später, als die sechs übrig gebliebenen Kundschafter die von Kuu Kuu gepflanzten *uhi* suchten, trafen sie in Vaimarama einen Mann namens Nga Tavake a te Rona. Er erklärte ihnen, dass man zu zweit auf der Insel gewesen sei, der andere namens Te Ohiro a te Runa sei verstorben.

Fünf Monate nach der Abreise der sieben sprach König Matu'a zu seinem Sohn Hotu: ›Lass nun dein Schiff ins Wasser. Ira ist nicht zurückgekehrt, er hat die Insel gefunden. Nimm deine Leute und fahre zum *Te Pito o te Kainga*, das bedeutet das Gleiche wie *Te Pito o te Henua*. Bevölkere die Insel und vermehre dein Volk. Vergiss nichts, was du benötigst.‹

Außerdem gab König Matu'a seinem Sohn Männer vom Stamm der *Hanau Eepe* mit. Sie hatten im Laufe der Jahre ihre Landmarken immer ein wenig weiter versetzt, um so langsam, aber sicher ihren Landanteil zu vergrößern. Zur Strafe sollten sie Hotu begleiten und ihn bei seiner Arbeit auf der neuen Insel unterstützen.

Hotu begann mit seinen Vorbereitungen. Neben den Pflanzen, die als Nahrung dienten, wie Taro, Bananen, Süßkartoffeln und vielen anderen mehr, nahm er zusätzlich verschiedene Heilpflanzen, Pflanzen zur Herstellung von Seilen, Pflanzen zur Fertigung von Kleidung und auch heilige Pflanzen mit. Die unterschiedlichsten Vogelarten, Hühner und selbst fünf Kalebassen voll gefüllt mit Fliegen belebten bald darauf sein Schiff. Als er sich auf die Reise machte, waren etwa fünfzig Personen an Bord.

Die Königin Avareipua, Hotus Schwester, liebte ihren Bruder sehr. Sie begleitete ihn zusammen mit ihrem Mann Tuukoihu und ihren eigenen Gefolgsleuten. Sie unternahm diese beschwerliche Reise in ihrem eigenen *vaka*.

150

Eines Tages forderte Ira, der auf der Insel Hotus Ankunft erwartete, Raparenga und die anderen Kundschafter auf, nach Hotus Schiff Ausschau zu halten. Und in der Nähe der drei kleinen vorgelagerten Inselchen sahen sie die beiden Schiffe, die sich der Insel näherten. Hotus *vaka* und das seiner Schwester Avareipua waren beide aneinander gebunden. Raparenga signalisierte zu Hotus Schiff: ›*Kainga kino e te ariki ee. Mai te unu mai te vere mai te riku haka ou ro mai.*‹ – ›Dies ist eine schlechte Erde, es ist viel Arbeit, sie zu bepflanzen, mein König.‹ Worauf Hotu entgegnete: ›*Mee kino ana hoki to oku kainga a hiva. Tai ua ka oko oko, tai papaku ka puhapuha.*‹ – ›Sie kann nicht schlechter als mein Land Hiva sein. Sind die Gezeiten tief, wird alles, was gut ist, noch besser. Sind die Gezeiten aber hoch, nimmt sich das Meer alles‹.

Einer von Hotus Männern stieg in das Boot von Avareipua. Hotu sagte ihr, sie solle den Weg über die eine Seite der Insel nehmen, und er begab sich in die entgegengesetzte Richtung, um eine geeignete Anlegestelle zu finden. Avareipuas Weg war der kürzere, und bald schon sahen Hotus Männer ihr Schiff, das schneller als das ihre ans Ziel zu kommen schien. Sofort begann seine Besatzung – alles Mitglieder der königlichen Familie – magische Worte oder, wie wir sagen, Worte des *mana*, der spirituellen Kraft, zu sprechen, und Avareipuas Schiff bewegte sich nur noch langsam vorwärts.

So legte Hotu als Erster am Strand von Hanga Rau Tomo o te Ariki, heute als Anakena bekannt, an und betrat als Erster den festen Boden der Insel Te Pito o te Henua.

Hotus Frau Vakai a Hiva gebar ihm mit Hilfe der medizinischen Kenntnisse von Tuukoihu, Avareipuas Ehemann, direkt nach der Ankunft – im Salzwasser der Bucht – einen Nachfolger, den sie Tuu Maheke nannten. Kurz danach half Tuukoihu seiner Ehefrau bei der Entbindung des eigenen Kindes. Sie gebar ebenfalls an diesem Tag, jedoch einige Stunden später, eine Tochter. Und Hotu a Matu'a begann mit der Besiedelung der neu entdeckten Insel.

Die letzten Jahre lebte er in Vai a Tare, gegenüber von Orongo. Dort beendete er auch sein letztes Werk namens *Te Maea Hono a Hotu a Matu'a* – ›der von Hotu a Matu'a vereinigte Stein‹. Er ließ einen Stein von mehreren Tonnen Gewicht passgenau auf einen Felsen aufsetzen, und zusammen ergeben sie eine annähernd pyramidale Form.

Nach der Beendigung dieser Aufgabe spürte Hotu den Zeitpunkt seines Todes herannahen. Inzwischen erblindet, rief er seine vier Söhne zu sich und forderte sie auf, sich ihm zu nähern, sich jeweils links und rechts an seine Seite zu setzen. Er wollte sie noch einmal fühlen, er wollte sie noch einmal spüren.

Einen nach dem anderen fragte er nach ihrem Namen: ›Ich bin Tuu Maheke, der erstgeborene Sohn von Hotu a Matu'a.‹ Der König schenkt ihm Worte des Glücks und sprach des Weiteren: ›Tuu Maheke, höre mir gut zu. Ich wünsche dir viele Sandkörner an deinem Ort in Anakena und viele Insekten‹, was so viel bedeuten sollte wie: ›Ich wünsche dir viele Nachkommen und damit eine Unendlichkeit deiner Präsenz.‹ Ähnliche Worte richtete er an Miru te Mata Nui, seinen zweiten Sohn. ›Ich wünsche dir viele *pure* – Kaurischnecken – in der Bucht namens Te Pau‹, was ebenfalls eine Vermehrung des Glücks und viele Nachkommen bedeutete. Dem dritten Sohn namens Mitu te Matuni gab er dasselbe mit auf den Weg. Auf die Frage, wer er sei, antwortete nun der letzte Sohn: ›Ich bin Hotu Iti te Mata Iti te Hotu a Matu'a.‹ Der König liebte seinen jüngsten Sohn sehr. Er wusste, dass er das größte Herz hatte, die meiste Kraft und den stärksten Mut. ›Viel Glück. Ich wünsche dir die Kraft und die Stärke der Haie!‹

Die letzten Worte an seinen jüngsten Sohn Hotu Iti waren gesprochen, und alle Söhne zusammen nahmen ihren gebrechlichen Vater auf. Sie stützten ihn, damit er sein blindes Antlitz nach Westen, in Richtung Hiva wenden konnte, in die Richtung, in der die Sonne tagtäglich stirbt.

Ein letztes Mal noch wollte er mit den Geistern und *tupuna*, den Vorfahren seiner Heimaterde, Verbindung aufnehmen. Ein letztes Mal wollte er mit ihnen sprechen und bat sie, ihm einen letzten Wunsch zu erfüllen. Und er rief: ›*Kuihi e kuaha e tongau e opakako ka haka o oa iti iti mai te reo o te moa o ariana.*‹ Er bat die vier Geister seiner Heimat Hiva, dass der Hahn von Ariana noch einmal für ihn singen solle. Kurz darauf vernahm Hotu a Matu'a – und die anderen konnten es ebenfalls hören – das Singen, das Kikeriki des Hahns, der sang: ›*O oa taki heu heu.*‹

Der erste König meiner Insel, Hotu a Matu'a, Hotu, unser Vater, verstarb im gleichen Moment, sein Antlitz nach Hiva gerichtet. Seine Söhne brachten den Leichnam ihres Vaters nach Hare o Ava in Akahanga, dem Gebiet von Tuu Hotu Iti.«

REIF

❧

Diese weiten Reisen erscheinen mir wie ein einziges großes Wagnis. Doch für die Nomaden des Meeres, so auch für die Rapa Nui, ist es gerade umgekehrt. Sie fühlen sich wohl, fühlen sich sicher auf der riesigen, unendlich scheinenden Wasserfläche, genauso wie im Wasser selbst. Mir gefällt der Vergleich, den ein Bekannter zieht. Er meint, die Maori seien wie Wale, sie seien vom Land ins Meer zurückgegangen und haben sich vorbildlich an diesen Lebensraum angepasst, während die seefahrenden Europäer eher Amphibien gleichen, die zum Überleben zwischendurch ihre Füße auf festes Land setzen müssen.

War es für die Europäer die Erfindung des Rades, die einen neuen kulturellen Zeitabschnitt einläutete, so war es für die Maori sicherlich die Konstruktion ihrer Schiffe, der *vaka*. Sie waren die Voraussetzung dafür, die Tausende kleiner verstreut liegender Inseln zu entdecken, zu besiedeln und mit einer gemeinsamen Kultur zu verbinden. Und die spirituelle Einheit, die bis heute existiert, hält sie weiterhin zusammen.

Und ich? Ich komme aus Deutschland, aus einer Stadt, die nur den verschmutzten Rhein als mehr oder minder lebendig fließendes Wasser kennt. Das Meer habe ich mit fünfzehn Jahren auf meiner ersten Ferienreise ins weit entfernte Holland zum ersten Mal gesehen. Die letzten Jahre war es für mich ein

Urlaubsziel, war verbunden mit der Sehnsucht nach Entspannung und Erholung, um genügend Kräfte zu tanken und anschließend den bekannten strukturierten Alltag zu bewältigen.

»Ich bin reif für die Insel« ist in meiner alten Heimat ein allseits bekannter Spruch. Jeder versteht sofort, was damit gemeint ist. Sonne, Sandstrand mit Schatten spendenden Palmen zum Hinlegen und Träumen, der Erholungsort, um alle Unannehmlichkeiten zu vergessen.

Auch ich fühle mich reif für die Insel. Doch weder der weiße feinkörnige Sandstrand, noch die hohen Palmen interessieren mich, und die Sonne ist mir meist viel zu heiß. Ich fühle mich reif, auf dieser Insel zu leben und mich mit dem neuen Leben zu konfrontieren. Nein, ich verspüre keine Sehnsucht mehr nach den Annehmlichkeiten der Vergangenheit. Meine Augen und mein Geist öffnen sich stattdessen auf vielen überraschenden Ebenen. Ich lerne in die Ferne und die Grenzenlosigkeit des Pazifischen Ozeans zu schauen, ich habe keine vier Wände mehr um mich herum, die mein Blickfeld auf einige Meter eingrenzen. Hier gibt es keine Bewegungen von eilenden Menschen und hastende Verkehrsmittel, die mich ablenken. Meine Augen laufen jetzt, sie weiden sich und toben sich aus an der Unbegrenztheit und gewöhnen sich an andere Farben, Formen und Distanzen.

Meine Ohren sind angenehm entlastet und nehmen ungewohnte Dinge wahr. Mittlerweile höre und verstehe ich die unterschiedlichen Gesänge, die mir das Meer vorspielt. Sie kennen keine Pausen und kein Ausruhen. Die Melodien lösen sich auf in weiße Gischt, und glitzernd bildet sie ständig farbenfrohe Regenbögen. Das Gesangsrepertoire ist beachtlich. Ruhige bezaubernde Liebeslieder, ausgelassene frivole Trinklieder, herzzerreißende Klagelieder, bis hin zu düsteren, Unheil verkündenden Todesmärschen. Diese Musik begleitet mich Tag und Nacht.

Ich fühle das Leben und die Kraft des Meeres. Ja, es lebt, und es will respektiert werden. Niemals kehrt man ihm den Rücken zu. Eine plötzlich auftauchende unvorhersehbare Welle macht mich sofort auf meinen Fehler aufmerksam und holt sich das Essen, das wir ihm in stundenlanger Mühe abgetrotzt haben, in Sekundenschnelle wieder zurück in seinen gierigen Schlund. Unschuldig fordert es mich anschließend mit seinen sanften Wellen zum erneuten Fischfang auf.

Kopfüber springe ich in die mir bisher verschlossene Welt des Meeres, hinein in das ruhige, glasklare türkisfarbene warme Wasser des Pazifischen Ozeans. Unglaubliche Stille umhüllt mich und nimmt meinen Ohren die gewohnten Reize. Gelb, blau, grün, rot, ein Farbenspiel der Bewegung empfängt mich, zieht meine Augen hierhin und dorthin. Ja, die Fische haben mich mitgezogen, haben mich vergessen lassen, dass dies nicht mein Lebenselement ist. Ich habe mehr als Respekt vor dem unschuldig aussehenden salzigen Wasser.

An einer Küste zu leben und das Meer zu beobachten, erlebe ich als ein Geschenk. Trotzdem, ich bin keine Nomadin des Meeres, ich bin und bleibe eine Frau der Erde. Hier schlage ich Wurzeln, wachse langsam heran, blühe auf und werde mich irgendwann als reife Frucht in meinen eigenen Händen halten.

KINDHEIT

❧

Ich bin ein Kind der Nachkriegszeit. Viele der Dinge, die heutzutage als selbstverständlicher Lebensstandard gelten, hatten wir damals nicht und vermissten sie auch nicht.

Unsere Familie besaß zum Beispiel lange Jahre keinen Kühlschrank. Butter wurde in kleinen Portionen eingekauft und in Wasser gelegt, um ihre Konsistenz zu erhalten. Weißkohl wurde zu Sauerkraut gestampft, damit er haltbar blieb, und im Herbst ging man frühmorgens auf den Markt und kaufte Gemüse und Früchte, um dann am Abend alles klein zu schneiden und einzukochen.

Vor der kalten Jahreszeit galt es, den dunklen Keller zu füllen. Kartoffeln wurden eingelagert, Winteräpfel und Winterbirnen lagen zur Reife auf den Regalen neben den Einweck- und Marmeladengläsern. Kam der Kohlenmann, hieß es für uns Kinder, in den staubigen Keller hinunterzusteigen und Eierkohlen in die eine Ecke zu schippen und die Briketts in der anderen Ecke fein säuberlich übereinander zu stapeln. Uns machte diese Arbeit, aus der wir schwarz von oben bis unten hervorgingen, Spaß. Viele Säcke wurden vor unserem Kellerfenster sowieso nicht geleert. Es gab für die Wohnung nur einen Kohleherd in der großen Küche, auf dem gekocht wurde, und einen im Wohnzimmer, um einen zweiten angewärmten Raum zu haben. Kinder- und Elternschlafzimmer blieben ungeheizt.

Schneite es endlich und schmolzen die dicken Flocken auf meinen ausgestreckten Händen, war dies das ersehnte Startzeichen. Jetzt hieß es: Ab in den Keller, Schlitten raus, den Berg hinauf und hinunter. Stundenlang, ohne Unterbrechung. Minutenlang mühsam den Schlitten hinaufziehen, um in Sekundenschnelle nach unten zu sausen. Die Freude ließ die durchsickernde Kälte vergessen. Zu Hause lagen schon die Backsteine im Ofen. Ausziehen, ein Handtuch um die blau gefrorenen Füße wickeln und sie auf die heißen Backsteine legen. Es kribbelte, es schmerzte, aber es tat gut, wieder Leben darin zu verspüren.

Kurze Zeit später wärmten die Steine mein kaltes Bett an. In aller Ruhe, unter dem dicken schweren Federbett kuschelig warm in einen dicken Winterschlafanzug eingepackt, betrachtete ich die Eisblumen am Fenster, bis mir die Augen zufielen. Sie faszinierten mich mit ihren zarten Strichen, diese schönen, extra für mich gezeichneten Kunstwerke. Kurz angehaucht lösten sie sich auf, um gleich darauf als neues Eisblumenbild zu entstehen. Ein Wunderwerk, das sich täglich veränderte, zog mich in seinen Bann. So schlief ich in dem eiskalten Zimmer mit warmen Füßen friedlich in meine kindlichen Träume hinein.

Nun konnte auch die Wäsche nicht mehr auf dem Speicher zum Trocknen gehängt werden. Wie oft haben wir bei plötzlich einsetzendem Nachtfrost die steif gefrorenen Betttücher von der Leine genommen! Die Wäschespinne wurde schnell an dem langen schwarzen Ofenrohr in der Küche befestigt und die nasse Wäsche geschickt darauf drapiert.

Gewaschen wurde unten im Keller in einem mit Kohlenfeuer geheizten Waschtrog. Eine lange Holzzange diente zum Umrühren der kochend heißen Wäsche. Wie oft habe ich mir die Finger verbrannt beim Versuch, die Wäsche mit der Zange in einen Eimer zu befördern, mit der Hand auszuwaschen und anschließend auszuwringen. Die erste Waschmaschine war ein Riesenfortschritt. Sie bewegte automatisch die Wäsche hin und her. Durch einen Schlauch lief frisches Wasser nach, bis das Waschmittel ausgespült war. Danach wurde ein sauberes Teil nach dem anderen zwischen zwei Rollen gelegt und die Wäsche langsam durchgedreht. Nach heutigen Maßstäben war es mühsam, damals aber ein enormer Fortschritt.

Wenn meine Mutter an der Nähmaschine saß, war ich überglücklich. Sie stellte das Oberteil der Maschine als Hocker für mich neben sich, und ich verfolgte gespannt, wie sie mit ihren Füßen den regelmäßigen Rhythmus der auf- und niedertanzenden Nadel bestimmte. Wir sangen gemeinsam, sie erzählte Geschichten und hier – untermalt von dem leisen surrenden Geräusch der Nähmaschine – wurde ich all meine kindlichen Sorgen los.

Nach dem Tod meiner Mutter übernahm mein Vater diese Arbeit, auch er nähte und änderte alles wie selbstverständlich für seine heranwachsenden Kinder.

Sehr früh lernte ich, Strümpfe zu stopfen und Pullover zu stricken. War das Kleidungsstück zu klein geworden, wurde die Wolle aufgeribbelt, der kruselige Faden auf ein Holzbrett gespannt und angefeuchtet, damit er wieder glatt wurde, ein neues Wollknäuel dazugekauft und ein neuer, größerer Pullover gestrickt. Ich liebte meine farbenfrohe Kleidung.

Wenn der Gasmann in unsere Straße kam, um die Gaslaternen anzuzünden, hieß das für uns Kinder: Ab nach Hause, es wird dunkel. Natürlich besaß niemand von uns eine Armbanduhr. Morgens sah ich den stummen Arbeiter oft auf meinem Weg zur Schule, wenn er das milde Licht mit seiner langen Stange wieder auslöschte.

Nahten die warmen Sommerabende, lud mein Vater alle Nachbarskinder ein. Wir setzten uns mucksmäuschenstill in einen Winkel des Speichers und warteten gespannt. Mein Vater nahm die aus Pappmaché selbst gefertigten und bemalten Handpuppen und spielte zu unserem Vergnügen Kasperletheater. Er erfand immer neue gruselige Geschichten, und wir hielten uns ängstlich an den Händen, wenn die böse Hexe aus dem Hintergrund nahte oder warnten den lieben Kasperle vor dem heranschleichenden Krokodil.

Wir hatten keinen Fernseher, und wir kannten keine Langeweile. Nach der Schule gab es Mittagessen, und nach den Hausaufgaben ging es raus auf die Straße. Es gab damals erst wenige Autos, und auch wir, wie die meisten Nachbarn, hatten keins. Dieses Fortbewegungsmittel brachte die zweite Frau meines Vaters stolz mit in die Ehe.

Im Gegensatz zu meinem eher scheuen Bruder genoss ich das Straßenspiel. Ich war stolz darauf, mich zu prügeln und mich bei den Streichen nicht erwischen zu lassen. Ich trug die Haare kurz geschnitten und wollte keine Zöpfe wie die anderen Mädchen. Ich lief gern in den alten Lederhosen meines Bruders herum, die gingen nicht so schnell kaputt. Doch früh schon erfuhr ich von den Unterschieden zwischen den beiden Geschlechtern: »Mädchen, die pfeifen, und Hühnern, die kräh'n, den soll man beizeiten den Kopf umdreh'n!« Ich pfiff gern, pfiff gern laut und falsch. Jetzt durfte ich mich eben nicht mehr erwischen lassen.

Ich liebte es, mit den älteren Jungen Fußball zu spielen. Bevor sie mir kleinem Wicht das Mitspielen erlaubten, musste ich erst einmal für sie klauen gehen. Ich war die Kleinste und Geschickteste. Der Zaun wurde hochgehoben, ich kroch hindurch, erntete die zuckersüßen dunkelroten Erdbeeren aus Nachbars Garten, reichte sie hinüber und kletterte auf die Bäume, um alles reife Obst, was ich mit meinen Armen erreichen konnte, zu pflücken. Äpfel, Birnen, Mirabellen, Kirschen und Aprikosen warf ich zu den Wartenden hinüber. Manchmal jedoch warnten sie mich nicht rechtzeitig vor dem herannahenden Besitzer, und der versohlte mir ordentlich den Hosenboden. Was soll's, egal, bis zum nächsten Mal.

Wenn es in Strömen regnete, rührte ich mir aus Mehl und Wasser Kleber an und bastelte neues Spielzeug. Sorgfältig schnitt ich die zum Kauf angebotenen Dinge aus dem Versandkatalog aus und fertigte mir so meine eigenen Anziehpuppen.

Nach dem Abendessen saßen wir in der Familie noch eine Weile zusammen, spielten leidenschaftlich gern Karten, und dann hieß es für uns Kinder: Ab ins Bett!

Der Scherenschleifer und der Altwarenhändler waren gewohnter Alltag. Wir kauften keine neuen Dinge, bevor die alten nicht restlos aufgebraucht waren. Wir vermissten keine Reisen ins Ausland, weil niemand so etwas kannte und folglich niemand davon erzählen konnte. Umso besser konnte mein Vater Geschichten erfinden. Natürlich brachte der Klapperstorch die Kinder, wer denn sonst. Und ich sehnte mich nach einem Geschwisterchen.

»Zucker musst du für den Klapperstorch aufs Fensterbrett streuen, dann bringt er dir auch eins!«, lautete der Ratschlag meiner Eltern. Ich sparte, brachte die Pfandflaschen in den Tante-Emma-Laden und gab keinen Groschen mehr für Süßigkeiten aus. Stattdessen kaufte ich von den zusammengesparten Pfennigen Zucker und befolgte die Instruktion. Wochenlang erwachte ich morgens in der Hoffnung und der Erwartung, jetzt hat es geklappt, jetzt ist es da. Aber nicht ich, sondern die Familie unter uns bekam das Baby. Ich verstand die Welt nicht mehr. Der Klapperstorch hatte sich wohl in der Etage geirrt. Da wir ganz oben wohnten, verlegte ich nun das Zuckerdepot auf den Speicher. Jeden Abend ging ich es kontrollieren. Der Zuckerberg wuchs und wuchs, doch wahrscheinlich flog der Klapperstorch nun darüber hinweg und sah den Zucker auf dem dunklen Speicher nicht. Und so konnte er kein Baby in unsere Familie fallen lassen. Traurig und verzweifelt gab ich das Unterfangen nach langer Zeit ratlos auf.

Der Ernst des Lebens begann auch für mich. Kleid und Schürze symbolisierten ihn, die geliebten Lederhosen kamen in den Keller. Ich musste in die Kamera lächeln, die meinen ersten Schultag mit Griffel und Schiefertafel auf Zelluloid verewigte. Es ist ein schönes Erinnerungsfoto, auf dem die Tränen nicht zu sehen sind. Still sitzen und zuhören, beides Eigenschaften, die ich nicht besaß, wurden nun benotet. Lernen musste ich, lernen fürs Leben. Schule ist Realität, das bekamen auch meine Eltern zu spüren. Schluchzend kam ich nach dem Unterricht nach Hause, da der Lehrer gesagt hatte, es gebe keinen Weihnachtsmann. Mein Vater stellte ihn zur Rede, doch der Mythos war unwiederbringlich zerstört. Von da an durchstöberte ich in der Vorweihnachtszeit die Schränke nach Geschenken und brauchte die Strapazen, den Weihnachtsmann sehen zu wollen, nicht mehr auf mich zu nehmen. Auch das Abendrot wurde nicht mehr durch die plätzchenbackenden Engel hervorgerufen. Wenn ich jetzt heimlich auf dem Speicher naschen ging, verstieß ich nicht mehr gegen die zarten Gottesgeschöpfe.

Mein Opa aus der Nachbarschaft arbeitete nicht mehr. Er schenkte mir viel seiner endlos scheinenden Zeit und Geduld. Tag für Tag bei Regen, Hagel, Schnee oder Sonnenschein ging er mit mir spazieren. Durch ihn lernte ich, die Natur zu lieben. Er lehrte mich, alle Vogelstimmen zu imitieren, Tierspuren zu lesen sowie die Namen der Pflanzen, und sensibilisierte meinen Blick auch für die kleinsten Unterschiede. Machten wir auf einer Bank Rast, durfte ich mit seinem großen Taschenmesser eine Flöte schnitzen, und er erzählte mir Geschichten von früher und entführte mich in eine Phantasiewelt, hinaus aus der Nachkriegsrealität.

Zerstörungen, ausgebombte Häuser, das war die Normalität

meines Kinderalltags. Wir spielten gern in den Ruinen und hörten nicht auf die mahnenden Worte der Erwachsenen. »Vorsicht, das kann alles schnell zusammenstürzen!« Genau das war der Reiz für uns, und wir versteckten uns in den Resten der stehen gebliebenen Wände mit den herabhängenden Fetzen der einst sorgfältig ausgesuchten Tapeten. Bald darauf existierten sie schon nicht mehr. Die Aufbauzeit begann, und die neuen, freundlich gestrichenen Häuser sollten nicht mehr an die Vergangenheit erinnern.

Die Zerstörung der Dinge war zu überdecken. Nicht jedoch die verkrüppelten Männer, deren Arme oder Beine amputiert und durch Prothesen ersetzt waren. Männer, die auf einfachen Holzkrücken daherschlichen, Männer mit nur einem Bein, das andere Hosenbein war leer, ein Bein aus Fleisch und Knochen fehlte, der überflüssige Stoff war fein säuberlich hochgeschlagen und oben mit einer Sicherheitsnadel befestigt. Männer, deren Blick mich mit nur einem Auge festhielt, das andere war starr, bewegte sich nicht mit, war aus Glas, oder eine tief liegende, schlecht vernarbte Augenhöhle zog meine beiden Augen an. Männer mit einem oder nur noch einem halben Arm, der andere war ersetzt durch eine Prothese mit einem schweren dicken, gekrümmten Metallhaken, mit dem sie mich häufig bedrohten und mir Angst und Schrecken einjagten. Blinde, die unsicher in den Omnibus einstiegen und ihrem Recht auf einen Sitzplatz mit einem kräftigen Schlag ihres Blindenstocks auf meine gesunden Beine Nachdruck verliehen.

Es war eine seltsame Zeit. Meine Tante lebte mit ihren beiden Töchtern allein, ohne Ehemann. Wann endlich sollte man die Suche nach ihm durch das Rote Kreuz aufgeben, wann die Entscheidung treffen und ihn für tot erklären lassen?

Mütter ohne Ehemänner, Kinder ohne Väter rundeten das Bild meiner frühen Kindheit ab. Beleuchtet wurde diese Sze-

nerie zu Weihnachten. In allen Straßen erstrahlten die Fens-
terbänke durch rote Grablichter, die sich zu meterlangen Gir-
landen vereinigten. »Für unsere Lieben drüben.« Ich wusste
nicht, was »drüben« ist, aber die Lichterketten begeisterten
mich.

JUGEND

ⲥⲟ

Meine Mutter war längst gestorben, die zweite, berufstätige Ehefrau meines Vaters war mittlerweile zur Selbstverständlichkeit in unserem Haushalt geworden, und ich stand der Erwachsenenwelt immer misstrauischer gegenüber. Irgendetwas stimmte nicht daran, dessen war ich mir sehr sicher.

Es gab überhaupt keine Nazis! Weder in meiner eigenen Familie noch in den Nachbarsfamilien war jemand zu finden, der mit dem Führer einverstanden gewesen war. Seltsam. Alle waren im Grunde genommen gegen Hitler gewesen. Auf meine neugierigen drängenden Fragen nach der Vergangenheit erhielt ich Antworten, die mich zweifeln ließen, denen ich keinen Glauben schenken konnte. Misstrauisch hakte ich nach. »Juden?« »Haben wir keine gekannt.« »Schilder in den jüdischen Geschäften?« »Haben wir nicht bemerkt.« »Vergasen von Millionen von Menschen in Konzentrationslagern?« »Alles Lüge! Warum fragst du das alles, das ist doch längst vorbei. Letztendlich war Hitler gar nicht so schlimm, wie sie heute alle behaupten.«

Jetzt allerdings verschlug es mir vor Schreck die Sprache. Ich ließ nicht locker, ich fragte und bohrte immer wieder in den erst kurz verheilten Narben. Ich wollte die Wahrheit wissen. Ich wollte, dass die Erwachsenen mir aus ihrem vergangenen Leben, aus ihrer eigenen Kindheit und Jugend berichteten. Sehr viel später erst wurde mir verständlich, dass das Leben meiner Elterngeneration geprägt war von einer Kindheit im Ersten Weltkrieg, von der anschließenden Zeit der wirtschaftlichen Depression und den verloren gegangenen Jungendjahren im Zweiten Weltkrieg. So erhielt ich auch nie eine befriedigende Antwort auf meine Fragen nach der persönlich erlebten Nazizeit. Ich wollte – wie jede Heranwachsende – teilhaben an den Lebenserfahrungen meiner Familie, speziell meines Vaters. Doch offensichtlich wollte er keine Vergangenheit haben, offenbar sollte es keine geben.

Aber warum wurden wir während meiner ersten Ferien in Holland in dem gemütlichen Restaurant nicht bedient? Nicht einmal ein Kaffee wurde uns serviert. Wir waren Deutsche, und deshalb existierten wir für die Holländer nicht, wir waren Luft für sie, wir wurden negiert. Gesenkten Kopfes verließen wir beschämt das Lokal. Viele Jahre erging es mir im Ausland auf ähnliche Weise. Nicht nur in Holland, auch in Griechenland und speziell auf Kreta sprachen die Leute erst dann mit mir, wenn ich mich in eine Lüge flüchtete und mich als Schweizerin ausgab. Ich konnte die Beschimpfungen, Deutsche zu sein, nicht länger ertragen.

Nein, die Erwachsenen um mich herum waren nicht ehrlich. Ich erlebte sie als verlogen, und sie bestraften meine kindlichen naiven Lügen unbarmherzig hart und streng. Ich verlor mein Vertrauen in sie und suchte, wie so viele andere meiner Generation, meinen eigenen Weg.

Die Zeit der Beatles, der langhaarigen Pilzköpfe war angebrochen, die schrille Musik der Rolling Stones ertönte in den Radios und gab das Startzeichen zu einer Welle der Auflehnung. Es war der Beginn meines persönlichen Protests und des Widerstands fast meiner gesamten Generation. Laut aufgedreht drangen diese unmöglichen Töne in die Ohren der erschrockenen Erwachsenen. Sie waren verärgert, drohten uns und fühlten ihren erzieherischen Einfluss schwinden. Währenddessen erfreuten wir uns an den neuen Klängen und übten ausgelassen die neuen Tänze, die sie verächtlich als Verrenkungen bezeichneten. Wir Jugendlichen fühlten uns gemeinsam stark und unabhängig, negierten das Verbot, dass Mädchen in der Schule keine langen Hosen tragen durften, und ließen uns von den Lehrerinnen als Hure und Nutte beschimpfen, weil wir mit schwarz geschminkten Augen dem Unterricht folgten.

Kopfschüttelnd vernahm ich die Worte meines Vaters, der stolz darauf war, dass sich sein einziger Sohn freiwillig zum Militärdienst verpflichtete. Es waren noch keine zwanzig Jahre vergangen, da er selbst noch im dreckigen Krieg lag und sich verzweifelt nach seiner Familie sehnte. Konnten sich Ansichten so schnell ändern? Konnte die Vergangenheit in einem selbst so perfekt ausgelöscht werden?

Wenn es für mich schon keine Vergangenheit gab, dann wollte ich zusammen mit meinen Freunden zumindest eine bessere Zukunft gestalten. Weg mit den unsinnigen Verboten, und nie wieder Krieg, das waren unsere Ziele und unser Traum. Ich hatte keine Vorbilder in der Familie, denen ich hätte nacheifern können, keine Erwachsenen, deren Hilfe und Ratschläge ich hätte akzeptieren können. Das erging vielen Jugendlichen in dieser Zeit sehr ähnlich, und so versuchten wir alles allein.

Ja, wir waren vaterlos, ob mit leiblichem Vater oder ohne. Wir wollten die alten Werte durch neue ersetzen. »Freiheit« hieß das Wort, das ununterbrochen in unseren Ohren summte. »Freiheit«, das Wort, das Glück und eine menschlichere Zukunft versprach. »Gemeinsam sind wir stark«, lautete die Parole. Die Gemeinsamkeit bezog sich allerdings nur auf Gleichaltrige. »Trau keinem über dreißig« – dieses Alter lag so weit von uns entfernt und rückte doch so schnell heran. Eines konnten wir nicht: die Zeit stillstehen lassen. Verwirrt feierten wir die ersten Geburtstage unserer eigenen Dreißigjährigen.

SKULPTUREN

❧

Meine Tage sind nicht mehr ausschließlich ausgefüllt mit Nachdenken und Rückerinnern. Viele Stunden arbeite ich in der Erde im *manavai* und beobachte das Heranwachsen der Pflanzen, die ich bald als Beilage zum frischen Fisch auf meinem Teller liegen haben werde.

Karlo unterbricht seine Arbeit am *ahu* und ergreift ein großes Stück schön gewachsenes Holz und die *kauteki*. Hier splittern Teile ab, dort verformt sich der Stamm und entwickelt sich allmählich zu einer Skulptur, deren endgültige Form ich erahnen kann. Ich sitze daneben, verfolge fasziniert diese Umwandlung und nutze die Zeit, um neugierig einige Fragen zu stellen.

»Gestern Abend, als wir mit den anderen zusammen gefeiert haben, hast du einen der älteren Männer immer mit ›Hitler‹ angesprochen. Warum?«

»Weil er nun mal so heißt«, ist Karlos lapidare Antwort.

Ein Rapa-Nui-Mann, der 1942 geboren ist und den Namen »Adolfo Hitler« trägt – das finde ich sehr merkwürdig. Und bei der nächsten Begegnung frage ich ihn selbst, wie er zu diesem ungewöhnlichen Namen gekommen ist.

»Ich bin auf den Namen ›Adolfo Hitler‹ getauft worden. Den Namen hat mir der damalige deutsche Pfarrer, Sebastian Englert, hier auf der Insel gegeben«, erklärt er mir freundlich.

Und seine Frau ergänzt: »Heute heißt er anders: ›Rudolfo‹. Es klingt sehr ähnlich, aber es ist nicht mehr ›Adolfo Hitler‹. Als wir heirateten, haben wir den Namen ändern lassen. Ich wollte nicht mit einem ›Adolfo Hitler‹ verheiratet sein, und seit unserer Hochzeit heißt er offiziell ›Rudolfo‹. Doch die älteren Menschen, die ihn dreiundzwanzig Jahre immer ›Hitler‹ riefen, blieben dabei und sagen bis heute ›Guten Tag, Hitler‹ zu ihm. So ist das nun einmal.«

Verdutzt höre ich zu. Bis hierher, zu dieser weit abgelegenen Insel im Pazifik, ist Hitler vorgedrungen. In Kriegszeiten sind die Entfernungen auf unserem Planeten offenbar klein.

Karlo fährt fort: »Ich kann mich daran erinnern, dass mir die Erwachsenen, als ich selbst noch ein Kind war, Folgendes geschildert haben: ›Es war der Erste oder der Zweite Weltkrieg, und deutsche Soldaten kamen auf unsere Insel. Vielleicht waren es die Überlebenden eines Kriegsschiffs, das die Gegner versenkt hatten, egal. In Hanga Roa Tai legten sie ihre Waffen nieder und ließen sie auch dort liegen. Viele Wochen ließen sie sie dort, bevor sie begannen, sie zu säubern. Chile war neutral, und die Osterinsel gehört zu Chile, deshalb legten sie die Waffen nieder.

Auf dem heutigen Fußballplatz absolvierten sie ihre militärischen Übungen und spielten Tauziehen mit den Rapa Nui. Die Deutschen zogen an einem Ende, die Rapa Nui am anderen, und die Deutschen gewannen immer. Sie benutzten ein anderes System, mit dem sie unsere Männer besiegten. Die Rapa Nui zogen das Seil an der Seite, während die Deutschen es sich über die Schulter legten und alle Kraft hineinlegten. So waren sie stärker.

Simon Horazio Teao Huki war groß und stark und war der erste Mann am Seil. Eines Tages nutzte er einen aus der Erde hervorstehenden Stein, stemmte sich mit beiden Füßen dagegen, und die Deutschen konnten nicht gewinnen. Es gab zwei deutsche Gruppen, die in zwei verschiedenen Häusern lebten. Vielleicht war das eine die Offiziersgruppe und das andere die Mannschaft. Jedenfalls wollte eine der beiden die Rapa Nui angreifen, die andere jedoch nicht. Letztendlich kam es zu keiner Auseinandersetzung. Wie lange sie hier blieben, wie viele Monate insgesamt, weiß man nicht mehr genau.

Die Deutschen verließen unsere Insel in einem Schiff, das sie gekapert hatten. Wahrscheinlich war es ein französisches Versorgungsschiff, das auf seinem Weg vom chilenischen Festland nach Tahiti hier Halt machte. Die Deutschen verkleideten sich als Rapa-Nui-Fischer und setzten sich unsere Hüte auf ihre Köpfe, um ihre blonden Haare zu verbergen. Sie versteckten dicke Seile mit einem Dreizack an den Enden in den Fischerbooten, ruderten seitlich an das Schiff heran, warfen ihre Seile aus und enterten das Schiff. Sie nahmen es in ihren Besitz und fuhren unter französischer Flagge unbehelligt davon.

Sie ließen eine unauslöschbare Erinnerung zurück, den ›deutschen *moai*‹, den ›*moai aleman*‹, wie wir ihn bis heute nennen. Die *moai*, die steinernen Skulpturen unserer Vorfahren, sind für uns unantastbar, wie du weißt. Für die deutschen Soldaten waren sie es nicht. Sie nahmen einen der umgestürzten *moai* und schlugen ein großes Loch in seinen Bauch, um ihn als Feuerstelle zu benutzen. Innen rein legten sie das Brennholz, so dass der Wind das Feuer am Leben erhalten konnte, und stellten ihren Kochtopf in das geschaffene große Loch. Auf diese Weise konnten sie sich ihr Essen im Körper des *moai* kochen. Heute ist das Loch mit Zement gefüllt. Jeder kann das sehen. Ich war dagegen. Ich wollte, dass diese Zerstörung, mit einer entsprechenden Gedenktafel versehen, für alle Menschen sichtbar bleibt. Speziell für die deutschen Touristen.«

Während ich Karlo zuhöre, spiele ich unentwegt mit einem Holzscheit in den Händen. Warum nicht, warum soll ich mich nicht daneben setzen und ausprobieren, ob ich ein Stück Brennholz verwandeln und ihm Gestalt geben kann?

Ein Griff aus Holz mit einer festgezurrten Metallplatte, das ist das unbekannte Werkzeug namens *kauteki*. Es liegt mir schwer und ungewohnt in der Hand. Sorgfältig suche ich mir ein dickes Holzscheit aus, um daran zu üben. Das Material Holz ist kostbar, ist rar auf dieser kargen Insel. Es ist ein einfaches Stück Holz, an dem ich meine Ängste vor dem Neuen und meine Ansprüche an mich selbst ausprobieren kann. Ich habe keine Ahnung, wie ich vorgehen soll. Die einzige Hilfe, die Karlo mir gibt, ist die Erklärung, dass die Skulptur schon in dem Holz enthalten ist. Sie gilt es, hervorzuheben und ihr durch meiner Hände Arbeit wieder Leben einzuhauchen, modifiziertes, verwandeltes Leben, eben das, was ich in der Lage bin zu geben.

Obwohl ich ja nur mit dem unbekannten Werkzeug üben möchte, spüre ich eine kribbelige innere Anspannung. Kleine abgetrennte Splitter verjüngen mein dunkles Brennholzscheit. Das Holz riecht gut, und je länger ich daran arbeite, desto duftender und lebendiger wird es. Es zeigt mir seine inneren verborgenen Maserungen und fordert mich auf, seine Seele freizulegen. Ich fühle mich konfrontiert mit dem Material und gleichzeitig mit mir selbst. Das ist neu, und es irritiert mich. Was ich nun in meinen Händen halte, ist kein Feuerholz mehr, und behutsam lege ich es zur Seite. Eine Zeit lang nehme ich es immer mal wieder in die Hand, nicht um weiter daran zu arbeiten, sondern um es zu fühlen, zu riechen und erstaunt zu betrachten. Vorsichtig freunde ich mich mit dem noch unförmigen Gegenstand an. Mit dem feineren Werkzeug feile ich hier und feile ich dort. Er nimmt täglich eine harmonischere Gestalt an, ich drehe ihn in alle Richtungen, und das ehemalige Brennholzscheit verwandelt sich tatsächlich allmählich in eine Skulptur. Ich freue mich.

Wenn ich nicht weiterweiß, lege ich sie zur Seite und frage

Karlo um Rat. Nicht, dass er daran arbeitet, nein, er fordert mich auf, Leben hineinzugeben. Mein Leben, das ich der Skulptur geben will – das Holz sei bereit, es aufzunehmen. Das ist eine ungeübte Sehweise, aber eine faszinierende Vorstellung. Sie gibt mir Kraft, weiterzumachen, und ermutigt mich. Das Holz ist wie ein Spiegel, der mir reflektiert, was ich tun soll. Es ist eine unbekannte Sprache, und ich bin bereit, sie zu erlernen.

Zum Schluss nehme ich die Haut des Haies, die ich abgezogen habe, ohne dass ich wusste, wie wertvoll sie für mich sein würde. Ich erinnere mich gut. Der Hai hatte sich in unserem Fischernetz verfangen, Karlo tötete ihn, und dann begann ich mit meiner Arbeit. Mit einem scharfen Messer zog ich zentimeterweise die silbrig grau glänzende Haut ab. Es war eine langwierige Prozedur, und Tausende Fliegen schwirrten um mich herum. Einige Tage spannte ich sie zum Trocknen in der Sonne auf, allerdings in gebührendem Abstand zum *paepae*. Es war ein intensiver Geruch, ein Gestank, den ich nicht ständig in der Nase haben wollte. Getrocknet dagegen ist die Haut gut aufzubewahren. Sie riecht nicht mehr, hängt an einem Nagel im ›Wohnzimmer‹, und jetzt werde ich sie benutzen. Die Haut ist rau, unterschiedlich rau, je nachdem, von welcher Stelle des Körpers sie stammt.

Es ist meine letzte Feinarbeit. Geduldig streichele ich meine Skulptur wieder und immer wieder mit diesem feinen natürlichen Schmirgelpapier, bis das Holz mit einem seidenmatten glänzenden Schimmer überzogen ist. Fertig! Mein erstes Werk gefällt mir. Es ist eine kleine Frau, eingehüllt in einen um ihren Körper gewickelten Stoff. Eine kleine Frau, die ich drehen kann und die mich von allen Seiten her anschaut. Ich bin stolz. Ich bin stolz und glücklich, mit meinen Händen und meiner Seele diesen Ausdruck von Lebendigkeit in abgestorbenes Leben gegeben zu haben.

Sorgfältig wickele ich meine erste Skulptur in ein weiches Tuch ein und bewahre sie wie einen wertvollen Schatz. Diese Arbeit gefällt mir. Ich bin sicher, dass ich weitermachen werde, und so ist es auch.

Sowohl die weichen Lavasteine, die wir auf dem benachbarten Hügel suchen gehen, als auch das Material Holz faszinieren mich und fordern mich heraus. Stundenlang habe ich die *kauteki* in der Hand und ebenso lange schmirgele ich, bis ich zufrieden bin mit meinem Werk. Es gibt Skulpturen, an denen ich nur einen einzigen Tag arbeite, und andere, die ich immer wieder zur Seite legen, manchmal monatelang liegen lassen muss, bis ich den richtigen Weg finde, ihnen eine lebendige Seele einzuhauchen.

Ich habe nicht geahnt, dass diese Fähigkeit in mir schlummerte und darauf wartete, dass ich sie aus ihrem tiefen Schlaf erwecke. Die Kreativität erfüllt mich mit Stolz und Zufriedenheit. Es ist die Belohnung für die Geduld mit mir selbst auf meinem steinigen Weg ins Höhere.

HUNDE

ⰳ

Das Werkzeug ist aufgeräumt, meine Frauenskulptur, die sich der Sonne entgegenstreckt, fast fertig geschmirgelt, und ein schöner Tag neigt sich dem Ende zu. Mein abendlicher Spaziergang, kurz bevor die Sonne im Meer versinkt und den weißen Strand rötlich schimmern lässt, führt zur Mülltonne, um Essensreste für unsere beiden Vierbeiner zu suchen. Manches Mal ist darin ein wahres Festessen versteckt. Zwar ist alles lebendig schwarz mit Ameisen überzogen, doch das macht den Hunden nichts aus. Abgenagte Hühnerknochen, ein belegtes Brötchen, und mit ganz viel Glück waren Vegetarier in einer der Besichtigungsgruppen, so dass unsere Tiere ein oder auch mal zwei unangetastete Hähnchenschenkel verschlingen können, und auf diese Weise endlich auch einmal Fleisch in ihre Mägen bekommen.

Wir haben jetzt zwei Deutsche Schäferhunde. Nein, wir haben uns keinen zweiten Hund zugelegt, die Hunde haben sich uns ausgesucht. Tuki war viele Tage verschwunden und stand dann plötzlich mit seinem Freund, einem weiteren Rüden, schwanzwedelnd vor uns. Na gut, wir wollen auch nicht allein leben, und so haben wir ihn eben akzeptiert und aufgenommen.

Der junge Pengo ist kein unproblematischer Hund. Verspielt und ausgelassen tobt er um uns herum und verleibt sich

174

alles ein, was nicht niet- und nagelfest ist. Nichts ist vor ihm sicher, alles Essbare müssen wir vor seiner Nase verstecken. Ohne Schränke ist das nicht so einfach, und er ist nicht dumm. Hängen wir das frische Brot unter den Holzbalken, ist am nächsten Morgen nichts mehr vorhanden. Selbst das Brötchen, das ich in meiner Hand halte, hat er blitzschnell zwischen seine Zähne gepackt, und bevor ich reagieren kann, ist es in seinem Magen verschwunden. Aber die Geduld lohnt sich, und nach vielen Wochen hat er endlich verstanden. Er rührt nichts mehr an und wartet mehr oder weniger geduldig auf unsere Reste, auf sein Futter.

Immer noch schmunzele ich über mich selbst, wenn ich an meine Exerzierstunden mit den beiden denke: »Sitz! Platz! Seite!«, natürlich in deutscher Sprache. Ein Schäferhund muss schließlich gut erzogen sein. Zur Belohnung gab es ein kleines Stückchen altes trockenes Brot. Kopfschüttelnd verfolgte Karlo meine Bemühungen, und ich hörte damit auch schnell wieder auf. Das Brötchen reizte sie nicht mehr, sie blieben einfach liegen oder trollten sich in irgendeine Richtung davon. Die Hunde erziehen sich untereinander, sie kennen ihre Regeln und haben ihre eigenen Gesetze, auch im Zusammenleben mit den Menschen. Tuki, der ältere Hund, erzieht seinen jungen Freund Pengo. Ist dieser zu wild, lässt mir keine Ruhe und Tuki vernimmt meine laut schimpfende Stimme, dann springt er auf seinen Rücken und wirft ihn zu Boden. So lernt auch Pengo seine Grenzen kennen im Zusammenleben in unserer Gemeinschaft.

Unsere Hunde bewegen sich frei, sie sind nie angeleint. Sie haben sich ihr eigenes Revier abgesteckt, das sie bewachen und verteidigen. Bricht die Zeit der läufigen Hündinnen an, heben sie die Nase hoch in den Wind, ihre Nasenflügel beben, und kurz darauf sind sie verschwunden. Ich hasse diese Zeiträume, wenn sie sich auf den Weg machen und ihrem natürli-

175

chen Fortpflanzungstrieb nachgehen. Ich schlafe schlecht, weil ich keine Ahnung habe, wann sie wieder zurückkommen und welchem Trauerspiel ich dann gegenüberstehe.

Nein, es ist kein besonders erbaulicher Moment, wenn der eigene Hund plötzlich vor einem steht, über und über voll mit verkrustendem Schlamm, der das gerinnende Blut überdeckt. Das halbe Ohr fehlt, ist abgebissen, und die Verletzungen beginnen schon zu eitern. Aus den tiefen Fleischwunden an den Beinen tropft stetig das Blut. Pengo hat sich mit letzter Kraft zurückgeschleppt und bleibt einige Tage in der Höhle neben uns verschwunden, um sich zu erholen. Karlos Kommentar: »Es ist eben nicht leicht, ein Mann zu werden«, hilft mir, die Mundwinkel zu einem gequälten Grinsen zu verziehen.

Unser wunderbares Heilmittel ist Haifett, das wir aus der Leber der Haie selbst herstellen. Es ist die beste Medizin, die wir auch für uns selbst bei Hautverletzungen anwenden. Wir sind froh über jeden Vorrat, den wir in einem kleinen Gläschen aufbewahren. Das ausgelassene flüssige Fett stinkt zwar, doch dadurch hält es selbst die Fliegen von der Wunde fern, und das ist gut, so legen sie auch keine Eier darin ab.

Das Blut läuft Tuki aus dem Bauch, die Wunde ist etwa zehn Zentimeter lang. Ich denke darüber nach, ihn zuzunähen, damit ihm die Eingeweide nicht herausfallen, so tief ist die Verletzung. Vierzehn Tage lang versorge ich die Bauchwunde mit dem Haifett, dann ist sie geschlossen, und nicht einmal eine verhärtete Narbe bleibt zurück. Ein anderes Mal musste ich erst einige Male schlucken und tief durchatmen, bevor ich seine Verletzung behandeln konnte. Nach dem Kampf mit einem fremden Rüden hatte er im Oberschenkel ein so großes Loch, dass ich das Fell aufziehen konnte und das kostbare Haifett esslöffelweise in die blutende Wunde gießen musste.

Selbstverständlich war auch kein Tierarzt da, der Pengo hätte versorgen können, als das Pferd ihm einen fürchterlichen

176

Tritt verpasste. Sein Oberkiefer war gebrochen, und der obere Reißzahn lag offen. Zum Glück wurde er Tage später von seinem Schmerz erlöst, da der Zahn herausfiel und die Wunde zuheilte. Oder, als Tukis Reißzahn im Oberkiefer brach und sich um 180 Grad gedreht hatte. Karlo hielt mit der einen Hand den Hund fest und nutzte die andere, um mit einem entschlossenen Ruck den Zahn wieder umzudrehen, bevor er dann Wochen später vom Tierarzt herausoperiert wurde.

Noch immer bin ich wütend, wenn ich dann daran denke, dass mir der deutsche Tierarzt für meine beiden weit entfernt lebenden Hunde keine Medikamente verkaufen wollte. Er dürfe nur helfen, wenn er die Hunde »persönlich« sehe. Das sei geschriebenes Gesetz, verstoße er dagegen, könne er ins Gefängnis kommen. Ich wollte nur Flohmittel, und ich bin mir sicher, diese Parasiten sind überall auf der Erde gleich. Nein und nochmals nein, das sei für ihn zu riskant. Ich empfand das als beinahe schikanös und war nicht bereit, mich damit abzufinden und die Praxis zu verlassen – ich blieb einfach darin stehen. Und er fand schließlich eine Lösung, mit der er den Vorschriften entsprechend leben konnte. Meine Tasche gefüllt mit je zwölf Monatspackungen Flohtabletten für zwei Hunde mit je über zwanzig Kilogramm Körpergewicht ging ich erleichtert aus der Praxis. Die Medikamente hatte er auf der Karteikarte einer Katze eingetragen, die vor einem halben Jahr verstorben war. Die einzige Möglichkeit allerdings bei starken Schmerzen: Ich führe den Hunden Kleinkindzäpfchen ein, die gibt es in Deutschland rezeptfrei.

Es ist leider bittere Realität, dass Karlo ausgesetzte Hunde tötet. Festgebunden an den Palmen, ohne Wasser, ohne Nahrung heulen sie die ganze Nacht. Die Ferien sind vorüber, und die Tiere werden sich selbst überlassen. Was soll mit ihnen geschehen? Ich kann sie nicht alle aufnehmen. Sollen sie elendig zu Grunde gehen? Die Touristen füttern sie einen Tag, und

177

dann sind sie wieder fort. Am nächsten und übernächsten Tag ist niemand mehr da, der sich um sie kümmert. Viele Stunden habe ich mit Karlo darüber diskutiert und versucht, ihn vom Töten abzuhalten. Doch heute gebe ich ihm Recht, ja, ich bewundere sein entschlossenes Handeln. Einer muss die Verantwortung übernehmen und das Leiden der Tiere verkürzen. Es ist eine furchtbare Situation. Karlo muss den Hund anlocken, sein Vertrauen gewinnen und ihm dann mit einem kräftigen Stockschlag das Genick brechen. Karlo ist anschließend tagelang nicht ansprechbar und voller Wut über das unverantwortliche Verhalten der »tierlieben« Menschen. Das Töten ist nicht leicht, aber so paradox es auch klingt, es ist eine Form der Tierliebe.

PFERDE

❧

Reiten habe ich immer noch nicht gelernt, und ich bin mir sicher, mein Glück auf Erden liegt nicht auf dem Rücken der Pferde. Bis heute habe ich die liebevollen Angebote der kleinen Kinder abgelehnt, die es mir beibringen wollen. »Autofahren ist doch viel schwerer. Auf das Pferd springst du nur drauf, und dann reitest du los«, entgegnen sie mir verständnislos.

Wunderschön sind die Pferde aus der Ferne anzusehen, wenn sie in einer Herde die Hügel hinunterpreschen, sich im Meerwasser abkühlen, spielen, miteinander balgen und sich vor Vergnügen im warmen Sand wälzen. Doch die Pferde sind nicht meine Freunde. Nicht nur, dass mir diese großen Tiere Angst einjagen, ich kann sie nicht einmal vertreiben.

Immer noch erinnere ich mich gut an den Morgen, an dem ich Karlo einen wütenden Schrei ausstoßen hörte. Wir hatten damals noch keine Hunde. Schlaftrunken rieb ich mir die Augen und wollte nicht glauben, was ich sah. Pferde – braune, schwarze, junge, alte – standen seelenruhig in unserem mühsam angelegten Garten und weideten jedes Blatt unserer Süßkartoffeln genüsslich kauend ab. Nichts, kein grüner Fleck erfreute mehr meine Augen. Fassungslos betrachtete ich die nackten Stängel. Die Süßkartoffeln hatten keine Möglichkeit mehr, zu wachsen und uns Nahrung zu geben.

179

Eines Tages, Karlo war gerade tauchen, standen etwa zwanzig dieser Tiere vor mir im Garten. Ich ging entschlossen auf sie zu, klatschte laut in die Hände und versuchte, sie mit lautem »Sch, sch, sch« zu verscheuchen. Die Pferde hoben nur kurz den Kopf und schauten mich aus ihren wimpernumrandeten dunklen Augen fragend an. Sonst nichts, keine weitere Reaktion. Verflixt, sie sollen nicht schon wieder meinen Garten, der sich gerade erholt hatte, leer fressen. Ich bat zwei vorbeigehende Männer eindringlich, die Pferde aus meinem Garten zu vertreiben. Selbst sie verstanden mich nicht – es war ihnen schlichtweg unvorstellbar, dass jemand nicht in der Lage war, Pferde zu vertreiben. Sie lachten freundlich, und anstatt zu helfen, luden sie mich ein, mitzukommen und gemeinsam mit ihnen ein kühles Bier zu trinken. Ich war kurz davor, in Tränen auszubrechen. Die Pferde standen in meinem Garten, und die Männer glaubten mir nicht! Zwei Fischer kamen, und ich bat sie verzweifelt um Hilfe. Sie schauten mich misstrauisch an, doch wenigstens begleiteten sie mich. Ein ganz bestimmtes Zungenschnalzen – in meiner Erinnerung lockte man bei uns damit die Tiere an – und die Pferde trotteten seelenruhig davon. Mit erstaunten Augen schaute ich erleichtert hinter ihnen her.

Wir waren mit den beiden Hunden unterwegs zum Fischen, und plötzlich schlug uns penetranter Verwesungsgeruch entgegen. Eine hellbraune Stute war wohl vor einigen Tagen die steilen Klippen hinabgestürzt und hatte sich das Genick gebrochen. Der aufgeblähte Bauch zeigte den Zerfallsprozess an, es war ein trauriger Anblick. Wir gingen auf die andere Seite des Felsens, damit der Gestank unsere Nasen nicht weiter quälte, und mit einem Mal ertönte lautes Gebell unserer Hunde.

Die beiden standen vor einem Fohlen, das auf einem hohen Felsvorsprung wie festgenagelt verharrte. Es wusste offenbar nicht vor und nicht zurück. Wahrscheinlich war es das Fohlen der toten Stute, das seit deren Sturz in dieser Position gebannt war, den Verwesungsgeruch der Mutter ständig in seinen Nüstern. Natürlich wollte es bei seiner Mutter bleiben, roch jedoch gleichzeitig deren Tod. Es stand dort wie versteinert.

Karlo nahm einen Strick, den wir für Notfälle immer dabei haben, und beruhigte das verängstigte Jungtier mit leisen Worten. Er führte es langsam und vorsichtig vom Felsen herunter, weg von seiner toten Mutter. Ein kräftiger Klaps aufs Hinterteil, und es war, als ob das Fohlen zu neuem Leben erwachte. Kurz schaute es sich noch einmal um, dann machte es sich auf seinen langen staksigen Beinen auf und davon, um seine schützende Herde zu suchen. Glücklicherweise war es schon alt genug, es fraß schon Gras und hatte somit gute Voraussetzungen, um selbstständig zu überleben.

Tuki und Pengo vertreiben die Pferde und auch die Katzen. Mein sehnlichster Kindheitswunsch war es, mit einer schnurrenden Katze in meinen Armen schmusen zu dürfen. Doch nie durfte ich eine halten. In meiner ersten eigenen Wohnung habe ich mir schnell diesen lang gehegten Wunsch erfüllt. Gleich ein Geschwisterpaar, damit sie sich tagsüber nicht allein fühlten. Katzen waren meine Lieblingstiere, ich bin eine Katzenfrau, habe ich immer von mir behauptet. Wie viele Tränen habe ich bei ihrem Tod vergossen und wie viele Wochen um sie getrauert. Ich habe Katzen von der Straße aufgelesen, sie hochgepäppelt, bin all den Ärger mit den Vermietern eingegangen und habe neue Unterkünfte für die herrenlosen Tiere gesucht. Ich mochte Katzen ausgesprochen gern.

Hier leben sie überall um uns herum, schlafen tagsüber versteckt zwischen den Felsen und begeben sich nachts auf Diebestour. Leider auch zu uns. Sie kommen vorsichtig geduckt und geräuschlos auf ihren leisen Pfoten angeschlichen und kämpfen um ihr Überleben. Und sie stehlen alles – alles, was ihren Magen füllen kann. Liegt der frisch gefangene Fisch fein säuberlich ausgenommen im Topf, mit Deckel oben drauf, bleiben unsere Mägen leer, während sie in aller Ruhe ihren Verdauungsschlaf halten. Die gesamten Vorräte sind deshalb nicht nur in Töpfen verstaut, nein, alle Deckel müssen zusätzlich mit dicken Steinen beschwert werden – schwer genug, damit die Räuber trotz ihrer List keine neue Methode erfinden, um sich unser Essen doch noch einverleiben zu können.

Hier verjage ich die Katzen, ich will nicht mit ihnen teilen. Ich finde sie frech und dreist. Sogar meine erste selbst gefangene Moräne, die ich nachts nach stundenlangem geduldigem Fischen aus dem Meer gezogen habe, schleppten sie mir unbemerkt direkt von meiner Seite weg, während ich konzentriert weiterangelte. Ich weiß nicht, wie sie diese Geschicklichkeit aufbringen, ich weiß nur eins: Ich ärgere mich darüber, dass sie unser Essen stehlen, anstatt die Ratten zu fangen.

Ratten, Schmutz und Dreck gehören seit meiner frühesten Erziehung zusammen. Wie zutreffend das ist, habe ich im wahrsten Sinne des Wortes am eigenen Leib erfahren. Unser Abendessen bestand, wie fast immer, aus selbst gefangenem Fisch. Längst habe ich mir abgewöhnt, mit Messer und Gabel zu speisen, frischer Fisch wird mit den Fingern gegessen. Lange Zeit noch saßen wir unter den Sternen und erzählten. Anschließend die abendliche Toilette und ins Bett. Nach einiger Zeit wurde ich wach, mir knabberte etwas am Finger. Unsinn, dachte ich, das habe ich nur geträumt. Ich drehte mich um, schlief weiter und wachte nach einem kurzen Moment erneut auf. Das gleiche Knabbern war jetzt an meinem Mund, an meinen Lippen. Es war kein Traum. Ich schlug entsetzt um mich und erhaschte für einen kurzen Augenblick den Umriss einer dicken, fetten Ratte, die schnell Reißaus nahm. Der Schreck sitzt mir bis heute tief in den Knochen.

Seit dieser Erfahrung ist mir der Wassermangel egal. Ich wasche mich abends gründlicher denn je. Doch zuerst mit Salzwasser, damit ich nicht zu viel von unserem Vorrat verbrauche. Ich habe nun immer Rattengift zur Hand und bereite den ungeliebten Tieren eine letzte Henkersmahlzeit. Inbrünstig hoffe ich, dass sie vor ihrem Verenden den Weg nach draußen finden, damit sie mit ihrem widerlichen Verwesungsgeruch nicht das ganze *hakapupa* ausfüllen. Den Kadaver in irgendeinem versteckten Winkel suchen zu müssen, ist sehr mühsam und leider nicht immer erfolgreich. Unangenehm.

HÜHNER

ᘓ

Nein, ich will das nicht alles können müssen! Es ist mir zu viel, zu viel Auseinandersetzung mit der Natur!

Seit drei Wochen ist Karlo in Neuseeland, und ich bin allein hier, allein mit den beiden Hunden, einem Hahn, vier Hennen und siebzehn Küken. Ununterbrochen piepsen sie und unterhalten mich mit ihrem ständigen Geplapper. Fasziniert beobachte ich ihr Wachsen, den Wechsel der flauschigen Knäuel zu Küken mit kräftigen Federn. Sie tippeln ständig an der Seite der Henne, ruhen sich unter den schützenden Flügeln aus, suchen ihre Nahrung oder erbetteln sie von mir. Es ist ein erquickendes buntes Treiben. Am Tag bevor Karlo wegfuhr, habe ich wie als Trostgeschenk zum ersten Mal im Leben frisch geschlüpfte Küken in den Händen halten dürfen, elf an der Zahl. Sie sind so klein, so zart, so zerbrechlich und doch schon quicklebendig. Aus Angst, sie zu zerquetschen, ließ ich sie erschrocken wieder los. Sie flatterten hinab zu ihrer rufenden Mutter. Ein vorwurfsvoller unverständlicher Blick von Karlo streifte mich und vor sich hin schimpfend ging er sie erneut einsammeln. Wir brachten sie an einen sicheren Ort, in eine niedrige Höhle in unserer Nähe. Dort gibt es kein hohes Gras, in dem sie verloren gehen können, und sie sind besser vor den lauernden Raubvögeln versteckt.

Aber heute Morgen ist es still, ungewöhnlich still. Normalerweise stehen alle parat, warten ungeduldig darauf, dass ich aufwache, laufen hinter mir her und tapsen zwischen meinen Füßen herum. Sie fordern ihr Frühstück, sie wollen ihre Reiskörner picken. Aber jetzt sehe und höre ich nichts. Weder eine rufende Glucke noch ein Piepsen der Küken ist zu vernehmen. Seltsam, merkwürdig. Nur ein einziges kleines Federknäuel hockt ganz verschüchtert neben Pengo.

Nichts, auch nach zwei weiteren Stunden ist kein Laut zu hören. Jetzt werde ich langsam unruhig und mache mich auf die Suche nach den Hühnern und den Küken. Ausgerissen liegen die braunweiß gesprenkelten Federn büschelweise im grünen Gras verstreut. Ich folge der Spur. Und nun ist auch klar, warum diese Stille herrscht: Vor mir, schwarz gefärbt von Tausenden wimmelnder Ameisen, liegt meine Henne namens Pünktchen mit gebrochenem Genick – die, die eigentlich in ihrem Nest sitzen und Eier legen sollte. Mir dreht sich der Magen um. Was mache ich nun? Lasse ich sie dort liegen und überlasse sie den Ameisen, oder schaufele ich ein Loch und begrabe sie? Ratlos stehe ich eine Weile davor. Ich weiß nicht, was ich machen soll! Ich bin eine Stadtfrau und habe nie mit Hühnern gelebt, geschweige denn, eines gerupft oder jemals eins ausgenommen. Was würden die Einheimischen an meiner Stelle wohl tun? Sie sind mit Sicherheit nicht so sentimental, und ich will schließlich im Campo leben.

Also reiße ich mich zusammen, überwinde mich würgend und packe das tote schlaffe, noch warme Huhn am Hals. Die Ameisen krabbeln mir erschrocken die Arme rauf und runter. Ich stecke es in eine Plastiktüte und lege alles zusammen ins Meerwasser, in der Hoffnung, dass die Ameisen an die Oberfläche kommen. Mit einem scharfen Messer schneide ich der Henne den Kopf ab, die Füße folgen kurz darauf. Nun sieht sie schon nicht mehr aus wie Pünktchen. Das restliche heiße Wasser aus der Thermoskanne gieße ich über das Gefieder und rupfe sorgfältig die einzelnen Federn aus, schneide den Leib auf und ziehe die Eingeweide heraus. Nun gleicht alles den in Plastiktüten Eingepackten aus dem Supermarkt. Trotzdem, mir ist übel.

Und dann mache ich mich ein zweites Mal auf die Suche. Zwei Küken piepsen ängstlich im hohen Gras. Wieso sucht die schwarze Henne sie nicht? Sie ist eine gute Glucke, die selbst mich angreift, wenn ich eines ihrer Jungen in die Hand nehmen will. Mir schwant nichts Gutes. Vorsorglich hatte ich schon die Plastiktüte unter den Arm geklemmt. So finde ich ihre schwarzen Federn und ihren leblosen Körper, ebenfalls von wimmelnden Ameisen übersät. Der gleiche Anblick, auch ihr Genick ist gebrochen.

Das Schlimme ist, dass ich meinen eigenen Hund Pengo in Verdacht habe, sie getötet zu haben. Immer wollte er ein Küken, wahrscheinlich reizte es ihn zum Spielen. Eines Tages, vielleicht nach dem Angriff eines Raubvogels, waren die Küken überall verstreut, und ich ging sie mit ihm zusammen suchen, um sie einzusammeln. Er reagierte blitzschnell. Wenn er eins hörte, sprang er geschickt daneben und hielt es unter seiner Pfote fest, damit ich in meine Hände nehmen konnte. Ein Küken war tief im Dickicht versteckt und ein Hineinkriechen unmöglich. So barg Pengo es in seiner Schnauze und überreichte es mir voller Stolz unverletzt. Seitdem war er immer versessen auf ein Küken. Und heute Morgen war es dann wohl soweit. Ich schlief lange, und er wollte offenbar spielen. Keine Henne gibt ihr Küken freiwillig her, sie verteidigt ihre Brut, und ich vermute, dass der Hund sie gejagt und ihnen das Genick gebrochen hat. Deshalb wohl saß das eine frühmorgens verschüchtert an seiner Seite.

Doch das sind Spekulationen. Es kann genauso gut einer der fremden Hunde gewesen sein, die ab und zu hier erscheinen. Das einzig Sichere ist: Ich muss ein zweites Mal handeln, die gleiche Prozedur wiederholen. Nur hoffe ich, dass es nun

186

leichter geht. Kopf ab, weit hinaus damit ins Meer, die Füße hinterher, rupfen, ausnehmen. Nun habe ich zwei Hühner im Topf und werde gleich das Holz anzünden. Mit einem traurigen Gefühl im Magen erinnere ich mich noch gut an meine Aussage: »Wahrscheinlich werde ich von meinen eigenen Hühnern so schnell keins essen.« Drei Küken haben überlebt, ob ich sie ohne Henne durchbringen werde, ist ungewiss. Solche Dinge habe ich in meinem Biologiestudium nicht gelernt.

Und ich habe meine Hühnersuppe, meine Negra und mein Pünktchen, letztendlich mit Genuss verspeist. Gewürzt hatte ich sie mit einem Ei aus dem nicht mehr bebrütbaren Nest, weil die Mutter in der Suppe war … Zugegeben, es war eine Delikatesse. Nur Pengo hat nichts angerührt.

Manchmal erlebe ich mich in einer verrückten Lebenssituation. Theoretisch weiß ich so viel über die Biologie, aber praktisch, um in der Natur zu leben, gar nichts. Ich mache Fehler über Fehler, immer in der Hoffnung, das Richtige zu tun.

Sechzehn Eier hatte die Henne gelegt, vierzehn Küken waren geschlüpft, zwei Eier lagen noch im Nest. Ein leises Piepen erklang aus dem kleinen Loch in der Schale. Neugierig nahm ich das aufgebrochene Ei in meine Hand und pulte sorgfältig die Schale vollständig ab. Es ist ein Wunder, wie eng zusammengekrümmt in dieser harten, unnachgiebigen Schale solch ein Wesen heranwachsen kann. Nass, die Federn klebten an dem zarten Körper, räkelte es sich, spürte zum ersten Mal die Freiheit des grenzenlosen Raumes. Vorsichtig rieb ich es mit dem Zeigefinger trocken, immer wieder, immer weiter. Allmählich dehnte es seine Muskeln und streckte seine Glieder. Die Wirbelsäule war noch schwach, sie konnte den Kopf nicht hoch halten, aber das Herz schlug den Rhythmus seines zukünftigen Lebens. Fasziniert beobachtete ich, was ich in meinen Händen hielt, und legte es wieder unter die wärmenden Federn der Henne ins Nest zurück. Am nächsten Tag stand die

Henne, nach Futter bettelnd, vor mir. Nein, es waren weiterhin nur vierzehn Küken, die sie begleiteten. Das meine war – tot. Ob es an meinem gut gemeinten Eingreifen lag, werde ich nie erfahren. Doch es ist gut möglich, dass ich es durch meine »Hilfe« getötet habe. Nie wieder habe ich das getan. Ich lasse heute meine Finger davon und greife nicht mehr in diesen natürlichen Ablauf ein. Stattdessen bin ich glücklich, die ausgeschlüpften Küken heranwachsen zu sehen.

Ich genieße es, in aller Ruhe zu beobachten, wie die beiden Hennen, deren Küken zum gleichen Zeitpunkt geschlüpft sind, ihr Problem lösen. Jede der Glucken will alle Küken für sich allein haben. Es ist ein richtiger Wettkampf, wer mehr Nahrung beschaffen kann, wessen Lockruf stärker ist, ja, sie buhlen um den Nachwuchs. Und tatsächlich: Nach einer Woche ist es nur noch eine Henne, um die sich alle Küken scharen und die eifrig bemüht ist, Futter für die hungrigen Schnäbel zu finden. Die andere geht wieder Eier legen.

Nicht alle Küken überleben. Eins ist schwach und wird zusehends schwächer. Vielleicht ist es durstig? Ich nehme es in die Hand und tauche es ins Wasser. So muss es schlucken, es hat keinen Platz zum Atmen, solange es unter Wasser ist. Die Sonne brennt gnadenlos. Das kleine Leben läuft nicht mehr hinter seiner Mutter her, es versteckt sich unter den Schatten spendenden Blättern der Süßkartoffeln und piepst verzweifelt. Die Glucke hört es, kommt heran, geht weiter. Abermals ins Wasser getaucht, schluckt es die Leben spendende Flüssigkeit. Die Glucke kommt und nimmt es wieder an. Es schlüpft unter die beschützend ausgebreiteten Flügel. Zwei, drei Stunden Geborgenheit, dann ist erneutes Futtersuchen angesagt. Die anderen Küken müssen schließlich fressen, wenn sie überleben wollen. Das schwache Etwas torkelt hinter der Mutter her. Der Abstand wird größer und das jämmerliche Piepsen eindringlicher. Ich weiß mittlerweile aus Erfahrung, dass es nicht überleben kann. Sehr oft habe ich gegen die Natur gehandelt und schwache Küken in eine Kiste gesetzt, sie mühsam gefüttert, ihnen Wasser eingeflößt, um letzten Endes doch die Schaufel in die Hand zu nehmen, ein kleines Loch zu buddeln, das zweimal Nichts hineinzulegen und Erde darauf zu schütten.

Doch dieses Küken will leben, es kämpft einen verzweifelten, aber ausweglosen Kampf. Es kann nicht mehr laufen, und die Mutter geht achtlos an ihm vorbei. Mit ausgebreiteten Flügeln versucht es, sein Gleichgewicht zu halten und torkelt unter der sengenden Hitze hin und her.

Ich erinnere mich gut an Karlos Worte »Deine so genannte Tierliebe ist reine Egozentrik. Sie ist gegen das Tier gerichtet. Du verlängerst nur sein Leiden, du hilfst ihm nicht. Du musst töten lernen, wenn du von dir behaupten willst, dass du tierlieb bist.« Das Flaumbüschel in meiner Hand zittert genauso wie meine Knie bei dem Gedanken, es zu töten. Ich kann nicht, ich will nicht. Ich will, dass es lebt. Karlo kann ich nicht bitten, es zu töten, er ist nicht da. Es piepst so schwach in meiner Hand, aber es piepst. Ich schaue auf den schwarzen Felsen, und die überschlagenden Wellen verwandeln ihn im Schein des Sonnenlichts in einen reflektierenden Spiegel, der mich höhnisch anlacht. Ich blicke nach oben in den blauen Himmel, der unbeteiligt auf mich herabsieht, atme tief durch, streichle das goldgelbe Federgewicht, hebe es hoch und schleudere es mit aller Wucht auf den Felsen. Nur ein kleiner roter Blutstropfen erinnert an das Leben, als ich mit schlotternden Knien nach unten klettere, um nachzuschauen, ob es auch wirklich tot ist. Nein, es piepst nicht mehr, es liegt schlaff in meiner Hand, und langsam sickert noch ein Tröpfchen Blut aus seinem kleinen Schnabel. Dann übergebe ich es dem Meer – und ich bin stolz auf mich, sehr stolz darauf, einen kleinen Schritt weitergesprungen zu sein auf dem Weg im Zusammenleben mit der Natur.

BIOLOGIE

❦

Ja, studierte Biologie ist anders. Ein verstecktes Küken einfangen oder töten, einen zappelnden Fisch vom Angelhaken lösen und ihm das Messer hinter die Augen stechen, all das konnte ich nicht, all das habe ich in den langen Jahren meines Studiums nicht gelernt.

Die Licht- und Dunkelreaktion der Pflanzen, die klassische und die Molekulargenetik, die Biochemie, all das bete ich weiterhin im Schlaf herunter, das ist mir in Fleisch und Blut übergegangen. Wie leicht ist es, den Wassertransport der Pflanzen zu erklären, nur was, verdammt noch mal, soll ich machen, wenn ich kein Wasser für meine Pflanzen habe?

Meine Examensarbeit über das subepidermale Nervennetz von Centrostephanus longispinus, einer Seeigelart, hat mich Monate beschäftigt. Hier, wo die Küste mit Seeigeln bespickt ist, nutzt mir dieses Wissen wenig. Die Stacheln stecken tief und schmerzhaft in der Haut. Ich komme nicht auf die Idee, Chlorwasser darüber zu gießen, obwohl ich vom Chemiestudium her wissen müsste, dass Chlor Kalk auflöst. Erstaunt sehe ich Karlo dabei zu, und erst da fällt es mir wieder ein. Er lacht vor sich hin, als ich ihm die chemische Reaktion erklären will. »Warum hast du das alles gelernt, wenn du es nicht anwenden kannst?«

Wie leicht scheint es mir im Nachhinein, die hierarchische

Ordnung des Hühnerhofs anhand der Bücher zu unterrichten, und wie häufig muss ich schlucken, wenn die Hühner ihren blutigen Kampf um die Hackordnung austragen. Ich sehe den Hahn die Henne besteigen, und ich treffe die Entscheidung, dem Huhn sein Ei aus dem Nest zu stehlen, es aufzuschlagen, zu braten und zu verspeisen oder es im Nest liegen zu lassen und abzuwarten, bis es sich in ein lebendiges Küken verwandelt. Es ist nicht fein säuberlich verpackt, mit Verfallsdatum versehen, in einem Supermarkt gekauft.

Ich erinnere mich an den Unterricht über das Instinktverhalten der Hühner. An die Selbstverständlichkeit, mit der den Tieren Elektroden ins Gehirn implantiert werden, damit der Mensch mittels elektrischer Stimulation, durch einfachen Knopfdruck das von ihm gewünschte Verhalten hervorrufen kann. Ganz so, wie der Mensch es will. Heute dreht sich mir der Magen um, wenn ich daran zurückdenke.

Unvergesslich klingen mir Karlos barsche Worte in den Ohren, als ich zu dem Fisch, dem ich mit viel Überwindung den Bauch aufgeschnitten und die wabbligen Gedärme entnommen hatte, immer wieder sagte: »Armer Fisch, armer Fisch«. Es war meine Art und Weise, die Nerven zu beruhigen. Ihm riss dabei der Geduldsfaden: »Schmeiß ihn doch ins Meer zurück, deinen armen Fisch, und iss ihn nicht. Aber rede nicht so, wenn du ihn anschließend genüsslich verspeist.«

Erstaunt und gebannt verfolge ich die Männer auf ihren Pferden, die versuchen, den braunweiß gefleckten Stier einzufangen, ihn aus der Herde zu isolieren und ihm einen Strick um den dicken Hals zu werfen. Er bäumt sich verzweifelt auf und läuft sich müde. Dann sind mehrere Stricke um seinen Hals befestigt, die jeweils an einem anderen Pferd festgebunden sind. Der kräftige Stier ist erschöpft, der heftige Widerstand hat nichts genützt. Die Fesseln liegen um seine Füße, und das Messer sticht in das Herz. Das Holz ist entzündet, die

Steine sind heiß. Die Garzeit ist vorbei, und er schmeckt vorzüglich.

Mit Entsetzen sehe ich die Herde immer wieder an den Ort des Tötens zurückkehren. Sie scharren an der Stelle, an der das Blut in die Erde gesickert ist. Eines der Tiere hebt den Kopf und beginnt lauthals zu brüllen, die anderen fallen immer lauter, immer intensiver in das Wehklagen ein. Erstaunlich, sie kehren an die Stelle zurück und beklagen den Verlust eines ihrer Mitglieder. Ich kann das nicht glauben. Wochenlang erlebe ich dieses schaurige Konzert. Mir läuft es kalt über den Rücken, und gleichzeitig berührt es mich zutiefst. Nein, das wusste ich nicht, darüber habe ich mir auch nie Gedanken gemacht, wie auch?

Auch jetzt möchte ich nicht danebenstehen und zusehen, wenn sie dem jungen Stier, der bis vor ein paar Minuten noch festgebunden neben dem *paepae* gegrast hat, das Messer tief ins Herz stechen, damit wir ihn anschließend im Erdofen garen können und auch ich mir ein Stück davon einverleiben werde. Erst da er tot ist, aufgeschnitten und zum Ausnehmen bereitliegt, gehe ich hin und verfolge die Arbeit der fröhlich lachenden Männer und Frauen. Das blutig rote abgezogene Fell ist zum Trocknen aufgespannt, das süßlich riechende Blut wurde in einem gelben Plastikeimer aufgefangen. Die Innereien sind noch warm und verströmen den Duft des kurz vorher beendigten Lebens. Die Gedärme, der Magen, alles wird sorgfältig im Meerwasser ausgewaschen und gesäubert. Die Innereien brutzeln in der Pfanne, der Magen ist sorgsam mit dem Blut, das jetzt mit frischen Kräutern aus dem *manavai* gewürzt ist, gefüllt. Oben und unten zugeknotet, kocht er im dampfenden Topf. Es ist eine Delikatesse und steht traditionsgemäß den Arbeitern zu, die das Tier getötet und ausgenommen haben.

Ich entsinne mich gut an den Tag, als ein Bekannter mit einer großen Plastiktüte zu uns kam und sie uns schenkte. Eine

Gänsehaut lief mir den Rücken herunter, als ich neugierig einen Blick hineinwarf. In der Tüte lag ein vollständiger Rinderkopf, blutig rot, nackt, ohne Fell, und die großen toten Augen starrten mich an. Mit viel Überwindung ging ich ihn zusammen mit Karlo im salzigen Wasser reinigen. Karlo kochte den Kopf anschließend, und tatsächlich, das Fleisch schmeckte vorzüglich.

Mein jetziges Leben ist anders!

SPIEGEL

❧

Unseren einzigen Spiegel, einen kleinen aufhängbaren Handspiegel, hat der stürmische Wind von seinem Nagel befreit und zu Boden geworfen. Zurück bleiben einige zerbrochene Splitter, die mir mein Lächeln unvollständig widerspiegeln. Danach hatte ich keine Gelegenheit mehr, mein Äußeres in einem Spiegel zu begutachten oder zu überprüfen, und es fehlte mir auch nicht. Ich weiß, ich habe mich verändert. Es ist nicht das Äußerliche, nicht das, was ein Spiegel mir demonstrieren könnte. Er kann mir meine tiefen Falten zeigen, die die Sonne tagtäglich in mein Gesicht hineinbrennt, mehr nicht.

Wie selbstverständlich gehörte der Spiegel früher zu meinem normalen Alltag. Wie selbstverständlich nutzte ich ihn in der Hoffnung, darin zu erkennen, wie ich mich fühle. Wie viele Stunden meines Lebens habe ich davor gestanden, mich darin betrachtet und mich wieder zu dick befunden. Wie viele Stunden habe ich davor gestanden, mich freundlich angelächelt und meine Augen geschminkt oder mich erschreckt von den angeschwollenen, verweinten Augen abgewendet, die keine noch so gute Schminke überdecken konnte.

Hier lebe ich ohne Spiegel und betrachte mich ungeschminkt. Bin ich das noch? Ich bin verändert, ohne richtig fassen zu können, worin diese Veränderung besteht. Hat das

Leben in der Natur und der Eintritt in eine andere Kultur solch einen starken Einfluss auf meine neue Sicht- und Erlebnisweise?

Die Natur hat mich immer fasziniert, ihre Gesetzmäßigkeiten, ihre Kraft und Schönheit. Deshalb habe ich Biologie studiert und unterrichtet. Ich habe versucht, mein gelerntes Wissen an die nächste Generation weiterzugeben in der Hoffnung, meine Begeisterung und Achtung vor ihr vermitteln zu können. Viel habe ich nachgedacht über die Natur, gelesen und immer neue Bücher gekauft, um sie besser zu verstehen.

Jetzt lebe ich in der Natur und erlebe ihre Gesetzmäßigkeiten bis an die Grenzen des mir Erträglichen. Ich erinnere mich schmunzelnd an die so selbstverständlich dahingesagten Worte: »Auf Regen folgt auch Sonnenschein« unter einem festen, schützenden Dach in einer angenehm warm geheizten Wohnung. Hier trösten sie mich nicht, wenn wir einige Tage und Nächte auf vier Quadratmetern mit den beiden Hunden und den Schutz suchenden Hühnern zusammenkauern und nachts in den feuchten Schlafsack kriechen. Ich habe sie deutlich vor Augen, die vielen Gespräche und hitzigen Diskussionen der Ökologiebewegung mit einem schönen, langstieligen Glas in den Händen, in das wir den trockenen Biowein einschenkten. Die endlosen Debatten in den verrauchten Kneipen werden wieder lebendig, wenn wir stundenlang stritten, welche politische Strategie die richtige sei, um den endgültigen Zusammenbruch der Natur aufzuhalten. Ja, wir wollten mit allen uns zur Verfügung stehenden Mitteln der Natur helfen und ihr eine Möglichkeit zum Überleben geben.

Und allmählich wird mir immer deutlicher, dass ich über die Natur gesprochen habe, ohne jemals selbst mit ihr und in ihr gelebt zu haben. Jetzt wird mir ihre Kraft zum ersten Mal richtig bewusst – die Natur braucht mich überhaupt nicht! Die

Natur ist zeitlos. Nur ich als menschliches Wesen habe eine kurze Verweildauer auf diesem Planeten.

Ich schaue abermals in die zerbrochenen Spiegelscherben. Ein Auge spiegeln sie mir wider. Ich drehe den Kopf ein wenig zur Seite und sehe nun das andere, aber das erste nicht mehr. Eine komische Situation. Ist es ein Ausdruck meines Innern? Bin ich auf dem Weg, mit beiden Augen wahrnehmen zu lernen, mit den Augen zweier unterschiedlicher Kulturen? Vielleicht ist es das. Vielleicht werde ich bald meine beiden Augen zusammen nutzen, um einen weiteren Teil der Vielfalt des menschlichen Daseins verstehen und im Einklang damit leben zu können.

WEITER

❧

Kremia heißt die erste Person, die mich auf der Osterinsel offenen Armes begrüßte. Bis heute ist sie meine Freundin, die mir mit knappen Worten hilfreiche Ratschläge gibt. Wir sind durch einen unsichtbaren Faden fest miteinander verbunden.

»Kremia, ich vermisse Zärtlichkeiten. Wie soll ich das Karlo erklären?«

»Hast du versucht, sie dir zu holen, und er hat dich abgewiesen?«

»Nein, das traue ich mich nicht.«

»Wie bitte? Du denkst allen Ernstes, er soll spüren, was du willst? Bist du kompliziert! Es wird eine Freude für ihn sein, wenn du ihm zeigst, was du von ihm brauchst, aber nicht mit Worten, sondern mit Taten. Lehn dich an ihn an, zeig, was du benötigst, und er wird es dir gern geben.«

Es stimmt, so einfach und so wahr.

Ein anderes Mal fahre ich verärgert über den Bürgermeister nach Hanga Roa und spiele mit dem Gedanken, bei Kremia zu übernachten. Gleich frühmorgens möchte ich bei ihm im Büro stehen und mit ihm diskutieren.

»Kremia, ich habe ein Problem.«

»Hast du ein Problem mit Karlo?«

»Nein, mit dem Bürgermeister.«

»Wenn du kein Problem mit Karlo hast, dann hast du kein Problem!«, ist ihre lapidare Antwort. Sie steht auf, lässt mich verdutzt allein und geht weiter ihrer Arbeit nach. Das sitzt. Ich bedanke mich für den Ratschlag und fahre wieder nach Anakena zurück.

»Kremia, ich bin nervlich am Ende.«

»Ich weiß, seit fünf Tagen warte ich auf dich.«

»Tatsächlich? Ja, seit diesem Zeitraum geht es mit meinen Kräften tagtäglich bergab.«

»Wer ist in deinem *paepae*?«

»Ich habe Besuch, mit dem ich nicht zurechtkomme.«

»Und warum schickst du ihn nicht fort?«

»Ich weiß nicht, wie.«

»Wie, du weißt nicht, wie? Was ist denn das für eine Antwort! Du bist die Frau des Hauses, du bestimmst, was dort abläuft und wer sich dort aufhält. Du hast das Sagen. Übernimm endlich deine Verantwortung, aber erzähl mir nicht ›Ich weiß nicht, wie‹. Du bist sehr stark, aber ich bin ernstlich erschrocken, wie schwach du gleichzeitig sein kannst. Nimm mein Auto, fahr zurück und regel dein Problem jetzt gleich.«

Ganz selten besucht sie mich. Sie ist sich sicher, dass sie spürt, wenn ich ihre Hilfe dringend benötige, und dann käme sie sofort vorbei. Solange sie das Gefühl nicht hat, schaut sie auch nicht nach mir, denn sie macht sich keine Sorgen. Wenn sie sich alle paar Monate einmal die Zeit nimmt, um sich bei mir zu erholen, begrüßt sie mich fröhlich, legt sich zum Schlafen ins *paepae*, steht nach einigen Stunden auf, bedankt sich für die erholsame Ruhe und fährt nach Hanga Roa zurück. Wir haben kaum zwei Worte miteinander gewechselt, doch unsere Freundschaft bedarf keiner Sprache.

Eines Tages kommt Kremia mich überraschend besuchen. Sie weiß, dass ich allein bin, Karlo muss einige Tage in Hanga Roa verbringen. Sie fragt mich, ob ich denn keine Angst hät-

198

te, vor allem nachts ganz allein im *paepae*. Ich verneine, ich habe wirklich keine Angst. Sie schaut mich lange schweigend und prüfend an. Dann sagt sie: »Die *tupuna* mögen dich, die *tupuna* beschützen dich.«

Vorsichtig frage ich nach, ich möchte mehr darüber erfahren. Sie erzählt von ihrer Kindheit, vom Ritt auf dem Pferd zum Vulkan, um Süßwasser zu holen, vom Leben in einer Höhle und schließlich vom Zusammenleben mit den *tupuna*. »Die *tupuna* sind unsere Vorfahren, die mit uns leben und mit denen wir leben«, beginnt sie zögernd, »die uns beschützen und die uns strafen, wenn wir Fehler machen. Jede Familie hat ihre eigenen Geister, jeder Ort hat seine speziellen *tupuna*. Es gilt, sie zu respektieren. So ist ein gemeinsames Zusammenleben möglich.« Dann hört sie plötzlich auf, schaut mich kurz an und sagt: »Nun ist es genug, die *tupuna* mögen nichts mehr davon hören!« Sie dreht sich um und geht. Ich schaue ihr verblüfft hinterher.

Die *tupuna*, das Wort, das so häufig auftaucht. Immer wieder höre ich die gleiche Antwort auf meine Frage: »Es sind unsere Vorfahren.« Und noch immer verstehe ich nicht, was wirklich damit gemeint ist. Mit den Vorfahren gemeinsam leben? Ich kann mir das beim besten Willen nicht vorstellen. Es ist so weit von meiner anerzogenen Lebensweise entfernt, es erscheint mir unmöglich, das zu begreifen. Und letztendlich geht es darum auch nicht. Es ist eine andere Lebenseinstellung, eine andere Lebensphilosophie, wie ich im Laufe der Zeit lernen werde.

Die Arbeit am *Ahu Vaka Tupuna Maori* geht weiter. Mittlerweile ist das untere Dreieck fertig, es gilt nun, ihn höher zu bauen. Dazu wird zunächst aus kleinen, dann immer größeren Steinen eine Rampe konstruiert, um die unbehauenen Steinklötze auf die erste fertige Schicht zu hieven. Karlo stemmt die Eisenstange unter einen großen Klotz und hebt ihn an, ich lege kleine passende Steine darunter, und der Steinbrocken bewegt sich tatsächlich langsam in Richtung Rampe. An manchen Tagen geht es nur zentimeterweise vorwärts, doch es geht weiter. Ist der Stein schließlich auf der Rampe, wird er zu einem ausgesuchten Platz weitergeruckelt. Wenn er einmal auf der unteren Steinschicht liegt, ist er kaum noch zu bewegen, ohne dass die darunter liegenden Steine verrutschen, und das hieße, nochmal von vorn beginnen zu müssen.

Viel Zeit vergeht mit Nachdenken. Die Steine sind unförmig, kantig, haben Ausbuchtungen, die alle zu bedenken sind. Eine falsche Überlegung, und der Stein gerät selbstständig in Bewegung und kullert in die falsche Richtung. Er ist so schwer, er ist mit unseren Körperkräften dann nicht mehr aufzuhalten. Es ist eine Arbeit der Konzentration und der inneren Ruhe, nur so ist eine richtige Kalkulation möglich.

Karlo konstruiert den ersten neuen *ahu* auf dieser Insel. Doch die *tupuna*, seine Vorfahren, haben vor vielen Hundert Jahren an die zweihundertfünfzig dieser heiligen Zeremonialplattformen errichtet.

AHU

༺༒༻

Wie majestätisch mag diese abgeschiedene Insel vor einigen Jahrhunderten wohl ausgesehen haben, mit den *ahu* und den darauf aufgerichteten riesigen Steinskulpturen, den *moai*. Etwa zweihundertfünfzig rechteckige steinerne *ahu* befinden sich auf diesem kleinen Fleckchen Erde, das nur 162 Quadratkilometer misst. Die meisten dieser zeremoniellen Plattformen wurden entlang der Küste errichtet, nur vereinzelt findet man sie im Inselinneren.

Sowohl die zerfallenen als auch die wenigen wieder aufgebauten *ahu* wirken beeindruckend auf mich. Überall auf den schmalen steilen Küstenpfaden treffe ich auf ihre Spuren. Durcheinander gewürfelt und übereinander gestürzt versperren sie mir bei meinen Spaziergängen den Weg. Ihre oft tonnenschweren schwarzen Felsbrocken lassen selbst viele Jahrhunderte nach der Zerstörung die meisterhafte Arbeit eines Volkes erkennen, das keinerlei Metallwerkzeuge kannte. Wenn ich die glatt bearbeiteten, oft mehrere Meter langen Vorderfronten in meiner Vorstellung aneinander reihe, ergeben sie ein Bild der grandiosen und einmaligen Vergangenheit des Nabels der Erde, *Te Pito o te Henua*.

Hier in Anakena steht der wieder aufgebaute *Ahu Nau Nau*, vielleicht der schönste und am feinsten bearbeitete *ahu* der Osterinsel. Quaderförmige, flache schwarze Steinplatten pas-

201

sen seitlich exakt aneinander. Sie sind oben abgerundet, und die schmaleren roten Tuffsteine, die innen entsprechend ausgehöhlt sind, schmiegen sich ohne Übergang an die aufrecht stehenden Steine an. So bilden sie die festlich hoheitliche Dekoration für die Vorderfront der Zeremonialanlage. Die seitlichen Enden des etwa siebzig Meter langen *ahu* sind nach oben gezogen. Ein wenig nur, ausreichend, um eine Leichtigkeit, eine Schwerelosigkeit zu erzielen. Vielleicht soll es auch die Abstraktion eines Schiffsrumpfes darstellen, eine Reminiszenz an die weite Seereise des Königs Hotu a Matu'a, der hier in dieser Bucht landete.

Alle *ahu* haben eigene Namen. Wohlklingende, unverständliche, unübersetzbare Namen, oder sie tragen den Namen der Familien, zu denen sie gehören. Als ich erfahre, dass die Standorte der einzelnen *ahu* mit der Astronomie zusammenhängen, bin ich sehr erstaunt. Das neue Jahr dieser alten Kultur auf der südlichen Halbkugel begann im Winter, am 21. Juni, gemäß unseres Kalenders. Es war die Zeit des Regens und damit des Pflanzens. Die wenigen *ahu* im Innern der Insel zeigen das Solstitium an. Das ist sowohl der Beginn des Winters, der 21. Juni mit der längsten Nacht und dem kürzesten Tag, als auch der Beginn des Sommers, der 21. Dezember mit der kürzesten Nacht und dem längsten Tag. Die ersten Sonnenstrahlen geben Auskunft: Treffen sie auf eine festgelegte Stelle eines bestimmten Steins dieser Anlage, ist Winter- oder Sommeranfang. Der *moai* namens *Huri a urenga* besitzt vier Arme und vier Hände. Ziemlich sicher ist, dass auch er das Solstitium anzeigt. Treffen die ersten Sonnenstrahlen, die einen bestimmten Hügel überwinden, auf die Vorderseite des *moai*, ist dies das erwartete Zeichen. Vielleicht dienen die doppelt angelegten Arme und Hände dazu, einmal den Winter und das andere Mal den Sommer anzuzeigen? Ich weiß es nicht.

202

Die entlang der Küste errichteten *ahu* zeigen die Ekinoxe an, den Frühlings- und Herbstanfang, die Tagundnachtgleiche. Sowohl am 21. September, dem Frühlingsbeginn, als auch am 21. März, dem Herbstbeginn, teilen sich der Tag und die Nacht die gleiche Anzahl an Stunden. Auch hier dienen spezielle Markierungen für die Beobachtung.

Außerdem finden sich *ahu*, die so schöne Namen tragen wie *Ahu Moai a Matamea* – *ahu* des Mars, *Ahu te Ata Hero* – *ahu* der Morgenröte oder *Ahu Ura uranga te Mahina* – *ahu* des roten Mondes. Viel ist darüber nachgedacht und viele Überlegungen sind angestellt worden, doch Genaues ist nicht mehr bekannt.

RANO RARAKU

✧

Der *Rano Raraku* ist ein Vulkan namens *Raraku*. Genauso wie den *Rano Kau* schmückt ihn innen ein Süßwassersee. Doch dieser ist anders. Er fällt nicht so bedrohlich steil ab, sondern lädt freundlich dazu ein, zu ihm hinabzusteigen. Er fordert einen auf, den Spuren der frei lebenden Pferde zu folgen, die hier ungestört ihren Durst löschen.

Die Tiere sind stets von Beobachtern umringt, die sich nicht von der Stelle rühren. Jahrhunderte lang stehen diese Zuschauer hier und haben die Köpfe aus der Erde gestreckt. Auch vernehmen sie nicht mehr den Rhythmus der *toki*, der Werkzeuge, die sie einst aus dem vulkanösen Stein gemeißelt haben.

An die dreihundert der steinernen Zeugen dieser vergangenen Kultur befinden sich hier. Man sieht sie noch heute am inneren und äußeren Krater des Vulkans. Sie stehen oder liegen hier, fertig, halb fertig, einige sind zerbrochen auf dem Weg ihres Transports, auf dem Weg zu ihrem *ahu*, den sie nie erreicht haben.

Es ist eine einmalige Kulisse, das Bühnenbild eines versteinerten Schauspiels, dessen letzten Akt niemand mehr kennt. Genauso wie niemand mehr weiß, wie viele Menschen in dieser offenen Kraterwerkstatt gearbeitet haben. Es lässt sich schwer erahnen. Keiner kann Auskunft geben, wann und wa-

204

rum die klingenden Werkzeuge für immer zur Seite gelegt wurden.

Wenn man sich langsam dem Bann des Gesamteindrucks entzieht und die Augen gezielt auf die Einzelheiten eines jeden *moai* richtet, werden die Unterschiede sichtbar. Die Unterschiede in den Proportionen, in der Qualität des Gesichtsausdrucks und der Ausformung der Hände sind dann gut zu erkennen.

In den Körper eines *moai* ist ein altes, typisches Segelschiff der Europäer eingraviert. Am Schiffsrumpf ist eine Schildkröte festgebunden. Die Rapa Nui waren überzeugt, dass die Europäer, die hier auf der einsam gelegenen Insel angelangt waren, gute Seefahrer sein und das Geheimnis der Schildkröte kennen mussten.

Auf dem *Rano Raraku* sieht man auch den größten, wenngleich nicht fertig gestellten *moai* namens *Te Tokaanga*. Er misst fast einundzwanzig Meter und ist an seinem Rücken noch mit dem Fels verbunden. Doch auch er hätte transportiert werden sollen, hätte eines Tages auf einem *ahu* stehen sollen, wenn nicht ...? Die Rapa Nui erzählen sich eine Geschichte, die aus dieser Zeit der Aktivität, der Zeit des menschlichen Schaffens im Vulkan Raraku, stammen soll:

»Eine Frau bereitete das Essen für die Männer ihrer Gruppe, die im Vulkan arbeiteten. Sie kochte eine riesige Languste, in dieser Größe eine ausgesprochene Rarität. Anschließend entfernte sich die Köchin für eine Weile. Die Arbeiter begannen mit dem Essen, denn sie hatten großen Hunger. Das Mahl war vorzüglich. Sie aßen und aßen und ließen der Frau nichts, kein einziges Stück der Languste übrig, mit dem auch sie ihren leeren Magen hätte füllen können. Das wäre natürlich ihre Pflicht gewesen.

Als die Frau zurückkehrte, sah sie, dass kein Essen mehr für sie vorhanden war. Da erhob sie laut ihre Stimme und sprach mit ihrem *mana* magische Worte. Sie prophezeite, dass alle *moai* umstürzen würden. Und – heute kann es jeder sehen!«

Alle *moai* sind blind, keiner hat Augenhöhlen. Die Vertiefungen, die ihnen nach der Aufrichtung auf dem *ahu* hätten herausgemeißelt werden sollen, damit ihnen Augen hätten eingesetzt werden und das *mana* hätte wirken können, diese Augenhöhlen fehlen noch.

MOAI

☙

N icht alle *ahu* tragen einen *moai*. Doch alle transportierten und aufgerichteten *moai* standen auf einem *ahu*, bevor sie von den Rapa Nui selbst vor etwa zweihundertfünfzig
Jahren umgestürzt wurden. So manches ist geschrieben und
spekuliert worden über diese einmaligen, aus einem Block ge-
hauenen riesigen Steinskulpturen.

Der größte auf einem *ahu* aufgerichtete *moai* misst 9,8 Meter
und wiegt ungefähr 82 Tonnen. Zusammen mit dem heute neben ihm auf der Erde liegenden Kopfaufsatz, der 2,4 Meter
misst und 11,5 Tonnen wiegt, hatte er also die stattliche Höhe
von 12,2 Metern und ein Gewicht von 93,5 Tonnen. Selbstverständlich musste er von der Werkstatt, dem Vulkan *Raraku*, bis zu seinem Bestimmungsort kilometerweit transportiert werden. Heute liegt dieser *moai* vornüber umgestürzt auf
dem *Ahu Tuu Paro*, neben dem runden, globusähnlichen Stein
Te Pito Kura, und wartet auf seine Wiederaufrichtung.

Es gibt die unterschiedlichsten Theorien bezüglich des
Transports dieser tonnenschweren Steinskulpturen. Bis heute
ist diese Frage nicht eindeutig geklärt. Für die meisten Rapa
Nui ist dies allerdings überhaupt keine Frage. Natürlich seien
sie mit Hilfe des *mana* zu ihrem Ort gelangt. Mir gefällt Karlos
Antwort, die er gibt, wenn Touristen ihn nach seiner Meinung
zum Transport befragen: »Sie stehen da, das ist wichtig. Freut

euch daran, diese Kunstwerke meiner Vorfahren bewundern zu können, anstatt euch den Kopf darüber zu zerbrechen, wie sie hergekommen sind.«

Karlo erzählt mir von den alten Überlieferungen: »Die *moai* stammen nicht von unserer Insel, sondern aus unserem Ursprungsland Hiva. Als Ira zusammen mit den anderen sechs Kundschaftern die Insel erreichte, hatte er zwei steinerne *moai* in seinem Gepäck, die ihm Tuu Hoko Rua mit auf die Reise gegeben hatte.

Nachdem sie in ihrem Schiff die Insel fast umrundet hatten, kamen sie nach Ana Paka Kina. Niemand weiß genau, wo sich diese Stelle befindet, irgendwo zwischen Apina iti und Hanga Roa o Tai. Ira, der Meister, forderte die anderen zum Wellenreiten auf. Dabei beobachtete er sie. Am dritten Tag bat er Raparenga, seine Sachen vom Schiff zu holen. ›Sei vorsichtig, damit die anderen es nicht sehen.‹ Raparenga brachte das Gewünschte.

Während die anderen im Meer schwammen, begab sich Ira mit den beiden *moai* aus seinem Gepäck unbemerkt nach Apina iti. Er grub zwei Löcher, füllte sie mit kleinen Steinen und stellte je einen *moai* hinein. Er legte jedem eine Perlenkette um den Hals und ließ nur den Hals mit dem Kopf herausschauen. Die ursprünglichen Namen der beiden waren *Apina iti* und *Rapa Kura*. Während er ihnen die Perlenketten umlegte, änderte er ihre Namen auf *Hina riru iti* und *Hina riru nui*.

Heute weiß niemand mehr, wo sie sich befinden, vielleicht liegen sie im Meer. Es müssen kleine *moai* gewesen sein, da sie ein einziger Mann vom Schiff holen konnte. Diese beiden *moai* stammten aus Hiva, das ist unseren Überlieferungen nach sicher.

Ein anderer *moai* war das Abbild des ersten Königs der Abstammungslinie Hotu a Matu'as und trug den Namen *Oto Uta*. Über ihn erzählt man sich die folgende Geschichte:

Als Hotu a Matu'a nach seiner langen Reise hier auf der Insel anlegte, fragte er Teke, wo der *moai Oto Uta* sei. Doch, oh Schreck, sie hatten ihn in Hiva vergessen! Hotu schickte drei Brüder namens Pure O, Pure Haka Reka und Pure Va Nganga Nganga nach Hiva zurück, um diesen *moai* zu holen. Er sprach zu ihnen: ›Spielt nicht mit dem König!‹

Als die drei jedoch in Hiva ankamen, sagten sie: ›Lasst uns diesen schlechten Mann zerstören!‹ Und sie bewarfen die Skulptur mit Steinen, so dass sie am Hals auseinander brach. Als der *moai* zerstört war, beschlossen sie: ›Nun kehren wir nicht mehr zurück, nun bleiben wir in Hiva.‹

Sie wussten aber nicht, dass Hotu ihnen, als sie die Insel verlassen hatten, zwei Geister namens Kuihi und Kuaha zur Beobachtung mitgeschickt hatte. Im selben Moment, da das Abbild von König Oto Uta zerbrochen war, brachen gewaltige Unwetter herein. Wind und Regen setzten ein, Blitz und Donner überzogen den Himmel, und gewaltige Wellen bauten sich auf. Hotu sagte: ›Sie haben mit dem König gespielt!‹ Er wusste augenblicklich, dass die drei Brüder den *moai* zerstört hatten.

Die beiden Geister kehrten mit dem abgetrennten Kopf zu Hotus Insel zurück und legten ihn auf dem Strand nieder. Sie sprachen zu ihrem König: ›Der Kopf von Oto Uta ist in Hanga Rau.‹ Hotu befahl daraufhin einem seiner Söhne: ›Bring mir den Kopf!‹ Und er brachte ihn. Der König weinte bitterlich über diese Schandtat, die die drei Brüder an seinem Vorfahren, dem König Oto Uta begangen hatten.

Und was ich selbst darüber denke? Früher war ich der Meinung, dass die *moai* von Künstlern dieser Insel geschaffen wurden. Natürlich habe ich auch den *moai* von Ira nie gesehen. Aber was ich mittlerweile weiß, ist Folgendes: Die *moai* von Ira befanden sich, wie gesagt, in Apina iti. Dort lebte sehr viel später ein Mann namens Kave Heke, ein großer Meister, ein Maori. Es gab zwei Künstler in der Werkstatt der *moai*, die nicht wussten, wie sie die Skulptur beenden sollten. Es fehlte ihnen das nötige Wissen, wie sie Kopf und Rumpf voneinander abheben sollten. Sie machten sich auf nach Apina und fragten den großen Meister Kave Heke um Rat.

Seit der Ankunft von Ira waren mittlerweile einige Generationen vergangen, doch wahrscheinlich wurde das Wissen mündlich weitergegeben. Vielleicht gab es an diesem Ort Menschen, die die beiden *moai* gesehen hatten. Deshalb besaß Kave Heke wohl das entsprechende Wissen. Das, was ich jetzt erzähle, entstammt der Überlieferung von Pua Ara Hoa:

Die beiden Künstler kamen von Hotu iti zu Kave Heke und baten ihn um Hilfe. Kave Heke antwortete ihnen: ›Zwischen euren Beinen habt ihr das Abbild der *moai*.‹ Diese Antwort empfanden die beiden Künstler als eine große Beleidigung und dachten deshalb darüber nach, Kave Heke zu töten. Schließlich entschieden sie sich aber anders und machten sich auf den Heimweg nach Hotu iti. Unterwegs am Ort Puku purei sagte der eine zum anderen: ›Warte, ich muss meine Notdurft verrichten.‹ Als er sich hinhockte, sah er seinen erigierten Penis, und schlagartig wurde ihm bewusst, dass der Meister Kave Heke die Wahrheit gesagt hatte. Er rief: ›Schau her, das ist die Lösung!‹ Und der andere entgegnete: ›Siehst du, wenn wir ihn umgebracht hätten …‹ So sind unsere *moai* bis heute gestaltet.

Es gibt einen *moai* zu Ehren dieser beiden Männer. Er steht im Vulkan und ist mit der Nummer 400 versehen. Er ist ausgesprochen gut gearbeitet, und sein Name ist *Tangi te Ako*. Das ist auch der Name eines dieser beiden Künstler. Der andere hieß Miro a Hotu. Tangi te Ako soll der zweite Sohn unseres Königs Hotu gewesen sein, der nach Tuu Maheke geborene. Aber vielleicht war er auch nicht der Sohn unseres ersten Königs, sondern eines anderen Mannes namens Hotu.«

So sind diese steinernen Figuren den Überlieferungen der Rapa Nui entsprechend Penisabstraktionen. Der Kopf mit dem

210

menschlichen Gesicht und den Ohren ist die Eichel, während der Penisschaft den männlichen Körper bis unterhalb des Bauchnabels darstellt. Die angedeuteten Arme enden in langen, feingliedrig gearbeiteten Fingern, und die Daumenspitzen weisen nach oben. Sie zeigen auf den herausgemeißelten Bauchnabel, den *pito*, der inmitten des leicht gewölbten Bauches ruht. Leere, dunkle Augenhöhlen schauen einen heute an.

Das war nicht immer so. Früher waren allen jemals aufgerichteten *moai* Augen eingesetzt worden. In Tahai, einer fast vollkommen wiederaufgebauten Zeremonialstätte, sieht man schon von weitem einen *moai*, der über Augen – wenn auch künstliche – verfügt. Das harte Weiß der Korallen mit den roten Tuffsteinpupillen hebt sich stark kontrastierend vom dunkelgrauen Körper der Skulptur ab. Sie sieht ernst und würdevoll aus. Offenbar haben früher alle so ausgesehen.

»Welche Bedeutung haben die *moai?*«, frage ich Karlo.

»Dazu muss ich dir einiges erklären. Ich weiß, du wirst es nicht sofort verstehen, wenn ich dir sage: Für uns gehört der Tod zum Leben wie das Leben zum Tod. Das physische Leben ist nur ein Teil der gesamten Existenz eines jeden Menschen.«

Nein, das ist keineswegs eine Antwort auf meine Frage.

»Wie gesagt, schon in Hiva, unserem Ursprungsland, gab es *moai*. Sie sind von unseren *tupuna* erschaffen worden. Das Leben unserer Vorfahren war vollkommen anders als das heutige oder das, was du aus der Geschichte deiner Kultur kennst. Die Menschen, die zu der damaligen Zeit die Insel bewohnten, lebten mit dem Tod, mit ihren Toten, mit den Verwesenden zusammen. Während die normal Sterblichen hinter dem *ahu* in einem Krematorium verbrannt wurden, nahm die Bevölkerung am Zerfall des physischen Körpers der Männer mit *mana* Anteil.

Der Leib eines verstorbenen Menschen mit *mana* wurde auf eine kreisrunde Plattform gelegt. Er wurde der Sonne, dem

Wind und dem Regen ausgesetzt, bis schließlich nur noch die Knochen übrig blieben. Die Menschen verfolgten den Zerfall tagtäglich, allein der Verwesungsgeruch ermahnte sie ständig an das Geschehen. Waren die Muskeln und die weichen Körperteile verwest, wurden die Skelette in den rechtwinkligen Vertiefungen vor dem *ahu* aufgebahrt, die Schädel kunstvoll graviert, bis dann die Beisetzung der weißen Gebeine stattfand.«

»Und die *moai*?«, hake ich ungeduldig nach.

»Die *moai* symbolisieren eben diese wichtigen männlichen Personen einer Tribus. ›Wichtige Persönlichkeiten‹ ist gleichbedeutend mit ›Männer mit *mana*‹. Das *mana* besaßen die Könige kraft ihrer Geburt, aber auch ein gewöhnlicher Sterblicher konnte es im Laufe seines Lebens erwerben. Voraussetzung war, dass man außergewöhnliche Leistungen erbrachte. Hatte man das *mana*, galt es, es ständig unter Beweis zu stellen, wenn man es nicht verlieren wollte.

Sofern eine Tribus wohlhabend war, gab sie einen *moai*, ein Symbol dieses verstorbenen Mannes mit *mana*, in Auftrag. Wenn er in monatelanger Arbeit fertig gestellt war, legte der *moai* seinen meist kilometerlangen Weg vom *Rano Raraku* zum *ahu* der entsprechenden Tribus zurück. Begleitet von prunkvollen Feierlichkeiten, wurde er anschließend aufgerichtet. Vielen *moai* wurde ein *pukao*, ein roter Kopfaufsatz, aufgesetzt.«

»Warum wurden ihnen Augen eingesetzt?«, unterbreche ich Karlos Erklärung.

»Warte ab. Erst jetzt, da er aufgerichtet war, wurden ihm die Augenhöhlen herausgemeißelt. Es wurden ihm Augen aus weißer Koralle mit Pupillen aus schwarzem Obsidian oder andersfarbigem Stein eingesetzt.

Der Wert eines *moai* setzte sich aus drei gleichwertigen Teilen zusammen: ein Drittel Herstellung, Transport und Aufrichtung des *moai* auf dem *ahu*, ein Drittel Herstellung, Transport und Aufsetzen des *pukao* und ein Drittel Ausmeißeln der Augenhöhlen, Herstellung der Augen und Einsetzen der Augen in die Augenhöhlen.«

»Und warum das Ganze? So richtig verstehe ich das alles nicht.«

»Das *mana* des Verstorbenen war nun wieder lebendig! Es konnte jetzt wirken und die eigene Tribus schützen. Das *mana*, das in den Knochen des Verstorbenen sitzt, konnte durch den Stein, den Körper des ihn symbolisierenden *moai* aufsteigen. Es gelangte bis zu den Augen, aus ihnen heraus und war jetzt wieder lebendig zum Wohl der Menschen der eigenen Tribus. Das *mana* des physisch Toten lebte auf diese Weise immerfort weiter.«

Das also ist die Erklärung und gleichzeitig auch die Beantwortung der Frage, warum alle *moai* ins Landesinnere, auf ihr Volk, und nicht hinaus auf die Unendlichkeit des Meers schauen.

Heute fehlen allen *moai* die Augen, so dass das *mana* nicht mehr beschützend wirken kann. Ein einziges Auge wurde im Sand von Anakena gefunden, kein weiteres ist bisher aufgetaucht. Welche Kraft mussten die Menschen besessen haben, die die *moai* umstürzten, um ihnen die Augen zu entfernen? Die Augen, das Symbol des lebendigen *mana*! Offenbar wurden allen *moai*, bevor oder nachdem sie umgestürzt wurden, die Augen entfernt. Vielleicht wurden sie weit ins Meer hinausgeschleudert, vielleicht wurden sie auch vollkommen zerstört?

Kein Mensch weiß heute etwas Genaueres darüber.

VERWIRRT

⁐

Habe ich mit dem Wort *tupuna* schon Schwierigkeiten, habe ich überhaupt keine Vorstellung, was *mana* bedeutet. Ich frage nach und suche für mich selbst nach einer plausiblen schlüssigen Erklärung. Mein logisch geschulter Verstand sträubt sich dagegen, das *mana* einfach anzunehmen. Die Welt der unsichtbaren Kräfte, der unsichtbaren Realität ist nicht meine Welt. Sie ist mir verschlossen, oder habe ich die geöffnete Tür nicht gesehen, als ich an ihr vorbeiging?

Plötzlich fällt mir eine Situation aus meinem eigenen Leben wieder ein. Eine Begebenheit, die zwölf Jahre zurückliegt, die mich damals völlig verwirrte und mich von Zeit zu Zeit noch heute beschäftigt. Vielleicht hat sie mich sensibilisiert, Dinge anzunehmen und als existent zu akzeptieren, die rational nicht erklärbar sind. Was war geschehen?

Mein Vater verstarb an einem Herzinfarkt, während er als Beifahrer in einem Auto saß. Nach deutschem Recht wird die Kriminalpolizei eingeschaltet, wenn eine Person nicht zu Hause stirbt. Sie nimmt die persönlichen Besitztümer des Verstorbenen, die er bei sich trägt, in Verwahrung, bis ein Verwandter sie persönlich bei der entsprechenden Behörde abholt.

Die Beamtin händigte mir unter anderem die Uhr meines Vaters, eine gewöhnliche Quarzuhr, aus. Ich nahm sie in Empfang, und … sie zeigte die exakte Sterbezeit meines Vater an! 12 Uhr 17! Beruhigend sprach die Beamtin auf mich ein, nachdem sie die Ursache meines Erbleichens erfahren hatte. Sie erzählte mir von unerklärbaren Phänomenen aus der Zeit des Zweiten Weltkriegs, von Müttern, die gefühlt hatten, dass ihren Söhnen etwas zugestoßen war. Aber ich suchte weiter nach anderen Erklärungen, die mir wahrscheinlicher vorkamen. Das elektrische Feld der Haut hatte sich wohl beim Eintritt des Todes geändert und damit die Batterie außer Funktion gesetzt. Ja, so konnte ich besser damit umgehen. Ich steckte die Uhr in die Tasche und wollte abends eine Freundin besuchen, um ihr von meiner Verwirrung zu berichten. Aber als ich die Uhr gegen 19 Uhr, also fünf Stunden später, erneut in die Hand nahm, ging sie wieder, und zwar auf die Minute genau! Sie hatte etwa zwei Stunden Zeit aufgeholt!

Drei Jahre lief sie von da an ohne Unterbrechung, ohne Störung. Dann blieb sie stehen. Ich denke, die Batterie war mittlerweile leer. Jahrelang habe ich mit niemandem, keiner einzigen Person darüber gesprochen, aus Angst, man würde mir nicht glauben, aus Angst, man würde mich für verrückt erklären.

Und nun erzähle ich es Karlo. Er versteht meine Verwirrung nicht. »Das war doch ein wunderschönes Geschenk deines Vaters! Vielleicht ein Zeichen zum Nachdenken, zum Umdenken?«

Für Karlo existieren viele Kräfte, sichtbare und unsichtbare. Er ist der Meinung, dass speziell die Europäer den Glauben an die unsichtbare Realität verloren haben.

Ich nehme mir viel Zeit, darüber nachzudenken. Mit meinen naturwissenschaftlichen Erklärungsversuchen kann ich nur einen Teil des Existierenden erfassen, aber ich ahne, dass es mehr gibt. Langsam und zaghaft versuche ich, meinen Weg weiterzugehen. Wohin er mich führt, kann ich nicht sagen.

Ich fühle etwas Undefinierbares, Unaussprechliches, Neues in mir heranreifen.

So bleibe ich weiter auf meinem unbekannten Pfad, der gepflastert ist mit schwankenden Steinen. Manchmal jedoch gaukeln sie mir Sicherheit vor, und wenn ich sie dann voller Vertrauen betrete, verschwinden sie mit lautem Getöse unter mir. Doch dann springe ich auf den nächsten und den übernächsten. Wichtig ist, dass ich weiterspringe.

KÖLN

☙

Ich muss zurück nach Deutschland und unaufschiebbare Dinge erledigen. »Du kommst nicht mehr zurück, ich spüre es!«, höre ich erstaunt von meinen Freunden. Meine Veränderungen sind für sie offensichtlich, während ich das Gegenüber als verändert erlebe. Es ist eine seltsame, eine zwiespältige Situation.

Es sind Kleinigkeiten, die mir auffallen. Gut gemeinte Musik spielt im Hintergrund und untermalt das liebevoll mir zu Ehren zubereitete Abendessen. Mich jedoch stört sie, ich kann mich nicht auf beides gleichzeitig, auf das Gespräch und die Musik konzentrieren.

»Bist du glücklich mit Karlo?«

»Ja, sonst würde ich nicht mit ihm zusammenleben.«

»Was bedeutet Glück für dich?«

»Ich fühle mich respektiert und akzeptiert, so wie ich bin.«
Ich überlege einen kurzen Moment, aber noch bevor ich weiterreden kann, werden meine Gedanken unterbrochen.

»Traust du deinen Gefühlen?«

»Ja. Aber warum diese Frage?«

»Vielleicht täuschen sie dich! Woher nimmst du die Sicherheit, dass sie stimmen?«

Was soll ich antworten? Die Unterhaltung entwickelt sich zu einer Diskussion mit kontroversen Standpunkten. Alle reden eifrig durcheinander, keiner lässt den anderen in Ruhe zu Ende sprechen, geschweige denn, dass jemand die Zeit nutzt, um über die Worte des anderen nachzudenken. Alles geht schnell hin und her, her und hin, ja und nein, nein und ja. Ich habe keine Vorstellung, wie ich an der hitzigen Debatte weiter teilnehmen könnte. Doch es scheint auch nicht so wichtig zu sein, denn bevor ich überlegt habe, ist schon der Nächste dran. Mir ist schwindlig. Die Diskussion endet mit der enzyklopädischen Definition von »Gefühl«. Längst schon nehme ich nicht mehr teil an der Runde, längst schon habe ich mich erschöpft zurückgelehnt und kommentarlos zugehört.

Die Menschen, denen ich auf dem Weg zum Einkaufen begegne, erwidern meinen freundlich gemeinten Gruß nicht, sondern schauen mich mit misstrauischen Blicken und erstaunt hochgezogenen Augenbrauen an. Der Supermarkt ist voller Waren und Sonderangebote. Käse will ich einkaufen, den leckeren französischen, von dem ich auf der Osterinsel so oft geträumt habe und bei dessen Vorstellung mir das Wasser im Mund zusammengelaufen ist. Die Käsetheke ist lang, ordentlich verpackt liegen alle meine Träume vor mir ausgebreitet. Aber es sind so viele! So viele, dass ich mich nicht entscheiden kann, welchen ich essen möchte. Schließlich verlasse ich verlegen das Überangebot und habe keinen einzigen Käse gekauft.

Der ehemals geliebte Wochenmarkt ist mir fremd mit dem unruhigen Gedränge, mit der hektischen Ungeduld und der Schubserei. Ananas und Mango lassen mich an die Osterinsel denken, wo ich sie als zuckersüße Kostbarkeiten verspeise. Erdbeeren, Bananen, Kirschen, Äpfel, Birnen und Trauben reizen zum Kauf. Gibt es keine Jahreszeiten mehr mit den entsprechenden Früchten? Ich entsinne mich, wie wir mit Freunden zusammen im *paepae* gesessen haben, genussvoll in die rote Wassermelone hineinbissen und ein Bekannter mir sagte, dass dies der letzte Monat sei, da sein Magen die Frucht akzeptiere. »Esse ich sie einen Monat später, wird mir schlecht davon, und ich muss mich übergeben.« Und auch auf dem Markt kaufe ich nichts ein. Es ist alles zu haben, aber ich fühle mich überfordert, aus dem farbenfrohen Angebot, das meine Augen lockt, und den Gerüchen, die alle gleichzeitig in meine Nase eindringen, das auszuwählen, was ich tatsächlich möchte. Fröhlich gebe ich mein Geld aus und kaufe mir einen Strauß langstieliger roter Rosen. Beim vertrauten Bäcker an der Ecke halte ich ein kurzes Schwätzchen und mache mich dann mit drei verschiedenen Brötchen und Butter unterm Arm auf den Heimweg in meine vier Wände, die mich schützen und abschirmen vor all der ungewohnten Hektik.

Die Straßen sind überzogen mit Plakaten, die mich überzeugen wollen, dass ich dieses und jenes kaufen und besitzen muss. Selbstverständlich zu einem äußerst niedrigen Preis. Die Schaufenster, an denen ich vorüberbummele, locken mich hinein, versuchen, mich zum Kauf von Dingen zu überreden, die ich nicht benötige.

Für Karlo kaufe ich zwei Paar Schuhe, da er kein einziges besitzt. Ich kann nicht ahnen, dass er kurz darauf nur ein Paar haben wird.

»Warum hast du das andere Paar Schuhe verschenkt? Ich habe es mit viel Liebe für dich ausgesucht, um dir eine Freude zu machen«, frage ich vorwurfsvoll.

»Danke nochmals. Du weißt, dass ich mich sehr darüber gefreut habe. Ich hatte dich nicht darum gebeten. Du hast sie mir geschenkt, und so sind sie in meinen Besitz übergegangen. Ich mache damit nun, was ich für richtig halte. Du hast dich gefreut, sie mir zu schenken, ich habe mich gefreut, sie zu erhalten, und jetzt freue ich mich, sie weiterzuschenken. Der junge Mann hat keine Schuhe. Ich besitze zwei Paar, habe aber nur zwei Füße. Nun hat er Schuhe an den Füßen und ich ebenfalls. Was soll daran falsch sein?«

Doch noch sitze ich in der Straßenbahn und lausche unfreiwillig den Gesprächen mit der neuesten Technologie, den Handys. Es ist eine kostenlose Komödie, nur befinde ich mich nicht im Theater, sondern in einem öffentlichen Verkehrsmittel. »Schatz, ich bin an der und der Haltestelle. Fandest du die letzte Nacht schön? Mir hat es gut gefallen.« Die Antwort kann ich nicht hören, sie mir aufgrund des zufriedenen Gesichtsausdrucks aber vorstellen. »Schatz, meinst du, dass sich die beiden wirklich trennen? Na ja, so viel, wie die fremdgegangen ist!« ... »Nein, das stimmt nicht.« ... »Ach, das wusste ich nicht.« ... »Ist auch egal, Hauptsache uns geht es gut.« ... »Wie viel Bier soll ich kaufen?« ... »Nein, lade sie nicht ein. Ich will mit dir allein sein.« ... »Ja gut, das Video besorge ich.« ... »Tschüss, Schatz, wir fahren jetzt in den Tunnel.« Ein dicker Schmatz in den Hörer, und die Szene ist zu Ende. Schmunzelnd steige ich um und in das nächste Theaterstück ein.

Tief in mir spüre ich, dass sich etwas Grundlegendes geändert hat. Natürlich genieße ich das warme Wasser, das so selbstverständlich aus der Dusche fließt. Klar stopfe ich meine Wäsche wieder in die Waschmaschine. Und doch befällt mich plötzlich eine tiefe Traurigkeit, eine Sehnsucht nach der Osterinsel, und ich will wieder zurück zu meiner Wasserknappheit. Zwar merke ich, wie schnell ich mich anpassen kann, ich habe weitaus weniger Probleme, mich neu einzuleben, als ich vorher phantasiert hatte, doch bin ich innerlich unruhig und angespannt.

Das hat nichts mit der Auflösung meiner Wohnung zu tun. Die Nabelschnur hatte ich bereits am Nabel der Erde durchtrennt. Irgendwie ist diese Heimat, mein geliebtes Köln, nicht mehr meine zweite Mutter. Nicht nur, dass mir Karlo fehlt. Mir wird sehr deutlich, dass ich mit ihm hier nicht zusammenleben, nicht glücklich leben könnte. Es ist so leicht mit den Annehmlichkeiten und gleichzeitig so anstrengend. Ständig fühle ich mich gefordert, herausgefordert und muss Entscheidungen treffen. Was will ich essen, was soll ich bestellen? Die Speisekarte ist voll, voller Leckereien. Worauf habe ich Appetit? Was soll ich anziehen? Für diese Gelegenheit und für jene Gelegenheit sind mehr als genug Kleidungsstücke vorhanden. Welche Schuhe passen wozu? All das kann ich mich nur fragen, weil ich mehrere besitze. Welchen Film will ich im Kino anschauen? Welches Stück im Theater, welches Programm im Fernsehen? Was machst du heute, was machst du morgen, was machst du übermorgen? Ich weiß das alles heute noch nicht!

Ich vermisse mein *paepae* ohne Möbel und Strom, ohne all die moderne Technik. Ich vermisse mein Leben in der Abhängigkeit der Natur. Das schrille Tönen des Weckers schmerzt in meinen Ohren. Kriege, politische Unruhen, schreckliche Unfälle, beängstigende Prognosen tropfen tagtäglich wieder in mein Bewusstsein und füllen es aus.

Ich bin müde. Nachts stelle ich mich auf die Straße, schaue nach oben und versuche, den Lärm des nächtlichen Lebens um mich herum zu vergessen. Ich schaue nach oben in die Dunkelheit, die keine ist. Die Lichter der Großstadt vertreiben sie. Ich suche die Sterne, die stillen blinkenden Lichter am schwarzen Firmament, und auch sie können im Lichtermeer der Großstadt kaum noch ihren Glanz entfalten. Sie sind fast verschwunden, vertrieben vom Fortschritt.

Und eine Sehnsucht nach Stille schreit in mir, nach einer Kommunikation, die weniger Worte bedarf, nach einer Sprache, die zu verstehen ist, ohne gesprochen zu werden. Ich zähle die Tage bis ich wieder einsteigen kann in den Vogel, in die moderne Technik, die mich zurückbringt in meine neue Heimat, zu meinem Mann, zu meinen Tieren, zu meinen Pflanzen. Zu der Natur, die mich lehrt, dass alle meine Pläne null und nichtig sind. Unbedeutend im Gegensatz zu ihrer lebendigen Kraft, mit der sie immer wieder meine Pläne durchkreuzt. Sie will mir Leben geben, mich leben lassen, lädt mich ein, in ihr zu leben. Genauso wie die neue Kultur, die mich in ihre Arme nimmt, mich an den Schultern packt und rüttelt, um mich aufzuwecken, damit ich eine andere Facette der Vielfalt des menschlichen Lebens kennen lernen kann.

Wie oft habe ich gehört: »So könnte ich nicht leben!« Wie oft habe ich entgegnet: »Welch ein Glück, sonst könnte ich nicht mehr so leben!« Sonst hätte ich diese Ruhe und Einsamkeit nicht mehr.

Vor allem bei meinem Aufenthalt in Deutschland ist mir bewusst geworden, dass ich nicht in einer spartanischen Armut lebe. Im Gegenteil, ich lebe für mich sehr reich. Die spartanische Armut, wie das durch die Augen der anderen aussieht, ist eine Bereicherung. Sie ist es deshalb, weil ich wirklich nur die notwendigen Dinge besitze, die ich zum Leben benötige, und dazu brauche ich nicht viel. Dieses Spartanische ist eine hilfreiche Vereinfachung meines Lebens. Ich habe mehr Zeit für mich und bin nicht abgelenkt oder beschäftigt mit anderen Dingen. Die Knappheit bringt mich näher heran an mich selbst, an das, was ich will in meinem Leben. Und das, was ich will, ist, mich offen halten, mich öffnen für all die Dinge und Überraschungen, die in meinem Leben noch passieren können.

Rückblickend fühle ich mich manchmal an die Geschichte vom hässlichen Entlein erinnert, wie ein ins falsche Nest gelegtes Ei. Ein Entlein, dessen Hühnermutter ihr Küken verständnislos tadelte, da es vergnügt im See herumpaddelte. Ein Entlein, das immer auf der Suche nach seinesgleichen unterwegs war, bis es dann endlich seine Entenfamilie fand und ein normales Mitglied innerhalb der Gruppe wurde.

Und nun habe ich das Gefühl, angekommen zu sein. Endlich mein Zuhause mit meinem Mann gefunden zu haben. Ein Zuhause, das fast 20 000 Kilometer von meiner alten Heimat entfernt liegt und *Nabel der Erde* genannt wird.

TEIL DREI

HOLZ MIT RAUCH

☙

Mein Reisegepäck ist schwer. Viele Stunden in Köln habe ich genutzt, um alte Berichte von europäischen Seefahrern über die Osterinsel zu suchen. Die fotokopierten Dokumentationen aus den Völkerkundemuseen meiner alten Heimat laden zum Lesen ein. Gedruckte Buchstaben, Bücher und Fakten sind ein mir vertrautes Medium. Ich freue mich darauf, sie gemeinsam mit Karlo auf Rapa Nui zu studieren. Sie enthalten die Informationen aus Europa, die Beschreibungen und die Interpretationen seiner Kultur. Es ist die niedergeschriebene Geschichte seines Volkes aus der Sichtweise der Europäer.

Etwa 1300 Jahre lebten die Rapa Nui auf ihrer Insel in völliger Isolation. Sie konstruierten ihre *ahu*, errichteten die *moai* und setzten ihnen die *pukao* auf. Sie kreierten die einzigartige, bis heute nicht entzifferte *rongorongo*-Schrift und kerbten sie in ihre Holztafeln ein. *Rongorongo* bedeutet so viel wie »Botschaften«. Botschaften, die heute niemand mehr lesen kann.

1722 landete der holländische Kapitän Roggeveen an einem Ostersonntag mit seinen Segelschiffen auf der einsamen Insel und gab ihr den Namen »Osterinsel«, mit dem das kleine Fleckchen Erde bis heute von allen Ausländern bezeichnet wird. In den Aufzeichnungen eines Mitreisenden liest sich das folgendermaßen: »Aber sobald wir uns gezwungen sahen, eine Salve auf ihre derbe Haut zu senden, und hier und da einer mit der Nase in den Sand fiel, schwand ihnen der Mut. [...] Als die Schüsse, vor denen sie große Angst zeigten, gelöst wurden, und die schweren Salven in ihren Ohren klangen, machten sie erstaunliche und wunderbare Gebärden und Sprünge. Dann zeigten sie mit ausgestrecktem Finger auf unsere Männer und dann auf ihre Götter, welche sie um Hilfe anzuflehen schienen. [...] Sie besahen äußerst erstaunt ihre gefallenen Kameraden und ihre Wunden, die die Kugeln in deren Körper gemacht hatten, worauf sie mit einem unangenehmen Geheule hastig flüchteten und all die Körper der Gefangenen mitschleppten und landeinwärts zogen, so dass der Strand für uns frei wurde, und wir dort sicher landeten.«

»Karlo, das verstehe ich nicht. Was ist deiner Meinung nach der Grund dafür, dass sich die starken Krieger der Söhne von Hotu a Matu'a nicht mit all ihren Mitteln, ihren Kräften und ihrem Mut gegen das Töten der Fremden verteidigt haben?«, frage ich neugierig nach.

Er antwortet: »Es lag nicht daran, dass sie sich nicht hätten verteidigen wollen. Sie konnten sich nicht wehren. Die Denkweise meiner Vorfahren war anders. Unser Volk war es gewohnt, Mann gegen Mann zu kämpfen, das heißt, die Kräfte wurden von Angesicht zu Angesicht gemessen. Jemanden von hinten anzugreifen, war *tapu*, das gab es bei uns nicht. Um eine Person zu töten, musste man sie berühren. Entweder mit der Hand oder mit der Waffe, das spielte keine Rolle. Ausschlaggebend war, dass sie berührt wurde.

Nun kamen die Europäer. Sie besaßen ein Holz, das sie auf unsere Krieger richteten, es gab einen lauten Knall, und einer unserer Männer fiel tot um. Es tötete einen Menschen, ohne diesen zu berühren. Der Krieger hatte ein Loch im Körper und lebte nicht mehr. Dieses Holz besaß die Fähigkeit, aus der Distanz zu töten, und damit war es *mana*. Die fremden Ankömmlinge waren also im Besitz eines Holzes mit Rauch, mit einem

226

mana, das stärker war als das der Inselbewohner. Deshalb schauten die Männer verwundert die Löcher in den Körpern ihrer Toten an. Deshalb flehten sie zu den Göttern, und es blieb ihnen nichts anderes übrig, als vor den Neuankömmlingen zu flüchten.«

DIEBSTAHL

❧

Im Laufe der folgenden Jahre gab es immer wieder sporadischen Kontakt mit Fremden, die den weiten Weg zu der einsam gelegenen Insel gefunden hatten. Es waren Kontakte der unterschiedlichsten Art. 1770, fast fünfzig Jahre nach dem Besuch Roggeveens, nahm der Kapitän Don Felipe Gonzales die Insel für das Königreich Spanien in Besitz. Er gab ihr den Namen *San Carlos*, errichtete drei Kreuze und segelte wieder davon. Kapitän Cook kam 1774, La Perouse legte 1786 in einer Bucht an. Es folgte Kotzebue 1816, und Kapitän Beechey stattete der Insel 1825 einen Besuch ab. Sie hatten es sich zur Aufgabe gemacht, in ihren Berichten die vorgefundenen Verhältnisse zu schildern, und fertigten Zeichnungen für das interessierte Europa an.

Leutnant Fourneaux, einer von Cooks Offizieren notierte: »Sie waren die größten Diebe, die wir auf der Reise antrafen, und wir waren genötigt, einen zu erschießen.« 1866 war in der Zeitschrift *Globus* zu lesen: »Alle Bewohner der Insel, ohne Ausnahme, sind Diebe.« Der deutsche Kapitänleutnant Geiseler, unterwegs mit dem Schiff *Hyäne*, erläutert es genauer: »Sie haben ein ausgeprägtes Rechtsgefühl im Verkehr unter sich, und das Eigentum wird stets respektiert, deshalb kommen Diebstähle unter ihnen selten vor. Das Bestehlen der Fremden hält man, wie schon erwähnt, nicht für Diebstahl, sondern für Übervorteilung. […] Die Ursache dafür, dass Diebstahl nur in den seltenen Fällen vorkommt, mag darin liegen, dass dies Vergehen unter sich als schimpflich gilt und der Betreffende an Ansehen verliert. Europäern etwas wegzunehmen gilt dagegen nicht als schimpflich, sie rechnen sich dies im Gegenteil als große Schlauheit an.«

Erstaunt lese ich, was den Europäern gestohlen wurde. La Perouse: »Die Hüte von den Köpfen und die Schnupftücher aus den Taschen.« Die Rapa Nui bemächtigten sich ohne Scheu der persönlichen Sachen, setzten sich die Hüte auf ihre Köpfe und tanzten damit herum.

»Was glaubst du, warum diese persönlichen Dinge so eine immense Bedeutung für die Rapa Nui hatten? Wie konnten die Menschen einer Kultur, die so stark über *mana* und *tapu* geregelt war, Fremden gegenüber ein solches Verhalten an den Tag legen?«, frage ich Karlo.

Er hatte mir vor einiger Zeit schon erklärt, dass Eigentum eindeutig geregelt war und bis heute eindeutig geregelt ist. Diebstahl unter ihnen war ein schweres Vergehen, war der Verstoß gegen ein *tapu* und wurde damals selbstverständlich mit dem Tode bestraft, was bedeutete: Töten, Garen und anschließendes Verspeisen.

Viele Stunden der Unterhaltung unter dem nächtlichen Sternenhimmel sind vergangen, bis es auch mir eingeleuchtet hat. Die Erklärung für dieses Verhalten liegt eben genau im *mana*- und *tapu*-System ihrer Gesellschaft. *Mana* ist nur eine der Kräfte, die man während seines physischen Lebens erlangen kann. Sie ist die stärkste der außergewöhnlichen Kräfte. Hat man das *mana* einmal erlangt und begeht anschließend einen einzigen Fehler, so ist es für immer verloren, und man kann es niemals wiedererlangen.

Ao ist ebenfalls eine außergewöhnliche Kraft, allerdings auf einem niedrigeren Niveau. Sie ist nicht so stark wie das *mana*. *Ao* kann man erlangen, verlieren, wiedererlangen und wieder verlieren. *Mana* und *ao* kann man jemandem wegnehmen und ihm so einen Teil seiner Kraft rauben. Vorausgesetzt, man ist stark genug dazu.

Und genau darin liegt die Erklärung für das Verhalten, das die Europäer als »Diebstahl« bezeichneten. Die Fremden, die ja schließlich die Fähigkeit und das Wissen besaßen, zu dieser weit abgelegenen Insel zu segeln, diese Fremden mussten *mana* oder zumindest die Kraft *ao* besitzen. Wie sonst hätten sie zu diesem kleinen Fleckchen Erde gelangen können?

Das Wegnehmen und Aneignen der persönlichen Dinge der fremden Menschen war nichts anderes als der Versuch, sich einen Teil deren außergewöhnlicher Kraft selbst anzueignen, um die eigene Person zu stärken.

Definiert man Diebstahl als die Aneignung von Dingen »ohne Zustimmung des Eigentümers«, schließt sich die Frage an, als was man das Verhalten der Europäer bezeichnen soll, als sie im Sinne der »neutralen Forschung« die heiligen Besitztümer der Rapa Nui mitnahmen, die bis heute in Sammlungen im weit entfernten Europa aufbewahrt werden.

1868 verlud der Engländer Palmer den wichtigsten *moai* namens *Hoa haka Nana ia* auf sein Schiff. Bis heute hat man den *moai* nicht zurückgegeben, sondern er steht im Britischen Museum in London. 1870 erfüllte der Kapitän Gana den Auftrag seiner chilenischen Regierung und sandte zwei der heiligen *rongorongo*-Schrifttafeln aus dem wertvollen *toromiro*-Holz ins Museum der Hauptstadt Santiago. Eine weitere *rongorongo*-Tafel erbat sich ein tahitianischer Bischof, um sie nach Frankreich zu schicken. Nur zwei Jahre später, 1872, zersägten die Franzosen einen *moai*, um ihn besser transportieren zu können. Der Kopf ist heute noch im Pariser *Musée de l'Homme* zu besichtigen. Der französische Kapitän Pinart ergänzte die

Sammlung für sein Vaterland und nahm 1877 Forschungsmaterial für ein Museum in Paris mit.

Während diese Europäer an unbekannten Denkweisen interessiert waren, kamen die Sklavenhändler in die Südsee, um Menschen zu fangen und in Peru zu verkaufen. 1862 betraten zuerst der König Kaimakoi, sein Sohn sowie die Führungsschicht von Rapa Nui arglos die fremden Schiffe. Sie und weitere 2100 Menschen der Insel wurden in Ketten gelegt, abtransportiert und auf dem Sklavenmarkt an den Meistbietenden verkauft. Aufgrund ausländischer Proteste konnten fünfzehn Rapa Nui wieder zurückkehren. Infiziert mit Tuberkulose, Pocken und anderen Krankheiten betraten sie erneut ihre Heimatinsel, und die ausbrechenden Epidemien hatten verheerende Folgen.

Von 1866 bis 1876 wütete der französische Despot Dutroux-Bornier auf der Osterinsel. Er wollte die gesamte Insel in seinen Besitz nehmen, um eine Gewinn bringende Schafzucht aufzuziehen. Er terrorisierte die Bevölkerung, bis die Einheimischen seiner Gewaltherrschaft ein Ende bereiteten und ihn ermordeten.

So zählte der Franzose Pinart 1877 nur noch 111 Überlebende auf diesem Fleckchen Erde. Innerhalb von nur fünfzehn Jahren wurde die Bevölkerung um 97 Prozent dezimiert. Allein konnten sich diese wenigen Menschen gegen eine weitere Ausrottung nicht mehr wehren. Deshalb hofften sie, dass die chilenische Regierung ihnen Schutz gewähren würde.

1888 erfolgte ein Vertragsabschluss zwischen einem offiziellen Vertreter aus Chile und dem König Atamu Tekena von Rapa Nui. Er bückte sich und nahm Gras und Erde in die Hände. Das Gras überreichte er an den chilenischen Vertreter, die Erde steckte er in die eigene Tasche. Für die Rapa Nui bedeutet dies bis heute, dass ihr König damit ausdrücklich erklärte, dass die Chilenen das Recht erhalten, alles, was über der Erde wächst, zu nutzen. Die Erde selbst jedoch sollte immer in ihren Händen bleiben. Die Erde, die zweite Mutter, die weder verkauft noch abgegeben werden kann.

Was tat Chile mit dieser fast viertausend Kilometer vom Kontinent entfernten Insel? Sie wurde 1895 für zwanzig Jahre zu einem jährlich festgesetzten Pachtzins an einen Privatmann verpachtet, der sie erneut zur Schafzucht nutzte. Die 214 Einwohner mussten nun ihr Siedlungsgebiet verlassen und lebten hinter Steinmauern in Hanga Roa.

Acht Jahre später übernahm eine englische Schafzuchtgesellschaft die Insel und ließ etwa 80 000 Schafe unkontrolliert grasen, so dass zahlreiche Heiligtümer zerstört wurden. 1953 zog sie sich zurück, da sich der Wollverkauf offenbar nicht mehr lohnte – die Zeit der synthetischen Fasern war angebrochen. Doch ihr Rückzug führte nicht zu einer Verbesserung der Lebensbedingungen. Das chilenische Militär regierte weiter, und die Bevölkerung musste weiterhin hinter den Toren Hanga Roas leben.

PERSÖNLICHES

❧

Ich bin interessiert an Karlos eigenen Erfahrungen aus jener Zeit und lausche gespannt seiner ruhigen Stimme, wenn er von damals berichtet.

»Um den Ort Hanga Roa herum existierten drei große Tore. Weiter draußen, in Richtung des Campos, befanden sich ferner einige kleinere, so auch eines zwischen Tahai und dem Friedhof. Morgens wurden die Tore geöffnet und abends um zehn wieder geschlossen. Tagsüber mussten die Menschen natürlich raus aufs Feld und ihr Vieh versorgen, den Kühen Wasser geben und sie melken. Unsere Felder lagen außerhalb des Ortes. Wir benötigten keine Erlaubnis, um auf unsere Felder zu gehen. Das Land, das der englischen Gesellschaft gehörte beziehungsweise von dem sie behauptete, dass es ihr gehöre, durften wir nicht betreten. Dazu mussten wir eine spezielle Genehmigung einholen. Wir hatten nicht das Recht, unsere Füße auf das Land der »Cedip« zu setzen, zum Beispiel durften wir nicht nach Anakena, Vaitea oder zum Vulkan gehen.

Und nachts waren wir eingeschlossen. Wenn dich die Polizei abends nach zehn außerhalb der Einzäunung um Hanga Roa erwischte, kamst du ins Gefängnis. Das Gebäude ist bis heute erhalten. Der Gouverneur war gleichzeitig der Richter. Er hatte sein Büro im selben Gebäude. Ein Raum war sein Arbeitszimmer und der andere das Gefängnis. Der Gouverneur setzte die Strafe fest. Eine Woche, einen Monat, drei Monate oder mehr. Das entschied er allein. Es kam selbstverständlich auch auf die Straftat an. Der Beschuldigte wurde eingesperrt, und die Familie versorgte ihn mit Essen. Das war die Realität auf dieser Insel.

Mein Vater war Aufseher bei William, Balfourt & Company. Wenn er einen Rapa Nui erwischte, der ein Schaf stehlen wollte, sagte er: ›Lass das sein. Geh nach Hause, und stehle nicht.‹ Er war Aufseher für die Tiere und wurde nicht dafür bezahlt, auf die Menschen aufzupassen. Er hatte sich darum zu kümmern, dass die Schafe genügend Wasser zu trinken bekamen, Krankheiten vorzubeugen und sie zu beschützen. Mit der Aufforderung, das Stehlen zu unterlassen, war er der Auffassung, seiner Pflicht Genüge getan zu haben. Das war seine Arbeit, für die er von der englischen Gesellschaft entlohnt wurde. Hielt er einen eventuellen Dieb mit seinen Worten von dessen Vorhaben ab, reichte ihm das aus. Er hat nie jemanden bei der Polizei gemeldet.«

»Haben die Einheimischen damals Hunger gelitten?«

»Nein. Wir hatten unsere Felder, auf denen wir Süßkartoffeln, Kürbis und so weiter anpflanzten. Zusätzlich hielten wir Tiere. Vielleicht hatte nicht jeder Kühe, doch dafür hatte man eben Schweine oder Hühner. Nein, Hunger gab es nicht bei uns. Außerdem lebten wir damals anders, wir lebten alle miteinander.

Wir sind Menschen einer Kultur, die es nicht gewohnt war, Vorräte anzulegen. Wenn wir viel hatten, war es selbstverständlich, zu teilen und an andere abzugeben. Aber das taten wir auch, wenn wenig vorhanden war. Schlachtete jemand eine Kuh, bedeutete das viel Fleisch, sehr viel Fleisch. Dann wurde gesagt: ›Bring das Stück zu den Nachbarn, bring das andere zur Oma, das andere zum Onkel.‹ Das machten alle so. Nichts wurde aufgehoben, alles wurde geteilt, manchmal etwas verkauft oder getauscht. In unserer Erziehung, der alten Tradition gemäß, war es verpönt, übermäßig viel zu essen. Es hieß: ›Iss nicht so viel, sonst wirst du faul.‹ Ganz früher sagte man sogar: ›Ernähre dich vom Duft des Essens.‹

Wir sind von unserer alten Struktur her ein Volk des Teilens, ein Volk des Gebens. Du kannst doch nicht ruhig leben, wenn du zu essen hast, aber beim Nachbarn kein Feuer siehst, weil er nichts zum Kochen hat! Nein, das geht nicht. Je mehr du gibst, desto mehr wirst du erhalten, es wird dir an nichts fehlen. Erinnere dich an deine eigenen Erfahrungen, an deine ersten Wochen hier im Zusammenleben mit mir.«

Oh ja, ich erinnere mich gut. Viele mir unbekannte Menschen besuchten Karlo, und für mein Gefühl kamen sie immer genau zur Essenszeit. Es schien, als seien sie auf unsichtbare Weise mit den Düften versponnen, als zögen die Düfte sie auf geheimnisvolle Weise zu uns. Der Topf leerte sich, und die Vorräte schrumpften zusehends. Angst und Verzweiflung wuchsen in mir. Ich war innerlich wütend auf Karlo, wütend darüber, dass er alles teilte, alles weggab. Verdammt, wo sollten wir genügend Nahrungsmittel für uns selbst herbekommen? Wir hatten kein Auto, um in den Ort zu fahren und Nachschub zu besorgen.

Karlo hörte sich meine Vorwürfe ruhig an und entgegnete mir: »Du wirst schon keinen Hunger leiden. Beruhige dich, warte ab, du wirst sehen.« Und es ist mir bis heute unbegreiflich. Kamen wir zum *paepae* zurück, lagen auf dem Tisch frisch geerntete Süßkartoffeln, ein anderes Mal war ein Stück Fleisch im Topf verborgen, oder es warteten ausgenommene Fische darauf, gebraten zu werden. Wir wussten nicht, von wem die Geschenke kamen, aber Karlo war nie erstaunt darüber, sondern sagte nur: »Jetzt siehst du es selbst, es funktioniert. Du brauchst keine Angst zu haben.«

Das zu akzeptieren fiel mir nicht leicht. Lange plagten mich meine Zweifel, lange versuchte ich, Karlo zu ändern, ihn zu überreden, nicht so großzügig zu sein und alles zu teilen oder wegzugeben. Des Öfteren spielten wir ein seltsames Spiel: Wenn ich sah, wie sich das Licht eines Autos in der Dunkelheit näherte, sprang ich schnell auf, packte den Topf und versteckte ihn, während Karlo den Teller für den Gast bereitstellte, den Topf wieder hervorholte und ihn für den Besucher leerte. Er verstand mein Verhalten nicht und ich ihn nicht. Es war eine mühsame Lehrzeit für mich und eine schwierige Situation für uns beide. »Du lebst in meiner Kultur und nicht ich in deiner«, waren oft die abschließenden Worte der Auseinandersetzung. Und an Essen mangelte es uns tatsächlich nie.

»Wie sah der normale Alltag in deiner Kindheit oder Jugend aus?«

»Die Regel in unserer Familie war, nach dem Aufwachen zuallererst zu beten. Auf uns Kinder warteten dann die Aufgaben, Wasser und Holz zum Kochen zu besorgen. Die Wasserstelle befand sich bei einer anderen Familie, etwa einen Kilometer von unserem Haus entfernt. Danach gingen wir Feuerholz suchen. Anschließend frühstückten wir, und um acht Uhr begann die Schule. Vorher mussten wir natürlich noch die Kühe melken, damit es etwas zum Frühstück geben konnte. Oder wir halfen vor Beginn des Unterrichts im Garten, jäteten Unkraut, eben alles, was so getan werden musste.

Die Schule dauerte bis zwölf, dann folgten eine bis einoinhalb Stunden Mittagspause. Wir nutzten diese Zeit zum Fußballspielen oder gingen im Meer surfen. Die Schule endete nachmittags um fünf, und wir gingen nach Hause und führten die Tiere nach Tahai, um sie mit Wasser zu versorgen. Oder wir pflanzten Bananen, Süßkartoffeln, Taro, Kürbis und Mais, all diese Dinge, die wir zur Ernährung benötigten. Mit der Erledigung meiner Schularbeiten und dem Überwachen der

Hausaufgaben meiner jüngeren Geschwister endete mein Arbeitstag während der Schulzeit.

In den Monaten Dezember, Januar und Februar waren Schulferien, wie heute auch noch. Das war die Zeit, in der wir Mais anpflanzten. Mit sieben Jahren habe ich damit angefangen, und mit zwölf war ich mein eigener Chef. Auf unserer Insel gab es nicht nur die Zehntausende Schafe, sondern auch Tausende von Schweinen. Sie wurden mit Mais gefüttert. Wir bauten ihn an und verkauften ihn an die Kompanie. Der Teil von Mataveri bis dort, wo heute Conaf ist, dieses ganze Gebiet war für die Schweinezucht reserviert. Die Schweine wurden gemästet und, wenn sie fett genug waren, geschlachtet. Sie wurden nicht zur Fleischgewinnung gehalten, sondern das Fett wurde ausgelassen und mit dem Versorgungsschiff zum chilenischen Kontinent geschickt. Wolle von den Schafen, Fett von den Schweinen und Häute von Kühen, Schweinen und Schafen, das war die Fracht, die von hier aus zum Kontinent befördert wurde.

Für uns war es wichtig zu wissen, wann das Versorgungsschiff voraussichtlich an der Insel anlegen würde. Lag das Datum in nicht mehr allzu weiter Ferne, trafen wir Vorsorge, um genügend Holz und Wasservorräte im Haus zu haben. Die Ankunft des Schiffes bedeutete gleichzeitig das mögliche Auftauchen von Krankheiten, gegen die wir keine Abwehrkräfte besaßen. Unbekannte Krankheiten fesselten uns so manches Mal für einige Wochen ans Bett. Und wer sollte dann Feuerholz suchen oder Trinkwasser besorgen? Meist war die ganze Familie von der Krankheit betroffen, und so war es ratsam, die entsprechenden Vorräte vorher angelegt zu haben.

Das Versorgungsschiff brachte Nahrungsmittel zur Insel mit. Sie wurden in einem Lager aufbewahrt. Einmal im Monat oder manchmal auch nur alle zwei, drei Monate wurde es geöffnet, und wir konnten mit dem Geld, das ich zum Beispiel mit dem

Maisanbau verdient hatte, Zucker, Mehl, Fett und Stoffe für die Anfertigung von Kleidern kaufen. Bis 1966 existierte kein einziges Geschäft zum Einkaufen auf Rapa Nui.

Doch zurück zu meinem normalen Alltag. Abends saßen wir oft zusammen, die Erwachsenen unterhielten sich, und wir Kinder hörten zu. Ich erinnere mich gut an die Geschichten meiner älteren Adoptivschwester. Zum Beispiel an ›Ali Baba und die vierzig Räuber‹. Gespannt lauschten wir ihren Worten und baten immer wieder um weitere Erzählungen. Sie kennt erstaunlich viele, vieles aus aller Welt. Woher sie das alles hat, weiß ich nicht. Sie kann bis heute weder lesen noch schreiben. Aber dass ihre Erzählungen stimmen, dessen bin ich mir sicher.

Als ich später in Chile lebte, bin ich ins Kino gegangen und habe mir den Film ›Ali Baba und die vierzig Räuber‹ angesehen. Genau so hatte sie es uns geschildert, wahrscheinlich noch wesentlich schöner. Auch viele der Überlieferungen meiner Kultur kenne ich von den abendlichen Unterhaltungen. Nach dem Abendessen, nach dem abendlichen Gebet so gegen halb zehn ging ich schlafen, um am nächsten Morgen um fünf wieder auf den Beinen zu sein. Das Leben war anders als heute, aber ich kannte es nur so.«

Nachdenklich bleibe ich in der lauwarmen wispernden Nacht sitzen, während sich Karlo in seinen wohlverdienten Schlaf zurückzieht. 1966 – wie sah meine damalige Welt aus?

Ich war fünfzehn Jahre alt. Ich ging mit meinem Freund dorthin, wo uns niemand finden konnte. Ich schmuggelte mich in verrauchte Diskotheken und nippte selbstbewusst an meinem ersten Bier zu ohrenbetäubender Musik. Ich verdiente mein Geld mit Nachhilfeunterricht und kaufte mir davon verbotenerweise Zigaretten oder die neueste Langspielplatte der Beatles. Mein Geld an meinen Vater abzugeben? Das wäre mir im Traum nicht eingefallen. In der Schule fiel ich gleichermaßen durch gute Noten wie durch Aufmüpfigkeit auf. Eintragungen ins Klassenbuch wegen ungehörigen Verhaltens änderten nichts daran und interessierten mich nicht.

Den Stubenarrest hatte mein Vater mittlerweile aufgegeben, nachdem ihm die Nachbarn mitgeteilt hatten, dass ich hoch oben im dritten Stock von einem Fenster hangelnd in die daneben liegende Wohnung hinüberglitt und mich davonmachte. Ich bummelte ziellos in der Stadt umher und schlenderte von einem Kaufhaus ins nächste. Reichte mein Geld nicht aus, um mir die vielen unsinnigen Dinge, wie zum Beispiel Steifftierchen zu kaufen, nahm ich sie trotzdem mit. Je ungepflegter die jungen Männer in den Augen der Erwachsenen erschienen, desto attraktiver rochen sie für uns heranreifende Mädchen. Unter den entsetzten Augen der Eltern wurden die Röcke kürzer und kürzer, schlank sein war das Schönheitsideal, es war die »Twiggy-Zeit«. Die Natur hat mich, was das angeht, leider nicht verwöhnt, und so hungerte ich mich unglücklich von einer Diät zur nächsten.

Mit fünfzehn Jahren stiefelte ich mit hohen Plateausohlen, Minirock, zotteligen Haaren und schwarz geschminkten Augen in die Welt, um sie mir, so wie ich es wollte, zu erobern.

ZWISCHENFALL

~

A ls Thor Heyerdahl die Insel besuchte, warst du elf oder zwölf Jahre alt. Was weißt du noch von dieser norwegischen Expedition?«

»Woran ich mich gut erinnern kann, ist das Unglück, das sich hier in Anakena ereignete. Thor ankerte normalerweise in Hanga Roa. Wir hatten Ferien, und er lud uns Schulkinder ein, sein großes Schiff zu besteigen und eine Fahrt nach Anakena zu unternehmen. Sie begann in Hanga Roa, führte zu den drei kleinen Inseln und über Maratiri hierher nach Anakena, wo uns ein schönes Essen erwartete. Es war die gleiche Strecke, die Hotu a Matu'a damals gesegelt war. Hier in der Bucht angekommen, stiegen wir in kleine Boote um und gelangten so an den Sandstrand. Uns allen war übel von der ungewohnten Seefahrt. Doch mit dem leckeren Essen und dem Herumbalgen im Meer vergaßen wir das sehr schnell. Der Ausflug näherte sich seinem Ende entgegen, und wir stiegen wieder in die kleinen Boote, die uns zu Thors Schiff bringen sollten, um die Fahrt zurück nach Hanga Roa anzutreten. Ich war damals sehr dumm. Anstatt zu Fuß nach Hause zu gehen, bestieg ich abermals das Schiff, wohl wissend, dass mir wieder schlecht werden würde. Da ich aber auch niemanden zu Fuß gehen sah, nahm ich an, dass unsere Insel sehr groß sein müsse.

Also, ich gelangte sicher an Bord und beobachtete von oben die kleinen Boote. Deshalb sah ich auch das Unglück, das dann passierte. Obwohl es keine hohen Wellen gab, kippte eines der Boote um. Vielleicht war es überladen, vielleicht waren zu viele Kinder drauf, das vermute ich. Alle Kinder, einschließlich des Lehrers, befanden sich plötzlich im Wasser. Einige Kinder konnten schwimmen, gut oder ein bisschen, andere nicht. Wahrscheinlich dachten sie, das Meer sei sehr tief, und Panik befiel sie. Als der Lehrer und meine Tante, die ebenfalls in dem Boot war, helfen wollten, klammerten sich so viele an ihnen fest, dass sie untergingen. Drei Menschen ertranken. Meine Tante Atan Paoa, der Lehrer Lorenzo Baeza Vegas und ein Kind der Familie Pakomio Ririroko.

Danach mussten wir alle wieder vom norwegischen Schiff runter und an Land. Mein Vater erfuhr von dem Unglück und setzte sich sofort auf sein Pferd, um nach seinen drei Kindern, die an dem Ausflug teilgenommen hatten, zu schauen. Wir machten uns zu Fuß auf den Rückweg nach Hanga Roa. Einen Teil der Strecke nahm uns ein Jeep mit. Unterwegs in Vaitea trafen wir meinen besorgten Vater und gingen gemeinsam zurück nach Hause. Und so habe ich erfahren, dass unsere Insel doch nicht so groß ist, wie ich vorher angenommen hatte.«

THOR HEYERDAHL

❦

»Mein Großvater Pedro Atan Pakomio war Bürgermeister von Rapa Nui, als Thor Heyerdahl die Insel betrat. Wie umsichtig mein Großvater war, zeigte sich schon daran, dass er, wie andere Einheimische auch, Heyerdahls Schiff bestieg, um sein Kunsthandwerk zu verkaufen. So nutzte er die Gelegenheit, ihn kennen zu lernen und sich ein erstes Bild von ihm zu machen.

Am nächsten Tag sprach der Norweger offiziell beim Bürgermeister vor. Er traf auf meinen Großvater, aber natürlich erkannte er ihn in der anderen Kleidung und Umgebung nicht. Der Besucher erklärte dem Gegenüber seine Pläne: Er sei auf die Insel gekommen, um einen *moai* aufzurichten. Sicherlich wollte er auch Bücher über die Insel schreiben. Im Grunde genommen kam er unschuldig und unwissend hier an. Dann schloss er Freundschaft mit meinem Großvater, und dieser wurde gleichzeitig sein Informant.

So, und dann hat Pedro Atan die Gunst der Stunde genutzt, um sich und alle seine Vorfahren aufzuwerten. Er behauptete, dass das Volk der *Hanau Eepe*, von denen er abstammte, die *moai* erschaffen hätten. Aber das stimmt nicht! Er hat eine Unwahrheit weitergegeben, die sich bis heute hält, die bis heute in Büchern nachzulesen ist und die alle glauben, weil sie der Überzeugung sind, in Büchern stehe die Wahrheit.

242

Mein Großvater und alle seine Geschwister waren hervorragende Künstler, Musiker, Sänger, Tänzer, Schauspieler und Skulpteure. Die besondere Gabe meines Großvaters war jedoch sein Redetalent. Er sagte zu Thor Heyerdahl: ›Zusammen mit einigen anderen *Hanau Eepe* werde ich dir deinen *moai* aufrichten.‹ Das hat er dann auch getan, und davon zeugt diese Gedenktafel an dem einzeln stehenden *moai* hier in Anakena. Darin steht geschrieben, dass mein Großvater zusammen mit anderen Rapa Nui den ersten *moai* wieder aufgerichtet hat. Er tat dies meiner Meinung nach mit seiner ureigenen Methode, nicht mit der traditionellen.

Aber nicht nur das. Mit einigen anderen Mitgliedern der Familie Atan begann er, aus dem Vulkan *Raraku* einen *moai* herauszumeißeln. Zuerst fertigten sie eine Zeichnung an, und anschließend machten sie sich an die Arbeit. Sie benutzten dazu die traditionellen Steinwerkzeuge, die *toki*. Etwa zehn Tage arbeiteten sie, und danach ließ sich hochrechnen, dass es ungefähr ein Jahr dauern würde, bis der *moai* fertig wäre.

Das benutzte mein Großvater als Beweis, dass die *Hanau Eepe*, die Vorfahren seiner Familie, die *moai* erschaffen hätten. Er fühlte sich sehr stark, und so erdachte Pedro Atan eine phantastische Erklärung unserer Geschichte.

Es gab aber Menschen auf der Insel, die die wirkliche Geschichte der *moai* kannten. Leon Tuki Hey zum Beispiel, ein Onkel deiner Freundin Kremia. Er hat mich sehr viel gelehrt. Die *Hanau Momoko*, direkte Nachkommen der königlichen Familie, waren es, die die *moai* erschaffen haben. Die beiden Künstler, die Kave Heke anlässlich der Fertigstellung des *moai* befragt hatten, waren *Hanau Momoko* und hießen Miro a Hotu und Tangi te Ako.

Die anderen konnten aber nicht so gut sprechen wie mein Großvater. So klug er war, ein Schlitzohr war er auch. Und das sage ich als sein ältester Enkel. Ich erinnere mich noch gut an unsere Gespräche, bis kurz vor seinem Tod haben wir uns darüber unterhalten.

›Großvater, was du Thor gesagt hast, ist doch alles verdreht, es ist die Welt auf den Kopf gestellt. Bis heute hält sich diese falsche Geschichte. Die Person, die diesen Fehler gemacht hat, bist du.‹ Thor Heyerdahl war unschuldig, er hatte nur aufgeschrieben, was mein Großvater ihm erzählt hatte.

Mein Großvater lachte aber über meine Einwände und sagte: ›Mein Sohn, ich bewundere deine Stärke und deine Intelligenz. Ich habe das nur getan, damit unser Volk Brot zu essen hat.‹

Du siehst selbst, heute kommen die Touristen und lassen ihr Geld hier, sie kaufen *moai* und anderes. Mein Großvater hat das alles vorausgesehen, er wusste, das dies eines Tages eintreffen würde.

Da ist noch eine andere Sache im Zusammenhang mit Thor Heyerdahl. Du weißt, dass er schreibt, Familienhöhlen gesehen und besucht zu haben. Ich bin sicher, dass er wusste, dass die ihm gezeigten Höhlen keine Familienhöhlen waren, sondern über Nacht für ihn neu erschaffen wurden.

Die Höhle, die Pedro Thor Heyerdahl gezeigt hat, ist nicht seine Familienhöhle, sie kann es nicht sein. Sie liegt ja nicht einmal im Gebiet der Tribus seiner Vorfahren! Pedro sprach davon, dass jede Familie ihre eigenen Höhlen besäße, in denen sie ihre Schätze aufbewahre. An Heyerdahls Stelle hätte ich doch auch gesagt ›Zeig sie mir bitte.‹ Also besprach Pedro Atan die Angelegenheit mit den anderen Rapa Nui, und schnell wurden die entsprechenden Höhlen geschaffen. Ferner wurden ›Schätze‹ angefertigt, auf alt getrimmt und hineingelegt. Natürlich war es *tapu*, einem Fremden eine Familienhöhle zu zeigen. So war es das Einfachste, sie herzustellen, und beide Seiten waren zufrieden. Als alles fertig war, wurde ein traditionelles Essen im Erdofen zubereitet, und dann betraten sie gemeinsam die neu geschaffene ›Familienhöhle‹. Du kennst die Fotos.

Ich bin mir ziemlich sicher, dass Heyerdahl wusste, dass das nicht stimmte. Aber er konnte sagen: ›Ich bin unschuldig. Pedro Atan hat mir die Höhlen gezeigt, mir die Erklärungen dazu gegeben, und ich habe es in meinem Buch so veröffentlicht, wie es mir erklärt hat.‹ Und damit konnte er sein Geld verdienen. Thor Heyerdahl und Pedro Atan spielten meiner Meinung nach jeder ihr Spiel und ein gemeinsames.«

»Was hat es eigentlich mit dem Begriff *aku aku* auf sich?«

»Es war ein Begriff, den mein Großvater benutzte. Doch zuerst einmal zum Ursprung des Wortes. *Aku aku* ist eine Bemalung in verschiedenen Farben. In der Art und Weise, dass du unkenntlich wirst, dass du dich tarnst. Es ist in etwa vergleichbar mit der heutigen Militärkleidung. *Atua aku aku* sind Geister, die verschiedene Formen und Farben annehmen können. Sie besitzen die Fähigkeit, sich zu verwandeln und sind nicht mehr eindeutig identifizierbar. *Aku aku* bedeutet weder gut noch schlecht. Du erinnerst dich an die beiden Geister, die Hotu a Matu'a anrief, bevor er starb: Kuihi und Kuaha. Diese beiden Geister waren Hotus *aku aku*, seine Geister, denen er angehört, wie sie ihm angehören.

So. Und jetzt zurück zu meinem Großvater und Thor Heyerdahl. Pedro Atan fragte Thor Heyerdahl: ›Wie viele *aku aku* hast du?‹ *Aku aku* zu haben ist wie über Kraft und Stärke zu verfügen, da die Familiengeister einem selbstverständlich helfen und Unterstützung zukommen lassen. Je mehr *aku aku* du hast, desto stärker bist du. Pedro nannte die Anzahl seiner *aku aku*, ich glaube, es waren sieben. Heyerdahl entgegnete, dass er ebenfalls *aku aku* besäße. Daraufhin Pedro: ›Gut, dann wollen wir unsere Kräfte messen. Du mit deinen *aku aku* und ich mit meinen.‹ Letztendlich einigten sie sich darauf, beide gleich stark zu sein, und so wurden sie Freunde und arbeiteten zusammen.«

»Wer, glaubst du, hat wen mehr getäuscht, Heyerdahl deinen Großvater oder Pedro den Norweger?«

»Ich bin sicher, Heyerdahl wusste, dass mein Großvater ihn beschwindelt. Doch er hat sich als der Unschuldige dargestellt, als Unwissender. Meinem Großvater hat dieses Spielchen bestimmt gefallen, wie ich ihn kenne. Und Heyerdahl konnte es für sich nutzen.«

Karlo lehnt sich schmunzelnd zurück: »Auch ich bin ein *Hanau Eepe*. Ich, Karlo Huke Atan, der erste Enkel von Pedro Atan, der erste Sohn seiner ersten Tochter Maria Rosario.«

»Heyerdahl war zusammmen mit zwanzig bis dreißig Personen etwa sechs Monate hier. Das heißt, sie waren lange genug auf der Insel, um die Verhältnisse kennen zu lernen. Also müssen sie auch von den Toren gewusst haben, die auf- und abgeschlossen wurden. Darüber jedoch hat er nichts in seinen Büchern geschrieben.«

»Wie stellst du dir das denn vor! Die chilenische Regierung hat ihm schließlich die Erlaubnis für sein Unternehmen gegeben. Wie hätte er dann gegen diese Regierung schreiben sollen? Nein, das ging nicht. Sie schlossen ihren Mund und schlossen ihre Augen. So konnten sie in aller Ruhe ihrer Arbeit nachgehen – den *moai* aufrichten, Ausgrabungen durchführen, *moai* vermessen und so weiter. Alles hat schließlich seinen Preis.«

»Hatte diese Zeit, in der sich Thor Heyerdahl auf der Insel aufhielt, irgendeinen Einfluss auf die Rapa Nui? Hegten sie eventuell die Hoffnung, sich durch ihn mit der übrigen Welt zu verbinden, oder verfassten sie gar eine Petition, um auf ihre Lebensbedingungen aufmerksam zu machen?«

»Nein. Wir verstanden nichts, wir verstanden damals überhaupt nichts. Wir lebten wie in einer Dunkelheit. Unseren Vorstellungen entsprechend lebten die Menschen überall so wie wir. Unsere Lebenssituation war für uns die Normalität.

Erst als einige Rapa Nui die Insel verließen, nach Chile reisten oder Argentinien und Peru besuchen konnten, wurde klar, dass es eine andere Art gab zu leben. Ich selbst bin auch erst in Chile aufgewacht, als ich anfing zu lesen und nachzudenken.«

1966

༐

Der Deutsche Friedrich Felbermayer und reiche chilenische Familien aus Valparaiso gründeten die Organisation
»Freunde der Rapa Nui«. Sie bemühten sich, die Zustände auf
der Insel zu verbessern und gründeten eine Schule, die – von
Nonnen geleitet – den Kindern Lesen und Schreiben beibringen sollte. Weiterhin sorgten sie dafür, dass Rapa Nui auf den
Kontinent gehen und dort studieren konnten. So gelang es einigen wenigen Menschen, die Insel zu verlassen, jedoch erst,
nachdem sie die Bescheinigung »leprafrei« in den Händen
hielten.

Auf dem chilenischen Festland lernten sie ein neues Leben
kennen, ein Leben in Freiheit. Mit dieser Erfahrung und neu-
en Eindrücken kehrten sie nach Rapa Nui zurück. Sie kamen
zurück auf ihre Insel, wo sie immer noch eine Genehmigung
zum Betreten der gesamten Insel erbitten mussten, wo es immer noch kein einziges Lebensmittelgeschäft gab. Auch weiterhin legte nur einmal jährlich ein chilenisches Versorgungsschiff an, gab es nur ein Verkaufslager, das einmal monatlich
geöffnet wurde. Sie kehrten zurück auf ihre Insel, auf der sie
nachts eingeschlossen lebten und weiterhin keinerlei Rechte
besaßen.

1966 brachen erneut Aufstände der Einheimischen aus.
Dieses Mal führten sie zum Erfolg. Die Rapa Nui mussten und

müssen bis heute zwar weiterhin in Hanga Roa leben, doch es gab nun keine Tore mehr, die auf- und abgeschlossen wurden. Sie durften ab sofort die gesamte Insel betreten, ohne vorher eine Genehmigung einholen zu müssen. Sie erhielten einen Pass und wurden offizielle Staatsbürger Chiles. Gleichzeitig wurde ihnen jedoch mitgeteilt, dass der rechtmäßige Eigentümer der Insel nun der chilenische Staat war. Bis heute haben sie keine Erlaubnis, wieder auf das Land ihrer Tribus zu gehen, um dort gemeinsam mit ihren Vorfahren zu leben.

Karlo: »Das *mana* reist allein. Wichtig ist das Vertrauen in die Kräfte der Götter, der *ariki* und der *tupuna* zu bewahren. Wichtig ist das Vertrauen in mich selbst, das mir die Kraft gibt, mich dafür einzusetzen, dass wir als ethnische Volksgruppe unserer eigenen Vorstellung und unserer eigenen Lebensphilosophie entsprechend leben können. Auch wenn ich einen chilenischen Reisepass besitze, bin ich noch längst kein Chilene. Ich bin ein Rapa Nui, ich bin ein Maori.«

TE RONGO

❧

Was mache ich mit all diesen Informationen? »Ich will mit dir zusammen Bücher schreiben. Bücher über deine Kultur aus deiner Sichtweise«, sage ich, soeben erwacht, verschlafen zu Karlo.

»Warum? Es heißt doch, es sei schon alles geschrieben«, ist seine unwirsche Entgegnung.

»Aber es hat doch noch nie ein Rapa Nui über seine eigene Kultur geschrieben! Schenk deine Worte dem Wind, erlaube mir, sie einzufangen und in gedruckte Buchstaben zu verwandeln. Lass es uns versuchen!« Zögernd freundet Karlo sich mit dem Vorschlag an. Mein Herz hüpft wild vor Aufregung und Freude. Endlich habe ich meine Aufgabe gefunden, obwohl ich keine Vorstellung davon habe, wie man ein Buch schreibt. Ich bin keine Schriftstellerin, aber ich möchte mein Bestes geben. »Wenn du etwas wirklich willst, dann machst du es auch.« Ja, wie oft habe ich diesen Satz gehört und leichtfertig anderen weitergegeben. Jetzt kehrt er zu mir zurück und konfrontiert mich.

Stundenlang erzählt mir Karlo die Überlieferungen, die Geschichte und Philosophie seines Volkes, stundenlang mache ich Notizen, schreibe auf, was er mir in spanischer Sprache erklärt, übersetze es ins Deutsche und vom Deutschen zurück ins Spanische, um Fehler zu vermeiden. Geboren ist die Idee, eine Serie namens *Te Rongo o te Maori Rapa Nui* – Botschaft der Maori von Rapa Nui – zu erstellen.

Die Zusammenarbeit bedarf einer langen Eingewöhnungsphase. Auf meine konkreten Fragen antwortet mir Karlo mit langen Ausführungen, die mich kribbelig und ungeduldig an meinem schon arg mitgenommenen Bleistift kauen lassen. Das ist ein weiteres Merkmal der Maori-Kultur. Die Antworten sind nicht europäisch knapp und präzise, sondern in lebendigen Bildern enthalten, die ich zu entschlüsseln suche. Früher entgegnete man auf die Frage »Wie geht es dir?« nicht ein einfaches »Gut.« Stattdessen schilderte man das Singen der Vögel, das Erblühen der Blumen, die Geräusche des Meeres und das Wechseln der Winde. Daraus konnte das Gegenüber ersehen, wie es dem anderen ging.

Das fällt mir schwer, da ich eindeutige Antworten auf klare Fragen gewohnt bin. Andererseits gefällt es mir auch. Wie ein zuckender Blitz, wie eine Sternschnuppe, die lautlos vom Himmel fällt, erhellen sich plötzlich unsere Gedankenwelten und vereinen sich. Dann geht es weiter. Und so gegensätzlich und verschieden wir sind, wir halten an unserem Vorhaben fest. Die ersten beiden Bücher sind geboren, sind erschienen. Jeder für sich und gemeinsam halten wir sie stolz in den Händen.

Zuweilen schmunzele ich, wenn ich das Bild von dem Paar Schuhe im Kopf habe. Auch neue Schuhe drücken, bevor sie eingelaufen sind. Jeder von uns beiden ist anders geformt, jeder Schuh ist für einen anderen Fuß, und doch sind wir ein zusammengehörendes Paar auf einem gemeinsamen Weg in die Zukunft.

POUNAMU

☙

Ich kenne dich!« Neben mir steht freundlich lächelnd eine ältere Frau mit meinen beiden Hunden, die, anstatt zu bellen, schwanzwedelnd an ihrer Seite stehen. Ich biete ihr verdutzt einen Platz neben mir auf dem Baumstamm an, lege das Schmirgelpapier und die Skulptur zur Seite und überlege. Ich habe hier viele Reisende kennen gelernt. Aber sie ist das erste Mal auf dieser Insel, ist Neuseeländerin, und ich habe Neuseeland nie bereist. Während ich weiter in meinem Kopf suche, fährt sie fort: »Ich kenne auch dein Haus.« Ruhig betrachtet sie mich und meine Umgebung. »Ich suche deinen Mann, ich habe ihm etwas zu übergeben.«

Karlo unterbricht seine Arbeit am *ahu* und nähert sich uns. »Ja, das ist er!«, ruft sie fröhlich, öffnet in aller Seelenruhe ihre Handtasche und nimmt einen schönen geschliffenen grünen Jadestein heraus. »Den soll ich dir geben, er ist für dich bestimmt. Deshalb bin ich hier.« Karlo verbeugt sich vor ihr, sie legt den polierten Stein in seine zusammengelegten geöffneten Hände, er schließt sie über dem Stein und verbeugt sich abermals vor ihr. Er erhebt den Stein nach oben zum Himmel, verneigt sich nach unten zur Erde und dreht seinen Körper mit ausgestreckten Armen in alle vier Himmelsrichtungen. Wortlos verläuft dieses Zeremoniell. Nun erst nimmt er die Frau in seine Arme und bedankt sich bei ihr persönlich.

Es ist *pounamu*, der heilige Stein von Aotearoa (Neuseeland), der Stein des Friedens, der zu ihm gekommen ist, weil er zu ihm sollte. Die Entstehungsgeschichte von *pounamu*, dem Stein des Friedens, erzählte B. Armstrong, ein Freund aus Neuseeland folgendermaßen:

»Zwei männliche Sterne verliebten sich in einen weiblichen Stern. Sie stritten miteinander, und sie kämpften miteinander. Jeder wollte den weiblichen Stern für sich allein haben, keiner wollte und konnte nachgeben. Eine ungewohnte Unruhe breitete sich im Himmelszelt aus, eine unerträgliche Spannung. Da beschlossen die Götter, diesem Zustand ein Ende zu bereiten. Sie verwandelten einen der beiden männlichen Sterne in einen wunderschönen Stein und sandten ihn hinab zur Mutter Erde, hinab nach Aotearoa. Er erhielt den Namen *pounamu*, der von den Göttern zur Erde gesandte Stern, der Stein des Friedens.«

»Das *mana* des Steins hat ihn hierher zu mir gebracht, weil er in meine Hände gelangen sollte«, ist Karlos einziger Kommentar, während ich die beiden tief beeindruckt anschaue. Die Frau verabschiedet sich und fragt höflich, ob sie nochmals vorbeischauen dürfe. Sie besucht uns noch einige Male. Die beiden sitzen eng nebeneinander, verbunden ohne gemeinsame Sprache, verbunden durch eine mir unbekannte Welt.

Tupuna, *mana* und jetzt die Welt der unsichtbaren Realität? Ich frage viel, weil ich viele Fragen habe. Für Karlo ist das alles kein Problem, weil er in beiden Kulturen zu Hause ist – in meiner, der westlichen, und der Maori-Kultur, in der er lebt. »Für mich ist das einfach. Das Schwierige ist nur, es dir zu erklären. Nicht, weil es kompliziert ist, sondern weil du kompliziert bist!«, lautet seine für mich unzureichende Erklärung. Die Stirn in zweifelnde Falten gelegt, lasse ich mir genüsslich die zum Frühstück zubereitete Languste auf der Zunge zergehen.

BLUT

❧

Ich vergesse nicht die verdutzten Gesichter, als ich keine Antwort zu geben wusste auf die Frage, wer ich sei. Selbstverständlich konnte ich meinen Namen, mein Geburtsdatum und meine berufliche Laufbahn, also die Daten meines persönliches Lebens schildern. Das war jedoch keine Antwort in ihrem Sinne. Das interessierte sie nicht. Sie interessierte meine Herkunft, meine Abstammung, die Geschichte meiner Familie. Nur – die kenne ich nicht. Ich weiß nicht einmal den Mädchennamen meiner Großmutter väterlicherseits, geschweige denn irgendetwas über ihre Vergangenheit oder die Geschichte ihrer Eltern. Meine Großmutter mütterlicherseits ist, während die Bomben fielen, weit entfernt von der Heimat verstorben, und auch mein Großvater väterlicherseits starb bereits vor meiner Geburt. Die beiden lebenden Großeltern waren, von gelegentlichen Besuchen einmal abgesehen, nicht weiter für mich da. Über die Geschichte ihrer Familien weiß ich nichts. Auseinandersetzungen, Konflikte und Vorwürfe waren mir bekannter als vertrautes Beieinandersein.

Das ist für die Rapa Nui unvorstellbar. Wenn sie sich jemandem vorstellen, sagen sie: Ich bin die Tochter oder der Sohn des Sohnes und der Tochter von ..., mein Vater ist der Sohn des Sohnes und der Tochter von ..., meine Mutter ist die Tochter des Sohnes und der Tochter von ... Generationen

254

über Generationen gibt jeder Auskunft über seine Familie, über seine Abstammung, über seine *tupuna*. Ein persönlicher Name, was sagt der schon aus? Gar nichts! Dadurch erfahre ich nichts von einem Menschen.

Das Blut der Vorfahren, der *tupuna*, fließt schließlich im eigenen Körper. Der *tupuna*, die den jetzigen Menschen vor so vielen Jahrzehnten, so vielen Jahrhunderten gezeugt haben und mit denen sie nach wie vor durch den *pito* – den Bauchnabel – verbunden sind. »Wo bleibt denn die Achtung, der Respekt vor ihnen, wenn du nichts über sie weißt?«, fragen sie erstaunt nach.

Ist meine Situation, der Umgang mit meiner eigenen Familie typisch oder untypisch für meine Kultur? Die Familie, die Blutsfamilie, hatte keinerlei Bedeutung auf dem Weg, meine Individualität zu gestalten. Ich habe bis heute keinen Kontakt zu meiner Verwandtschaft außer zu meinem Bruder, und auch zu ihm hatte ich jahrelang keinen. Das liegt für die hiesigen Menschen jenseits ihres Vorstellungsvermögens. Es ist unfassbar. »Aber im Körper deines Bruders fließt doch dein Blut, in seinen Adern ist das gleiche Blut, das deines Vaters und das deiner Mutter!«

Natürlich stimmt das. Aber »Familie« war in meiner Jugend eine Situation, aus der ich mit aller Macht ausbrechen wollte. Wie viele Konflikte gab es mit meinem Vater, weil ich seine Erziehung als Einengung auf meinem persönlichen Entfaltungsweg sah. Ich wollte meine Freiheit, wollte das Recht haben, mein Leben in meine eigenen Hände zu nehmen. Ich wollte eine bessere Zukunft gestalten. Auf welche Vergangenheit hätte ich auch stolz sein können?

Nein, ich habe nicht gelernt, dass meine Vorfahren, ob bekannt oder unbekannt, mir helfen könnten, wenn ich nicht mehr weiter wusste und keine Vorstellung hatte, wie ich mein Leben meistern sollte. Waren sie verstorben, waren sie nicht mehr existent. Nachdem mir so früh meine Mutter genommen wurde, habe ich mein Vertrauen in den einzigen Gott der katholischen Kirche verloren. Seit jener Zeit gab es keinen »lieben Gott« mehr für mich. Er war mit meiner Mutter gestorben. Ich glaubte nur noch an das, was ich sehen konnte und sich experimentell nachprüfen ließ. Ich wurde Atheistin.

Die Vorstellung, dass die Verstorbenen *tupuna* werden, weiterhin mitleben, teilnehmen, sei es begleitend, beschützend oder strafend, finde ich faszinierend. Damit ist kein verstorbenes Familienmitglied für immer und ewig verschwunden, sondern alle Generationen bleiben zusammen, leben weiterhin miteinander, sind eben nur körperlich nicht mehr anwesend. Als *tupuna* nehmen sie Anteil am täglichen Leben der momentan physisch Lebenden.

Je länger ich darüber nachdenke, desto deutlicher wird mir, dass mir die Wurzeln fehlten. Ich war nie verankert, weder in meiner Familie, noch in meinem Vaterland. Vielleicht haben die *tupuna*, die Karlo angerufen hat, mich deshalb hierher geschickt, zu ihm in die Natur, zu ihm in eine andere Kultur. Hierher, zum Nabel der Erde, um Wurzeln zu schlagen, um in dieser neuen Erde zu wachsen und weiter zu reifen.

256

nlzeit im Freien

10 In Hawaii

inweihung des *ahu*

Imu kai

12a *Moai* – Wächter des Himmels
12b *Ahu Pohaku* mit Blumen

rlos Skulptur

14a *Moai* – Wächter der Erde

14b Rano Raraku

ettenverkauf

ntspannung am Meer

16 Gut bewacht

TUPUNA

❧

Immer wieder spreche ich mit den Rapa Nui über die *tupuna*. Trotz Christianisierung sind sie selbstverständlich ihren *tupuna* treu geblieben. Wo sollen die Verstorbenen denn sonst sein? Klar, dass sie bei ihnen sind und weiterhin mit ihnen zusammenleben.

Tupuna und *makupuna* – jeder Lebende ist *makupuna*, jeder Verstorbene wird *tupuna*. Immer eine Generation liegt zwischen *makupuna* und *tupuna*. Die Großeltern und alle vorherigen Vorfahren sind *tupuna*, die Eltern werden *tupuna* für ihre Enkel, nicht jedoch für die eigenen Kinder sein. Der Tod, der Zerfall des leiblichen Körpers, ist der Übergang in eine andere Welt, ist der Eintritt in das Leben als *tupuna*.

Die gesamte Insel ist bevölkert, ist übervölkert, und doch bemerkt man es nicht. Überall leben die *tupuna*, die immer Einfluss auf die Menschen haben und haben werden. Die *tupuna*, die helfen, die *tupuna*, die strafen, die *tupuna*, die Teil des täglichen Lebens jedes einzelnen Maori, eines jeden Rapa Nui sind.

Die ganze Insel ist das Haus, die Häuser der Vorfahren. Folglich wird es als selbstverständlich erachtet, sich angemessen zu verhalten. Fertig zubereitete Nahrung aus Hanga Roa ins Campo und damit in das Gebiet der dort lebenden *tupuna* mitzubringen, sie zu verspeisen und dann wieder nach Hause zu-

257

rückzukehren, schickt sich nicht. Einmal, zweimal verzeihen das die *tupuna*, doch nicht öfter, dann folgt eine Strafe. Um mit den *tupuna* respektvoll umzugehen, entzündet man zuerst ein Feuer und lädt die verstorbenen Vorfahren ein, sich ans Feuer zu setzen und sich aufzuwärmen. Wenn man fertig ist mit dem Essen, wirft man die Knochen und Gräten der Fische in die Glut, lässt sie verbrennen, ruft die *tupuna* erneut herbei und lädt sie zum Essen ein. Der Duft der verbrennenden Essensreste ist ihre Nahrung.

Die Zeit der *tupuna* ist die Nacht. Normalerweise erscheinen sie zwischen vierundzwanzig und vier Uhr. Sie haben die Pflicht, dafür zu sorgen, dass die Lebenden die Regeln des physischen Seins einhalten. Will man sie nicht verärgern, ist Stille, leises Sprechen und verhaltenes Lachen angesagt. Sie wollen ungestört und in aller Ruhe ihre Runden drehen und nach dem Rechten sehen. Späße mit ihnen zu treiben ist *tapu*, und sie werden sich dafür rächen. Wenn nicht sofort, dann irgendwann später.

Die *tupuna* sehen alles, die *tupuna* beobachten alles, die *tupuna* beleben die gleiche Erde wie die Menschen, wie die *makupuna*, die Generation der eigenen Nachkommen. Die *tupuna* bewohnen das Gebiet ihrer Tribus, der sie einst angehörten, oder sie ziehen umher. Wenn sie wollen, zeigen sie sich in menschlicher Gestalt, und sie können sich auch verwandeln. Sie verfügen über ein gegliedertes Hierarchiesystem. Jede Tribus besitzt einen höchsten *tupuna*. Diese Oberhäupter kämpfen nicht und strafen nicht. In sehr schwierigen Konfliktsituationen regeln sie die Streitigkeiten untereinander. Sie nehmen verschiedene Gestalten an, verwandeln sich in Vögel oder in Winde, ganz, wie es ihnen beliebt.

Die *tupuna* können sich auch irren, und dann hat man das Recht, mit ihnen zu schimpfen. Wie Karlos Mutter es tat. Der Vater war fischen, um Nahrung für seine Frau und seine Kinder zu besorgen. Immer wieder warf er die Angel aus, und immer wieder zog er sie ein, ohne dass ein Fisch am Angelhaken hing. Nach einigen Stunden gab er enttäuscht auf und machte sich auf den Weg zurück in die Höhle auf dem Gebiet der Tribus seiner Frau, wo die Familie auf das Essen wartete.

Als die Mutter sah, dass er keine Fische gefangen hatte, wurde sie böse. Nicht jedoch auf ihren Mann, sondern auf ihre *tupuna*. »Erkennt ihr meinen Mann nicht? Ich habe ihn euch vorgestellt. Er war unterwegs, um Nahrung für meine, für eure Nachkommen zu besorgen! Und was macht ihr? Ihr gebt kein Essen für eure eigenen *makupuna*!«, rief sie laut und erbost in die Nacht hinaus. Danach bat sie ihren Mann, nochmals fischen zu gehen. Er machte sich erneut auf den Weg, warf die Angel aus, und nun zappelte es daran. Diesmal hatte er genügend Fische, um den Hunger seiner Familie zu stillen. Die *tupuna* hatten sich geirrt, hatten ihn nicht wiedererkannt, ihn, den Vater der eigenen *makupuna*.

Manchmal zeigen sie sich, manch einer sieht sie körperlich. In Anakena leben zwei weibliche *tupuna*, eine blonde und eine dunkelhaarige Frau. Die Rapa Nui erzählen sich, dass der Vater seine beiden Töchter eigenhändig umgebracht habe. Sie hatten sich in zwei fremde Männer verliebt, wahrscheinlich Seefahrer. Der Vater war mit dieser Verbindung nicht einverstanden, aber die Töchter ließen von ihren Geliebten nicht ab. So brachte der Vater seine Töchter um. Diese beiden Frauen ziehen bis heute umher, um ihre Liebessehnsucht zu stillen. Männern, die das Gebot, ihr Geschlecht zu bedecken, nicht einhalten, zeigen sie sich und belästigen sie. Sie schleichen sich ein in ihre Träume und lassen sie nicht mehr schlafen.

Ich selbst habe die *tupuna* körperlich noch nie gesehen. Doch viele Rapa Nui haben mir ihre persönlichen Erlebnisse geschildert. So auch ein Bekannter, der einmal seine verstorbene Großmutter wiedersah. Sie verstarb, bevor sie ihre benutzte Unterwäsche reinigen konnte. Ihr Enkel hatte sich traurig von ihrem Leichnam verabschiedet und beschloss, die Nacht im Hause seiner soeben verstorbenen Großmutter zu verbringen. Plötzlich sah er sie kommen, sah sie ihre Unterwäsche in die Hände nehmen; sie ging zum Feuer und warf sie zum Verbrennen hinein. Jetzt, nachdem sie das erledigt hatte, konnte sie für immer gehen, konnte beruhigt in das Reich der *tupuna* eintreten. Sie verschwand, und er hat sie nie wieder gesehen.

Für Karlo ist es eine Selbstverständlichkeit, die schweren Steine zu schleppen und das eingefallene *tupa*, eine alte astronomische Beobachtungsstation, neben unserem *paepae* zu restaurieren. Es ist das bleibende Dankeschön an die *tupuna*, die uns die ganze Zeit beschützen. Die *tupuna*, die nicht die seinen sind, denn dieser Teil ist nicht das Gebiet seiner Tribus. Trotzdem sind uns die hier lebenden *tupuna* wohlgesonnen. Und eben für diese gemeinsame Zeit, eine Zeit ohne Probleme, hat Karlo ihnen das zusammengestürzte *tupa* aufgebaut und sich so bei ihnen bedankt. Nun rundet der steinerne Turm mit seiner stattlichen Höhe von dreieinhalb Metern und dem dahinter liegenden *Ahu Vaka Tupuna Maori* das harmonische Bild am Rande der Bucht von Anakena ab.

Nur wenn man etwas ernsthaft möchte, ruft man die *tupuna* an und bittet sie um Hilfe. So wie Karlo, der seine *tupuna* um eine Frau gebeten hatte, und ich bin da. Für ihn ist das normal, für mich ist das fremd oder, um ehrlich zu sein, es *war* fremd. Längst ist es auch mir zur Gewohnheit geworden, die Vorfahren zum Essen einzuladen oder Besuch, den ich aus Deutschland erhalte, vorzustellen, damit sie die Fremden kennen und beschützen können.

KINDER

❦

»Guten Tag, Tante!« Fröhlich lachend drängelt sich frühmorgens die Kinderschar um mich herum. Jeder will einen Kuss erhalten, jeder will mir einen Kuss schenken. Ich
kenne ein einziges Mädchen aus der Gruppe, sie ist etwa zehn
Jahre alt, die anderen sind mir unbekannt.

»Wo ist dein Vater?«, frage ich sie.

»Er schläft noch, alle Erwachsenen schlafen noch«, entgegnet sie mir munter.

»Wo geht ihr hin?«

»Fischen.« Und stolz zeigen sie mir ihre Angelschnur mit
dem Haken. Scherzend ziehen sie weiter zu den Klippen.

Erstaunt schaue ich ihnen nach. Die Zehnjährige ist wahrscheinlich die älteste, das jüngste Kind etwa drei Jahre alt. Sie
gehen allein, sie benötigen die Aufsicht eines Erwachsenen
nicht. Die Größeren übernehmen die Verantwortung für die
Kleineren, und sie gehorchen ihnen. Das war immer so, das
lernen sie von Kindesbeinen an.

Unruhig und besorgt beobachte ich sie und behalte sie im
Auge, während sich die Eltern friedlich und unbesorgt weiter
an ihren Träumen laben.

Ein Bekannter lässt seinen zweijährigen Sohn den ganzen
Tag über allein am Strand spielen.

»Hast du keine Angst, dass ihm etwas zustoßen könnte?«

»Nein, warum sollte ich? Er hat seine *tupuna*, die auf ihn aufpassen. Er ist schließlich ihr *makupuna*. Ich habe mit ihnen gesprochen, habe ihnen meinen Sohn vorgestellt und sie um ihre Hilfe gebeten. Danach bin ich angeln gegangen«, antwortet er mir seelenruhig.

Neugierig beobachte ich die selbstsicheren kleinen Wesen, die sich an sich selbst und ihrer Umgebung erfreuen. Es ist kein Sich-nicht-um-die-Kinder-Kümmern, es ist das Gegenteil. Es ist das Vertrauen, das schon sehr früh in die kleine Persönlichkeit gesetzt wird, in das zukünftige Leben, in die Zukunft. Sie haben ihre Pflichten und ihre Freiheiten. Freiheiten, die mir oft grenzenlos erscheinen. Wild und ausgelassen toben und spielen sie herum. Die elterlichen Grenzen sind trotzdem gesetzt, anders.

Ich erinnere mich gern an die Taufe eines Säuglings in der katholischen Kirche von Hanga Roa. Der ältere Bruder, gerade zwei Jahre alt, lief zwischen den Bankreihen umher und spielte mit einem anderen Kind Fangen. Sie schrien und jauchzten laut vor Vergnügen. So laut, dass der Pfarrer sein eigenes Wort nicht mehr verstand. Strafend zog er die Augenbrauen in die Höhe und forderte die Mutter damit auf, endlich für Ruhe zu sorgen. Sie blickte stur geradeaus, als handele es sich nicht um ihren Nachwuchs. Der Pfarrer fühlte sich genötigt, sie anzusprechen. Statt ihrer antwortete ein Mann an ihrer Seite: »Aber, Herr Pfarrer! Vor eineinhalb Jahren haben Sie uns aufgefordert, das Kind in Gottes Hände zu geben. Das haben wir getan. Und jetzt sehen Sie selbst, was daraus geworden ist! Jetzt ist es an Ihnen, das Problem zu lösen.«

Verlegen atmete der Pfarrer einige Male tief durch, wartete ab, bis das Lachen um ihn herum verklungen war, und fuhr mit erhobener Stimme in seiner Arbeit fort.

Die Kinder wachsen nicht hinter verschlossenen Türen auf, sondern verbringen den größten Teil ihres Lebens draußen in der strahlenden Sonne und im kühlenden Meer. Sie schauen den Erwachsenen bei der Arbeit zu und lernen durch das Zuschauen. Ich habe einmal einen Kunsthandwerker gefragt, ob er mir helfen könne, die Skulptur eines *moai* anzufertigen. Er sah mich an, gab mir eine *kauteki* in die Hand und legte einen unförmigen Stein vor mich hin. Das war alles. Einige *moai* in den verschiedenen Fertigungsstadien vor mir aufgestellt, sollte ich nun mit der Arbeit anfangen. Ratlos schaute ich ihn an. Er reagierte nicht, sondern fuhr in seiner Arbeit fort. Erklärungen abgeben? Wozu? Jeder hat Augen, zu sehen und zu lernen, und so öffnet sich letztendlich der Geist. Als Lehrerin war ich gewohnt, alles bis ins kleinste Detail zu erläutern. In den Augen der Maori macht das den anderen faul, so lerne er nie, seine eigenen Fähigkeiten zu nutzen.

»Mein Vater hatte viele Kinder, und er wurde alt und älter«, beginnt ein Mann von seiner Familie zu erzählen. »Er wusste, dass seine Lebenstage gezählt waren. Er schlachtete eine seiner vielen Kühe, und wir feierten ein herrliches Fest. Kurz darauf schlachtete er die nächste, dann wieder eine und schließlich die letzte. Anschließend tat er dasselbe mit unseren Schweinen, danach mit den Hühnern. Es war eine herrliche Zeit, wir bereiteten ein Festessen nach dem anderen. Als das letzte Tier getötet und gegessen war, verabschiedete er sich von uns und legte sich zum Sterben nieder. Bevor er seine Augen für immer schloss, gab er uns folgende Worte mit auf den Weg: ›Jetzt habt ihr, meine Kinder, nichts, worüber ihr euch nach meinem Tod streiten könntet. Alles, was ich erarbeitet habe, wurde mit euch geteilt und hat unsere Mägen gefüllt. Nun ist es an euch, eure Hände und euren Verstand zu gebrauchen, um Eigenes aufzubauen. Wenn ihr sie selbst erarbeitet habt, habt ihr auch mehr Respekt vor den Dingen. Hätte ich euch mein Vieh überlassen, gäbe es nach meinem Tod nur Streit unter den Geschwistern, und ihr würdet faul, da ihr nur das mit meiner Hände Arbeit Geleistete übernehmen würdet.‹ Und er verstarb.«

Für die Zukunft der Kinder sorgen hieß sie lebensfähig, überlebensfähig zu machen, indem er ihnen gar nichts hinterließ. So würden sie stark werden und seine Enkel und Urenkel ebenfalls.

Ich musste herzlich lachen, als ich einen etwa zweijährigen Jungen fragte: »Wie heißt du? «

»*Hijo*« – Sohn, entgegnet er.

»Hast du noch einen anderen Namen?«

Er überlegt kurz: »*Hombre*« – Mann.

»Du heißt also Hijo Hombre?«

»Ja«, sagte er strahlend.

Der Vater ruft ihn häufig »*Eh hombre*« – He, Mann, und jeder Erwachsene nennt ein Kind »Sohn« oder »Tochter«, ob er es kennt oder nicht. Für den Kleinen ist von daher klar, dass er »Sohn« heißt, weil alle ihn so nennen. So einfach ist das. Alle Erwachsenen kümmern sich um ein Kind, geben ihm zu essen und zu trinken, helfen ihm, wenn es Hilfe benötigt. Das ist eine Selbstverständlichkeit.

Kinder gehören niemandem, Kinder sind kein Eigentum, kein persönlicher Besitz. Kinder werden wieder Kinder zur Welt bringen, sie bedeuten Leben für die folgenden Generationen. Sie werden hoch geachtet, jeder hat dafür Verantwortung zu übernehmen, jeder hat dafür zu sorgen, dass es ihnen gut geht und an nichts fehlt. Jeder stammt schließlich von Eltern ab, also ist auch jeder Erwachsene automatisch Eltern für die Kinder.

Nicht nur die Achtung den Vorfahren, der Vergangenheit gegenüber ist hier anders, auch der Umgang mit der Zukunft, den Kindern. Alle Kinder sind die Kinder aller, alle Kinder sind die Zukunft aller.

TAPU

❦

Neben der Philosophie, der Kosmologie, haben die *tupuna* auch diese einmaligen steinernen Zeugnisse hinterlassen, die *ahu* und die *moai*, die gleichzeitig ein Ausdruck ihrer Weltanschauung sind.

In aller Ruhe setze ich mich vor den *Ahu Nau Nau* hier in Anakena und betrachte die fein gearbeiteten *moai*, hinter denen sich die Sonne freundlich verabschiedet. Mit geschlossenen Augen versetze ich mich hinein in die Vergangenheit, in die längst vergangenen Zeiten. Ich sehe sie, die Männer und Frauen, und ich höre das rhythmische Aneinanderschlagen der Steine, die den Takt der Musik angaben. Damals, als vor den *ahu* die zeremoniellen Feste gefeiert wurden, als Männer und Frauen Angesicht in Angesicht mit dem lebendigen *mana* der sehenden *moai* die heiligen rituellen Gesänge und Tänze aufführten, als sie die Götter herbeiriefen, ihnen dankten und weitere Hilfe erbaten.

Mächtige Federhüte tragen sie auf ihren hoch erhobenen Häuptern, kunstvoll gefertigte Federkronen aus sorgfältig ausgesuchten Hühnerfedern. Weiße und bunte Federn, in der Mitte schwingend die gebogenen, blau und grün schimmernden, glänzenden Schwanzfedern des Hahns. Oder einen Kopfschmuck, der wie eine Perücke gefertigt ist. Jede einzelne der spitz zulaufenden Halsfedern des Hahns endet in einem gelben, roten oder gestreiften Muster. Dieser Schmuck krönt die langen schwarzen Haare der hoch gewachsenen braunen Menschen. Jeder Federhut mit einer bestimmten Anzahl von Schwanzfedern und einer bestimmten Farbe hat eine festgelegte symbolische Bedeutung. Nur speziell auserwählte Menschen dürfen sie tragen, um mit den Göttern Kontakt aufzunehmen, der Voraussetzung dafür ist, die Götter gewogen zu machen. Sie sollen den Menschen ausreichend Nahrung geben und ihnen zum Überleben verhelfen.

Männer, die mit einem *hami* bekleidet sind, nähern sich. Sie tragen den knappen Lendenschurz aus Mahute, dem geklopften Bast des Maulbeerstrauches. Die Körper sind vollständig mit festgelegten Symbolen in roten, weißen, gelben und schwarzen Erdfarben bemalt. Komplett tätowierte Männer ergänzen das Bild. Wippende Federbüschel sind wie Schmuckreifen an Oberarmen und Beinen angebracht, während sie hölzerne Tanzpaddel in den Händen halten.

Nun kommen die Frauen. Lange weiße Federwedel, einer neben den anderen gereiht, bilden ihre schwingenden Röcke, die die erotischen Bewegungen der Hüften unterstreichen werden. Sie alle, mit den schmückenden Federkronen auf dem Kopf, warten geduldig auf ihren Einsatz. Die Fackeln werden entzündet, das Auftaktzeichen ist gegeben. Sie setzen ihre Körper in Bewegung, und der durchdringende Klang der steinernen Musikinstrumente erfüllt die Luft. So tanzen und singen sie gemeinsam, halten Pflanzen in den Händen, mit deren Gesang, den Vibrationen, die der Wind erzeugt, die Götter freundlich gestimmt werden sollen.

Die Götter sollen herbeigerufen und angezogen werden, um die Erde fruchtbar zu machen. Den Göttern des Universums wird es zu verdanken sein, wenn die nächste Ernte gut ausfällt.

Diese heiligen Feste fanden jährlich zu Beginn des Frühlings statt. Es gab Zeiten, da wehten lange Federschwänze aus schwarzen Hühnerfedern, die an einem hohen Stab befestigt waren, weithin sichtbar auf dem *ahu*. Zu anderen Zeiten wehten meterlange weiße Federschwänze im Wind. Das waren die Symbole des *tapu*, Symbole, die anzeigten, was strengstens zu respektieren war.

Tapu ist nicht gleichzusetzen mit »verboten«. Das Wort »Verbot« existiert in der Sprache der Rapa Nui nicht. Die Maori lebten mit einer Gebots- und nicht mit einer Verbotsstruktur. Wenn etwas nicht ausdrücklich erlaubt war, dann war es automatisch verboten. So war die Laichzeit der Fische zum Beispiel eine *tapu*-Zeit, zu der die schwarzen Federbanner auf den *ahu* standen. Die Fische waren in dieser Zeit vor den Menschen geschützt und sollten sich in aller Ruhe vermehren, damit genügend Nahrung für alle augenblicklich lebenden Menschen und die zukünftigen Generationen vorhanden war. Kamen schließlich die ersten Blätter des *uhi* aus der Erde, der Knollenpflanze, deren Wurzeln als Nahrung dienten, wurde das *tapu* geöffnet und das weiße Federbanner auf dem *ahu* postiert. Es war das Zeichen für die Fischer, hinaus auf das weite Meer zu fahren und dort die Fische zu fangen. Es gab *tapu*-Zeiten, in denen bestimmte Fische nicht verspeist werden durften, weil sie Krankheiten, wie zum Beispiel Asthma, mit sich brachten.

Die Missachtung des *tapu* wurde zu früheren Zeiten mit dem sofortigen Tod, dem Garen und dem anschließenden Verspeisen bestraft, und bis heute ist *tapu* ein zu respektierendes Gebot – heilig, unantastbar, nicht zu diskutieren und nicht in Frage zu stellen, in jedem Fall zu befolgen – ein königlich gesetztes Gebot, und der König war die physische Repräsentanz der Götter des Universums. *Tapu* dient dem Wohl aller Menschen, dem Überleben der gesamten Gemeinschaft. Es ist die Verbindung zum Schöpfer des Universums, die Verbindung zum Kosmos.

PUKAO

❦

Das ist mir nicht mehr fremd. Nein, mein Kopf, mein Bauch sind leer, sind bereit, sich mit dieser Kultur zu füllen, die mich täglich mehr in ihren Bann zieht. Die himmlische Daunendecke fehlt heute Nacht. Keine Wolke erscheint am Himmel, und es ist angenehm kühl. Den Sternen ist das einerlei, sie tanzen wie immer vergnügt ihren endlosen Reigen.

Ich erzähle Karlo von meinen Überlegungen: »Ich kann mir nicht vorstellen, dass der *pukao* nur ein Kopfschmuck sein soll. Wozu ein Penis mit einem Haarknoten obendrauf? Wie soll ein Volk eine Überlebensmöglichkeit haben nur mit Hilfe eines Penis? Wo bleibt das weibliche Element, wo bleibe ich als Frau?«

Irgendwie lässt mich der *pukao* nicht los. Die Erklärung »Haarknoten, Hut oder Kopfschmuck« scheint mir inakzeptabel für eine Kultur, die so einheitlich mit der Vergangenheit und mit der Zukunft lebte. Die *tupuna* fabrizierten den *pukao* aus rotem Lavagestein in Puna Pau, einem Vulkan in der Nähe von Hanga Roa. Sie transportierten ihn kilometerweit und setzten ihn oben auf den *moai*. Ein *pukao*, dessen Preis ebenso hoch wie der des *moai* selbst war, soll ein Haarknoten oder Ähnliches sein? Diese Erklärung, die in den Büchern zu lesen ist, kann ich nicht glauben.

Rötlich verfärbt sich der Himmel, und ein erfrischender

abendlicher Wind zieht auf. Wir sitzen am Strand zusammen mit Onkel Benito und trinken eine Flasche Rotwein. Neugierig und gespannt höre ich der Unterhaltung zu. Das Thema interessiert mich sehr, ich will mehr erfahren.

»Weißt du, was ›Flasche‹ in unserer Sprache heißt?«, fragt mich Onkel Benito.

»Nein«, antworte ich.

»*Ipu*. Weißt du, warum?«

»Nein«, wiederhole ich kopfschüttelnd.

»*Pu* ist ›das Loch‹, *i* ist ›voll‹ oder ›zu füllen‹, mit anderen Worten: *Ipu* ist das ›zu füllende Loch‹, ist eben eine ›Flasche‹. Wir kannten keine Flaschen, also haben wir Benennungen geschaffen. Genauso wie für den uns unbekannten Gegenstand ›Hose‹. Wir kannten nur den Lendenschurz, den *hami*, und so mussten wir ein Wort finden, um die Hose zu benennen. *Piri po* ist unser Wort für Hose, man kann es übersetzen mit ›versteckt in der Dunkelheit‹.«

Die Flasche ist geleert, die Sonne hat sich längst verabschiedet, und wir machen uns auf den Weg zurück zu unserem *paepae*. Nachdenklich gehe ich neben Karlo her.

»Was bedeutet das Wort *kao*?«, frage ich vorsichtig nach.

»*Kao* kann man mit ›Lippen‹ übersetzen«, antwortet er.

»Also, wenn *pu* ›das Loch‹ ist und *kao* ›Lippen‹ bedeutet, dann kann man *pukao* doch als ›das Loch mit Lippen‹ bezeichnen«, murmele ich leise vor mich hin.

Mein Herz tanzt vor Freude! Das ist es, das ist für mich die Erklärung, die passt! Und genau das entspricht dem Bild, das ich von dieser Kultur habe, der ganzheitlichen Philosophie dieses Volkes. Natürlich, das Männliche und das Weibliche gehören untrennbar zusammen, gemeinsam bilden sie eine geschlossene Einheit. Und noch schlüssiger, noch beweiskräftiger wird es für mich, als ich Roselle, eine Maori-Frau aus Hawaii kennen lerne.

»*Puna* – wofür benutzt ihr in Hawaii dieses Maori-Wort?«, frage ich sie.

»Ja, ich kenne das Wort. Wir benutzen den Ausdruck *puna*. So benennen wir eine Schale oder ein Gefäß, in dem Leben erwächst oder erwachsen kann«, antwortet sie mir nach einer kleinen Pause.

Und *pau* heißt ›fertig‹. Wo wurden die *pukao* geschaffen? In dem Gebiet namens *Puna Pau*! *Puna Pau*, die Werkstatt, in der die Schalen, in denen Leben wächst, fertig gestellt wurden. Eine Schale oder ein Gefäß, in dem Leben erwachsen kann, kann nichts anderes sein als die Plazenta. In der Werkstatt *Puna Pau* wurde dem weiblichen Geschlecht die Potenz gegeben, Leben entstehen zu lassen. Rot sind die *pukao*, aus einem roten Stein gehauen, gefertigt in *Puna Pau*, rot wie die weiblichen Schamlippen, unterschiedlich ihre Form, wie die weiblichen Schamlippen auch. Dann wurde der *pukao* zu einem *ahu* transportiert und dem *moai* aufgesetzt. Der Penis penetriert nun das weibliche Geschlecht, um neues zukünftiges Leben zu zeugen. Zusammen sind sie die Voraussetzung für die Schaffung von Nachkommen und das Überleben einer Kultur.

Ich bin überglücklich, ich habe es! Ich habe für mich die schlüssige Erklärung, warum *pukao* nicht einfach ein Kopfschmuck auf einem Penis sein kann! Ich bin ganz aufgeregt, es ist, als habe sich ein Knoten von allein gelöst.

Und die *moai* mit den *pukao*, die Vereinigung des Männlichen mit dem Weiblichen, sie standen vereint auf dem *ahu* und schützten ihre Tribus mit dem *mana*, das durch die sehenden Augen lebte. Diese Elemente zusammen ergaben die Kraft für das Werden, für das Überleben der nächsten Generation, der übernächsten und aller zukünftigen Generationen dieses Volkes.

Und die Augen der *moai*, die das *mana* lebendig erhielt, sahen auch die nächsten Toten und die nächsten Verwesenden.

Sie beobachteten den Zerfall des physischen Körpers und den Übergang der Verstorbenen ins Reich der *tupuna*. Neben ihnen, weithin sichtbar, wehten die *tapu*-Symbole, die die Gemeinschaft der Lebenden zu ihrem Wohlergehen regeln sollte. Welch faszinierende Kultur! Und ich bin mittendrin!

Diese Erkenntnis ist zu mir gekommen, weil sie zu mir kommen sollte. Genauso wie es kein Zufall ist, dass die Hawaiianerin mich in meinem *paepae* besucht. Wir sitzen lange zusammen, trinken Kaffee miteinander und unterhalten uns ausführlich über die Maori-Kultur. Sie lebt im nördlichen Punkt des Dreiecks und setzt sich ein für die Aufrechterhaltung des traditionellen heiligen Hula-Tanzes. Und sie berichtet mir ebenfalls vom *mana*.

Früher mussten die Männer und Frauen von Hawaii, bevor sie das erste Mal den Tanz für die Götter aufführen durften, durch einen vor Haien wimmelnden Bereich des Meeres schwimmen. Diejenigen, die die Haie nicht fraßen, waren gereinigt und auserwählt, den heiligen Hula-Tanz aufzuführen. Sie besaßen das *mana* und waren deshalb für die Haie unangreifbar.

Pounamu, der Stein des Friedens, der Stein mit *mana* aus Aotearoa, das *mana* und die Haie aus Hawaii, das *mana* der *moai*, ja, *mana* und *tapu* sind Werte eines Volkes, die sich über einen immens weiten Lebensraum erstrecken. Es ist eine Lebensphilosophie, die die Menschen der Maori-Kultur bis heute zusammenhält.

Welch ein Geschenk, dass die *tupuna* ausgerechnet mich ausgesucht haben, hier mit Karlo zu leben. Ich bedanke mich.

FEIGEN

✿

Der Duft der Feigen streichelt sanft meine Nase. Die süße Reife betört die Luft, und einladend treibt der sanfte Wind den Duft zu mir. Es sind die ersten frischen Feigen in diesem Jahr. Erwartungsvoll mache ich mich auf den Weg. Einzelne dunkelbraune Früchte hängen als dicke Tropfen von den Zweigen herab. Beim Anblick läuft mir das Wasser im Munde zusammen. Vorsichtig klettere ich über die wackligen Steine, strecke meine Arme so weit es geht durch das dichte Blättergewirr und pflücke die erste zuckersüße Frucht. Meine Hand erreicht eine weitere, noch eine und wieder eine.

Behutsam lege ich sie in eine Tüte, um sie nicht zu zerquetschen. Der Baum ist voller unreifer Früchte, die noch geduldig auf die wärmenden Sonnenstrahlen warten, bis auch ihr Innerstes sich mit der erquickenden Süße angereichert hat. Mein kleiner Beutel ist gefüllt, und zufrieden mache ich mich auf den Nachhauseweg. Dort will ich die zarte Haut vorsichtig öffnen und mir die Köstlichkeit zusammen mit Karlo in aller Ruhe einverleiben. Doch unterwegs überlege ich: »Habe ich das Recht dazu?«

Ich erinnere mich an den ersten Fang in unserem Fischernetz, das ein Freund uns geschenkt hatte. Abends, bei Einbruch der Dunkelheit, legte Karlo es aus, und gespannt zogen wir es in der morgendlichen Frühe wieder aus dem Meer heraus. Es war voller Leben, ja, es schien selbst lebendig zu sein. Es zappelte hin und her von all den Fischen, die sich in den Maschen verfangen hatten. Wie haben wir uns gefreut!

Nun begann die Arbeit. Die glitschigen Lebewesen aus dem Netz herauszupulen ist gar nicht so leicht, wenn es keine alltägliche Routine ist. Alle Fische mussten im Meerwasser geschuppt und ausgenommen und auch ihre Innereien gesäubert werden. Das dauerte seine Zeit. Und anschließend wanderten sie in die wartenden Hände der Besucher. Das ist Sitte, speziell der erste Fang ist für die Mitmenschen.

Meine Feige – ist das nicht das Gleiche? Es ist die erste Ernte. Gut, überlege ich unterwegs, eine große und eine kleine für Karlo und dasselbe für mich. Das ist in Ordnung, die anderen werde ich verschenken. Ja, ich freue mich nun darauf, sie an die Menschen, die in unserer Nähe zelten, weiterzugeben. Ich wähle eine kugelrunde dicke und eine birnenförmige kleine für meinen Gaumen aus. Genüsslich lasse ich die kleine sofort auf meiner Zunge zergehen. Die andere hebe ich auf für später. Der Beutel wandert in die Hände der Nachbarskinder, die nach einem herzlichen »Dankeschön« augenblicklich darüber herfallen. Ein Freund besucht uns und – die große war nicht für mich bestimmt. Er freut sich und schenkt mir das Strahlen seiner Augen. Was will ich mehr?

Die Früchte waren ein Geschenk der Natur. Nein, nicht um sie zu verspeisen; ein Geschenk an mich, um loszulassen und weiter vorwärtszuspringen.

VISIONÄR

❧

Die Pfannkuchen haben den Platz in der Pfanne frei gemacht. Die Eier sind aus dem Nest geholt, und für jeden brutzeln zwei goldgelbe Dotter über dem Holzfeuer. Basilikum, Petersilie und Schnittlauch sind frisch geschnitten und warten darauf, die Spiegeleier zu verzieren.

Der heutige Tag verspricht Regen, das kostbare Nass, nach dem sich die durstigen Pflanzen seit langem sehnen. Die Luft ist schwer. Langsam nur, mit aller Kraft, bewegt der Wind sie in Richtung Süden. Die Erde ist trocken, und die tiefen Risse warten darauf, das wohl tuende Wasser in sich hineinzusaugen. Alle Gefäße stehen an ihrem vorgesehenen Platz, und wir ziehen uns mit dem dampfenden Kaffee in den Händen gemütlich auf die Sitzbank ins Innere zurück. Leise klopfen die ersten zarten Regentropfen auf unser Dach, und wir nutzen die Zeit zum Erzählen.

»Erinnerst du dich an das, was ich dir neulich vorgelesen habe?«, beginne ich unsere Unterhaltung. »Dass die ausgewanderten Stämme die Magie lebendig erhalten wollten?«

»Nein, wir benutzen das Wort ›Magie‹ nicht, wir nennen es *mana*«, entgegnet mir Karlo. »Die Menschen, die die Fähigkeit besaßen, Zukünftiges zu sehen oder auch Astralreisen zu machen, das waren Menschen mit *mana*. Sie wurden in unserer Kultur hoch geachtet. Waren sie doch diejenigen, die das

Gute und das Schlechte für die Zukunft des Volkes vorhersagen konnten. Sie waren immens wichtig. Erinnere dich an Hau Maka, den Visionär von Hotu a Matu'a. Er war der jüngere Bruder von Hotus Vater Matu'a. Es kam die Zeit, da neue Erde für den Sohn Hotu gefunden werden musste. Und so machte sich Hau Makas Geist daran, diese Erde zu suchen. *Kuhane*, der Geist oder die Seele eines Menschen, die auf Reise gehen kann, verließ seinen Körper und reiste in Richtung Sonne. So sah Hau Maka acht Inseln. Sieben davon hielt er für ungeeignet, die achte Insel war für Hotu. Es war das heutige Rapa Nui.

Hau Maka betrachtete die Insel, betrat sie, kam an einen Ort und schenkte ihm den Namen *Te pu Mahore a Hau Maka* – Mahore ist ein silberfarbener Fisch. Hau Makas Geist stieg hinauf zum Vulkan, sah unter sich den tief liegenden See, spürte die Winde, die Düfte aus dem Innern mit sich brachten, und gab dem See den Namen *Te Poki ure a Hau Maka*. Anschließend machte er sich auf, um vielen Teilen der Insel einen Namen zu geben. Es gibt etwa achttausend verschiedene Benennungen auf diesem Fleckchen Erde.

So kam er auch an den Ort, an dem eine Pflanze namens *kohe* wuchs. Unbeabsichtigt trat er auf sie und zerstörte sie und ihre Blätter. Das heißt, der Geist von Hau Maka, der sich auf der Astralreise befand, zerbrach die Pflanze, als besäße er das Gewicht eines physischen Körpers. Es war ein Unfall, er wollte es nicht. Er nannte den Ort *Ko te Hatinga Kohe a Hau Maka*. Und als die sieben von Hotu a Matu'a vorausgeschickten Kundschafter an dieser Stelle ankamen, sahen sie die zertretene Pflanze und sagten: »Hier, das war unser *koro*, unser Vater Hau Maka.«

»In meiner Kultur gibt es keine Visionäre«, entgegne ich.

»Das stimmt so nicht. Nehmen wir zum Beispiel den Franzosen Jules Verne. Ein Visionär! Hundert Jahre vorher hat er in seinen Büchern beschrieben, was heute selbstverständliche Realität ist. In drei Stunden mit der Concorde von Amerika nach Europa zu fliegen, ist nichts Ungewöhnliches mehr. Telefon, Radio und Fernseher gehören in jeden Haushalt. Und jetzt ist E-Mail das Neueste.«

»Das ist etwas anderes.«

»Nein, das ist das Gleiche.«

»Aber wir geben Visionären keine Bedeutung. Das ist ein sehr großer Unterschied. Es sind keine Berater, denen wir Wichtigkeit beimessen. Nachdem Hau Makas Geist die Insel auf seiner Astralreise gesehen hatte, schickte Hotu seine sieben Kundschafter aus, um die Insel zu bepflanzen, und sie fanden sie auch. Hotu a Matu'a folgte also Hau Makas Rat, er vertraute dessen Anweisungen.«

»Auch ihr in eurer Kultur hattet genau wie wir Menschen mit diesen Fähigkeiten. Ihr sagt vielleicht nach seinem Tod: ›Ach, der Verrückte hatte doch Recht‹. Wir sagen niemals ›Verrückter‹ zu solch einem Menschen. Denn wer kann uns sagen, was morgen passiert? Wer kann das voraussehen? Einzig und allein ein Visionär.«

»Hast du eine Vorstellung, wie das Vorhersagen funktioniert?«

»Eine Erklärung? Für mich ist das einfach, in meiner Kultur ist das sehr einfach. Visionäre sind Personen, die sich ihrer Sensibilität für alle Dinge vollkommen bewusst sind. Sie sind völlig offen, besitzen ein hoch entwickeltes Bewusstsein und ein enormes Wissen. Sie prüfen alle Dinge, jede Bewegung der Dinge, der natürlichen und der nicht natürlichen, das heißt, der von Menschen geschaffenen. Der Visionär studiert, beobachtet und vergleicht. Und er besitzt diese außergewöhnliche Fähigkeit, die Zukunft vorherzusagen.

Ich gebe dir ein Bild, um es deutlicher zu machen. Schau dir die Seeigel an und beobachte ihre Stacheln. Diese Stacheln sind wie Antennen, die sich in alle Richtungen bewegen und so alles wahrnehmen können. Ich bin sicher, alles Lebende hat diese Antennen, die Pflanzen genauso wie die Tiere. Ja, alles Existierende ist mit diesen Stacheln, diesen Antennen ausgestattet und könnte sie zur Wahrnehmung nutzen. Nur die Menschen in eurer Kultur haben verlernt, sie zu gebrauchen. Aber auch wir nutzen sie leider immer weniger.

Schau mal, als wir, die Maori, anfingen, den weiten Ozean zu bereisen, hatten wir nur die Winde und unsere Segel, um vorwärts zu kommen, und besiedelten all diese Inseln. Jahrhunderte später entdeckte die Menschheit das Erdöl, nutzte es und sagte: ›Heute sind wir viel besser dran, heute sind wir damit viel schneller.‹ Früher brauchte man Monate und Monate, um per Schiff nach Europa zu reisen, und heute? Heute sagt jeder, das Leben sei viel einfacher, viel leichter. Du kannst telefonieren, und ein Brief über den großen Ozean dauert nur noch einige Tage.

Doch verstehen die Menschen sich selbst überhaupt noch, sind wir nicht dabei, die Fähigkeit zu verlieren, uns selbst zu verstehen? Wir vertrauen heute mehr den Dingen, die die Menschen erschaffen haben, als den Menschen selbst. Heute sprechen alle vom technischen Fortschritt. Und die Zerstörung am Ende, die dieser technische Fortschritt mit sich bringt? Du bezahlst dafür, jeder bezahlt für seine Fehler!«

KRISTALL

☙

Der junge Hahn flattert noch einige Male kopfüber aufgehängt – seine letzten Reflexe. Seine glänzenden Federn
sind wunderschön, sein Charakter war das Gegenteil. Ständig
pickte er die kleinen Küken mit seinem spitzen Schnabel, eins
verletzte er so schwer, dass wir es töten mussten. Zusammen
mit Süßkartoffeln und Taro aus unserem *manavai* wird er in der
abendlichen Suppe landen.

Es ist Vollmond, es ist die Zeit, da kein Fisch den Angelhaken verschlucken will. Ich liebe das hell erleuchtete Firmament mit der runden, langsam vorüberziehenden nächtlichen
Sonne. In Gedanken versunken und vom ruhigen Singsang der
Wellen begleitet, sitze ich unter dem funkelnden Himmelszelt.

Viel Regen wurde uns die letzten Tage geschenkt, und die
Erde ist weich und sanft. Bereitwillig nimmt sie die Samen auf
für die Früchte, die in ihr heranreifen sollen. Nach Vollmond
säen wir Möhren, pflanzen Maniok und all die Nahrung, die in
der Dunkelheit der Erde heranreifen wird. Nach Neumond
setzen wir die Pflanzen, deren Früchte oberhalb der Erde
wachsen: Tomaten, Bohnen und Kürbissen schenkt der zuneh-
mende Mond die nötige Energie.

Ja, ich spüre die Veränderungen, die in mir vorgehen.
Längst lausche ich mit gemischten Gefühlen Tukis Wolfsge-
heul, wenn er den Kopf in den Nacken legt und die urtüm-

278

lichen Laute tief aus seiner Kehle hervorbringt. Die Laute, mit denen er ankündigt, dass ein Mensch im Todeskampf liegt und bald sterben wird. Wir wissen nicht, wer es sein wird, doch mit Sicherheit erreicht uns einige Tage später eine Todesnachricht.

Ich erinnere mich noch gut daran, wie ich mich über einen Jugendlichen auf einem Motorrad geärgert hatte und laut in die Nacht hinein rief: »Die *tupuna* werden dich strafen!« Und den Schreck, der meine Glieder durchzog, als ich am nächsten Tag erfuhr, dass der Junge schwer verletzt im Krankenhaus liege. Einige Stunden nach unserem Konflikt hatte er einen Unfall. Das war keine Ausnahme, soetwas ist mir einige Male passiert. Ich bin seither vorsichtiger geworden mit meinen Worten, die ich dem Wind übergebe.

Langsam hebe ich den Kopf, und vor mir spannt sich ein halbkreisförmiger Regenbogen auf. Und das mitten in der Nacht! Mit strahlenden Pinselstrichen malt er die graue Landschaft an. Ich halte die Luft an, und mein Herz bleibt fast stehen. Das habe ich in meinem Leben noch nicht gesehen und wusste auch nicht, dass so etwas möglich ist. Der Glanz des Vollmonds in der glasklaren Luft reicht aus, um die feinen Nebeltröpfchen in einen strahlenden Regenbogen zu verwandeln. Ehrfürchtig beobachte ich ihn, und das Staunen lässt selbst meine Gedanken zum Stillstand kommen. So unerwartet, wie sich das Schauspiel heranschlich, so plötzlich ist es wieder verschwunden. Der Wind hat die Regenwolken fortgeblasen, und der Vollmond strahlt unbeeindruckt weiter.

Ich schmunzele und versinke abermals in Gedanken. »Was für ein Glück für dich, dass du einen Mann hast, der dich liebt!« hatte Karlo zu mir gesagt. Eine Liebeserklärung, die für meine Ohren ungewohnt klingt. Ich fühle mich glücklich, weil ich es umgekehrt genauso sagen könnte.

Wenn wir über uns sprechen, begreifen wir unsere Liebe als

einen Kristall. Einen Kristall, der im Leben viele Kratzer abbekommen hat. Es sind genug, wir wollen keine neuen hinzufügen. Wir möchten den Kristall wieder glänzen lassen. Und doch wissen wir, dass wir neue Kratzer hinzufügen werden. Dann, wenn wir nicht über unsere innere Ruhe und ausgewogene Kraft verfügen. Dann, wenn wir nicht genügend auf uns selbst achten.

Ich erinnere mich gut an unsere Gespräche, in denen ich Karlo sagte: »Ich will nicht, dass du mich verstehst. Niemals wird ein Mann eine Frau verstehen, und niemals wird eine Frau einen Mann verstehen. Das ist auch gut so. Das einzig Wichtige ist, dass wir uns respektieren, so wie wir sind. Wenn wir das lernen können, haben wir eine gemeinsame Zukunft.« Wie oft hatte ich in früheren Beziehungen meinen Partner gefragt: »Verstehst du mich?« Und wie oft hatte ich mit der Frage insgeheim verbunden: »Wenn du mich verstehst, dann ändere doch dein Verhalten.« Es funktionierte nie.

Ja, ich fühle mich stark, fühle mich gestärkt an der Seite dieses Mannes aus der mir nun nicht mehr so unbekannten Kultur. Er gibt mir seine Stärke, damit ich stärker werden kann. Und ich unterstütze ihn mit meiner Kraft, damit er weiter wachsen kann. Ich spüre, dass ich die Kraft habe weiterzuspringen. Meine letzte Sicherheit in meiner Heimat gebe ich auf. Ich habe keinerlei Versicherungen mehr, nicht gegen Krankheit, nicht gegen Hagel und nicht gegen Sturm.

Ich habe so viel Zuversicht, so viel Vertrauen in meine eigene Person gewonnen, in die vielen Facetten, die meine Persönlichkeit ausmachen. Ich habe mich angenommen. Nein, ich werde nicht zurückspringen ins Geringere, ich stehe hier auf meinen eigenen Füßen, die mich wohin auch immer tragen werden.

FEUER

❧

Auch durch das Feuer, auch über die rot glühenden Steine?

Sieben mal drei Meter groß ist die Fläche des rot züngelnden Steinmeeres. Der Meister hat es am Morgen entzündet – die Baumstämme liegen unten und die zu erhitzenden Steine darüber. Der Meister erhebt seine Stimme und spricht die Worte des *mana*. Er bittet die Kräfte des Meeres, des Windes, der Erde und alle Kräfte des Universums um Hilfe. Gegen Mittag ist es soweit. Begleitet von seinen Gehilfen schreitet der Meister an den Seiten entlang und schlägt mit den Blättern der heiligen *ti*-Pflanze auf die rot glühenden Steine und das dazwischen auflodernde Feuer, um es zu beruhigen. Danach eröffnet er das Feuergehen.

Er setzt als Erster seine Füße auf die rot glühende Feuermasse und geht von einem Ende zum anderen. Seine Gehilfen folgen ihm, während sie weiterhin mit den *ti*-Blättern auf das Feuer schlagen. Danach stellen sie sich an der Seite auf. Das sieben Meter lange züngelnde Meer ist für alle eröffnet.

»Früher wurde das Feuergehen in Notzeiten praktiziert, zum Beispiel dann, wenn eine Hungerszeit anbrach. Die Menschen sollten sich vereinigen und Gott und alle Kräfte bitten, der Not ein Ende zu bereiten. Das Feuer diente außerdem dazu, die Pflanzen *kape*, eine Taro-Art, und *ti* als Speise zuzubereiten.

Zuerst gingen die Menschen über das Feuer und anschließend, wenn das Holz verbrannt war, wurden *kape* und *ti* auf die Steine gelegt und bis zum nächsten Tag gegart. Das fertige Essen wurde dann unter allen Leuten verteilt.

Wir vertrauten den Meistern, weil wir wussten, dass sie mit Hilfe ihrer Kraft eine Schicht auf die Flammen legen konnten, die wie eine Eisdecke wirkte. Sie haben die Fähigkeit, eine Schutzschicht aufzubauen, auf der du mit bloßen Füßen gehen kannst, ohne die Hitze auch nur zu spüren, geschweige denn dich zu verbrennen. Ein Meister war der Vermittler zwischen der Erde und dem höchsten Gott. Er wurde vom König ausgesucht, der für uns ja die physische Repräsentanz des Gottes darstellte. Deshalb verfügte der Meister über das *mana*, so dass wir, die Menschen, über das Feuer gehen konnten, ohne uns auch nur im Geringsten zu verletzen.«

»Warum bist du durch das Feuer gegangen?«

»Nicht aus Neugier. Ich wusste, dass das *mana* existiert. Ich wollte die Kraft des *mana* kennen lernen, ich wollte es selbst spüren. Ich selbst bin ein Meister auf einem anderen Gebiet, ich habe mich innerlich vorbereitet. Man konnte mich zwar physisch über das Feuer gehen sehen, doch befand ich mich einige Meter darüber. Mein Körper war zwar sichtbar, und doch war ich nicht dort. So ging ich über das Feuer.«

»Gab es Menschen, die sich verbrannten?«

»Ja, es gab einige Leute, die sich die Füße verbrannten. Doch nur mit Brandblasen, nicht so, als ob du ein Stück Fleisch in ein glühendes Feuer wirfst. Der Meister sagte, dass Personen mit Verbrennungen zur Heilung zu ihm kommen sollten. Er schlug mit den Blättern der *ti*-Pflanze auf ihre Fußsohlen und sprach dabei Worte des *mana*. Nichts weiter. Nach einiger Zeit sagt er dann zu dem Betreffenden: ›Du kannst jetzt gehen. Geh nach Hause‹. Er fragte dich nicht, ob es noch schmerzte, er wusste, du bist geheilt.«

»Warum hast du es ein zweites Mal gemacht?«

»Das war sieben oder zehn Jahre später. Ich wollte die Kraft des *mana* erneut spüren. Ich ging zusammen mit Freunden und meiner Freundin, die diese Erfahrung noch nicht gemacht hatten, abermals dorthin. Meine Freundin hat sich die Füße verbrannt. Sie hatte die feste Regel, sich nicht umzudrehen, sondern nach vorn, zum Ende des Feuers zu schauen, nicht eingehalten. Ungefähr in der Mitte drehte sie sich um. So, als wollte sie den hinten stehenden Menschen sagen: ›Schaut her, hier bin ich!‹ Das ist schlecht. Es ist, als ob sie sich über diejenigen, die Angst hatten, lustig machen wollte – und da hat sie sich verbrannt. Aber es war nicht schlimm. Der Meister schlug mit den *ti*-Zweigen auf ihre Fußsohlen und forderte sie kurz danach auf, sich auf den Heimweg zu begeben. Er hatte sie einzig und allein mit den Blättern des *ti* und seinen Worten geheilt. *Ti* ist eine heilige Pflanze, eine Pflanze des *tapu*, eine Pflanze des Respekts.«

»Warum wird dieses Ritual mit Feuer und nicht mit Wasser durchgeführt? Wasser ist doch das Symbol des Lebenssaftes?«

»Beantworte es dir selbst!«

»Feuer ist Energie, ist Nahrung, die der Körper benötigt, um zu funktionieren, um zu arbeiten. Vielleicht deshalb?«

»Feuer und Wasser sind Leben.«

»Ohne Wasser kann man nicht leben, ohne Feuer schon.«

»Wie bitte? Das sagst du! Ich spreche von unserer Philosophie. Ein Mensch kann ohne Feuer nicht leben. Nein, bei dem Feuer, von dem ich spreche, handelt es sich um ein anderes Feuer. Es ist ein höheres Feuer, das Feuer in dir. Es ist das Feuer, das deinen Geist öffnet. Das Feuer ist das Licht. Dieses Ritual wird mit Feuer und nicht mit Wasser durchgeführt, damit wir Ungläubigen wieder Vertrauen zu uns selbst finden. Deshalb benutzt der Meister dieses Element. Natürlich hast du mehr Angst vor dem Feuer als vor dem Wasser. Das Feuer ist gefährlicher, und genau deshalb benutzt er es! Du siehst den Meister. Ohne zu rennen, ohne seine Schritte zu beschleunigen, geht er die sieben Meter über die rot glühenden Steine. Und dann folgst du ihm, du vertraust ihm, und du vertraust dir. Wenn du es einmal gemacht hast, wirst du es nie wieder vergessen.

EINWEIHUNG

❧

Die Spaten stechen tief in die steinige Erde. Das Erdloch vergrößert sich. Langsam nimmt es die angestrebten Ausmaße von zweieinhalb mal vier Metern an. Dicke Baumstämme füllen es vollständig aus. Sorgsam ausgesuchte Steine bedecken das trockene Holz. Ein kleiner Hügel wartet darauf, angezündet zu werden. Dies ist keine Vorbereitung zum Gang über das Feuer, sondern für das *umu kai*, das Essen im Erdofen. Die feierliche Einweihung des *Ahu Vaka Tupuna Maori* wird zelebriert.

Bananenblätter und Palmwedel liegen bereit für die Zubereitung des Essens. Das Rind ist geschlachtet, und die Fleischstücke sind zerkleinert. Kürbisse, Papayas und Bananenstauden sind die gelben Farbtupfer neben den roten Tomaten und den dicken cremefarbenen Süßkartoffeln. Kein Funke Nervosität stört die Stille der heranziehenden Nacht. Alles ist sorgsam vorbereitet. Die festen Blätter des Gummibaums dienen als Teller und warten darauf, mit dampfendem Essen gefüllt zu werden. Die stundenlange Arbeit ist beendet, und die Helfer ruhen sich aus. Und auch der *moa*, der weiße Hahn, der die letzten Tage unser Gast war, hat seine letzte Mahlzeit erhalten. Morgen soll er den Göttern und *tupuna* zu Ehren geopfert werden.

Die Dokumentation über die Konstruktion von Karlos *ahu*

und unser Zusammenleben ist im letzten Moment fertig geworden. Es ist ein Buch aus zwei eigenständigen Dreiecken, die aneinander gelegt ein Rechteck ergeben. Sie bilden das einheitliche Ganze, sie reflektieren unser gemeinsames Leben. Die Texte und Fotos sind eine bleibende Erinnerung und gleichzeitig eine Rückbesinnung auf den Beginn unserer Beziehung bis zum heutigen Tag.

Hoch oben im Wind flattern fröhlich drei Rapa-Nui-Flaggen. Rot erstrahlt das *reimiro*, das königliche Amulett auf weißem Hintergrund, und blickt hinunter auf die geladenen Gäste, die nun mit ihren Geschenken eintreffen: Fangfrische Thunfische, frisch geschlachtete Hähnchen, Maniok und Taro aus dem eigenen Garten, harpunierte Küstenfische und vieles mehr legen sie in unsere Hände. Das Feuer ist entzündet, und ab jetzt wird es Stunden dauern, bis die über den Holzstämmen liegenden Steine glühend heiß sind. So heiß, dass all dieses Essen, gut zugedeckt, darin garen kann.

Kürbis, Papaya und Bananen werden klein gerieben. Mit Mehl und Zucker vermischt, bilden sie eine Masse, die in Bananenblätter eingewickelt wird. Diese Päckchen werden zusammen mit dem Fleisch, dem Fisch und allen anderen Nahrungsmitteln im Feuer garen.

Die Baumstämme sind verbrannt, die Steine glühen mittlerweile, und die Flammen züngeln lebendig zwischen ihnen empor. Palmwedel bedecken schützend die Flammen, die Bananenblätter liegen obenauf, und das komplette Essen wird damit zugedeckt. So gart alles über einige Stunden langsam vor sich hin und verliert nichts von seiner Würze. Erde bedeckt den kleinen Hügel, damit sich kein Wind hineinschleichen kann, der das Feuer erneut entfachen und alles verbrennen würde.

Der Festtag präsentiert sich von seiner schönsten Seite. Die Sonne verfärbt langsam den Himmel, und übermütig schüttet sie ihre unterschiedlichen Gelb- und Rottöne aus. Das ist ihr Geschenk, um die Einweihung gebührend einzustimmen. Zu Beginn der Zeremonie wird sie nicht mehr anwesend sein. Sie wird die andere Seite der Erde bestrahlen. Hier bei uns werden die Sterne die glanzvolle Dekoration und dezente Beleuchtung für die Einweihung des *ahu* sein. Wir haben bewusst die Zeit des Neumonds gewählt, damit die Fackeln, aus langen dünnen Holzstangen und Juteresten gefertigt, mit ihrer Wärme und Lebendigkeit zur feierlichen Atmosphäre beitragen.

HATU

స్

Entfacht ist auch das kleinere Feuer für das *umu hatu*, das heilige Essen zu Ehren der Götter. Es lodert an dem Eckpunkt des *ahu*, wo sich symbolisch die Insel Rapa Nui befindet. Außer Karlo und mir ist kein weiterer Teilnehmer bei dieser Zeremonie zugelassen. Graciella, die ältere Frau, die auch die Heilpflanzen wirken lassen kann, wird zu den Göttern und *tupuna* sprechen.

Ich begleite Graciella. In ihrem Arm trägt sie den lebendigen weißen Hahn. Obwohl ich innerlich aufgewühlt bin, wirke ich nach außen sehr ruhig. Gebannt bleibe ich an ihrer Seite und vernehme ihre Worte in der mir unverständlichen Rapa-Nui-Sprache. Ihre Stimme erhebt sich, wird lauter und eindringlicher, der Wind soll sie weit hinaustragen. Sie ruft die Vorfahren bei ihren Namen und fordert sie auf, zu uns zu kommen. Alle sollen es hören, das »Dankeschön« für die Zeit des Schutzes, mit der die Götter uns beschenkt und begleitet haben.

Das Feuer lodert zwischen den Steinen des *umu hatu*, und weißer Rauch steigt auf. Sie hält den weißen Hahn kopfüber darüber und schwenkt ihn immerzu in alle Himmelsrichtungen. Ganz in sich selbst versunken hebt und senkt sie ihre Stimme, variiert die Lautstärke ihrer Worte. Gleichzeitig, mit einem kurzen entschlossenen Ruck, tötet sie den Hahn, indem sie ihm das Genick bricht. Seine Flügel flattern ein letztes Mal im weißen Rauch, und sie schwingt ihn weiter hin und her. Leblos baumelt der Kopf herab, und in einem fort bittet Graciella um Segen und Wohlergehen, erbittet ein letztes Mal alles Gute von den Göttern und *tupuna*.

Gebannt verfolge ich diese Zeremonie und nehme teil an etwas vollkommen Unbekanntem. Tränen rinnen mir die Wangen hinunter, ich kann sie nicht zurückhalten und mich nicht von der Stelle bewegen. Die Kraft der Worte hält mich fest. Graciella kommt auf mich zu und nimmt mich wie selbstverständlich in ihre Arme. Ich möchte allein sein, keinen Menschen sehen oder spüren und schmiege mich zugleich weinend an Graciella.

In einem Arm den leblosen Hahn, im anderen mich, so geht sie mit mir wortlos zum Meer hinunter. Sorgfältig rupft sie eine Feder nach der anderen aus und sammelt sie in einem Beutel, damit sie der Wind nicht mit sich fortträgt. Der Hahn wird ausgenommen und die Innereien gesäubert. Eingewickelt in Bananenblättern und gefüllt mit Kräutern gart er dann zusammen mit Kartoffeln und Fisch auf den heißen Steinen des Erdofens.

Zwei Stunden später werden Graciella, Karlo, ein Freund und ich es verspeisen. Ich fühle mich sehr geehrt.

FEST

❦

Die Sonne verabschiedet sich, und die ersten Sterne begrüßen uns zögernd. Die Gäste sitzen zusammen, erzählen und warten geduldig. Einige Mitglieder aus Karlos Theatergruppe *Mata Tuu Hotu Iti* haben sich umgezogen und ihre traditionelle Festkleidung angelegt. Hohe Federkronen schmücken nun ihre Köpfe und Lendenschurze aus Mahute bedecken ihre Geschlechter. An ihren Armen und Beinen spielt der Wind in den Federbüscheln aus bunten Hahnenfedern. Das *ao* und das *ua*, hölzerne Zeremonialpaddel mit doppelten Gesichtern, in den Händen, stehen sie neben Karlo, mir und einem Freund, der einen Stein des *ahu* gemeißelt hat. Karlo trägt den Stein des Friedens um seinen Hals. Er erhebt seine Stimme und spricht zu den Anwesenden. Alle Gäste sitzen in einem weiten Halbkreis still um ihn herum und hören ihm aufmerksam zu.

Er erklärt, warum er den *ahu* konstruiert und dreieckig gestaltet hat. Er versucht zu vermitteln, dass es möglich ist, die Dinge zu realisieren, die man wirklich will. Anschließend bedankt auch er sich bei den Göttern und *tupuna* für ihren Schutz. Zum Schluss bittet er die Anwesenden, die eigene Kultur nicht zu vergessen, sondern lebendig zu erhalten. Er fordert seine Mitmenschen auf, sich auch in diesem südöstlichen Teil des Dreiecks für die kulturelle Einheit der Maori einzusetzen.

Ich vernehme seine Worte und spüre die Kraft, die er ihnen verleiht. Ruhig und gleichzeitig sehr aufgeregt, stehe ich wartend neben Karlo. Vor zwei Tagen hat er mir gesagt, dass ich eine der beiden auserwählten Personen bin, die vom *umu hatu* essen dürfen. Ich darf es deshalb, weil ich zwei Steine des *ahu* mit meinen Händen gemeißelt habe. Damit habe ich die Erlaubnis erhalten, bei der Einweihung öffentlich zu sprechen. Als ich davon erfuhr, befiel mich ein mulmiges Gefühl, und gleichzeitig war ich von einem tiefen Stolz über diese große Ehre erfüllt. Ich wollte nicht von meiner Angst dominiert werden, und so entschied ich mich, diesen Schritt zu wagen.

Zwischen einhundertfünfzig und zweihundert Menschen schauen mich nun erwartungsvoll an. Die lodernde Fackel taucht mich in ein warmes Licht und lässt den weißen Federkranz auf meinem Kopf erstrahlen. Langsam, ruhig und deutlich fließen die Laute aus meinem Mund heraus. Ich verspüre keinerlei Nervosität mehr. Es ist, als ob die Worte sich allein formten, aneinander reihten und Sätze bildeten. Ich spüre die Menschen und ihre Zuneigung, die mir Kraft verleiht. Ich bedanke mich für ihre freundliche Aufnahme und ihre Unterstützung auf meinem neuen Weg. Ich bedanke mich bei ihren Göttern und *tupuna*, die auch mich unter ihren Schutz nehmen und mir die Möglichkeit geben, neue Werte und Lebensweisen zu erlernen. Ich fühle mich von ihnen adoptiert. Mit der Bitte um den Segen aller Kräfte des Universums verabschiede ich mich: »*Mauuru*« – danke schön.

Während ich noch mit einigen Gästen spreche, die mir zu meinen Worten gratulieren, wird das *umu kai* geöffnet. Die Helfer entfernen die Erde, und vorsichtig tanzen die ersten wohlriechenden Essensdüfte aus dem Erdofen. Die angesengten vergilbten Palmwedel liegen an der Seite, und die bräunlichen Bananenblätter bedecken schlaff gedünstet das Festessen. Der Thunfisch ist gar, dampfend erscheinen die ersten

Süßkartoffeln, die Bananenpäckchen werden ausgepackt, und *poe*, die kuchenähnliche Beilage aus Papaya und Banane, wird herausgeschält. Die im eigenen Saft gegarten Fleischstücke füllen die geflochtenen Körbe, und die Gäste setzen sich im Kreis auf die Erde. Ein letztes gemeinsames Gebet an die Götter, und die lebhafte Unterhaltung verwandelt sich in ein kauendes Gemurmel.

Jeder erhält eine Portion zarten Fleisches, ein Stück Fisch, dessen weißes Fleisch sich von selbst von den Gräten löst, und das von allen geschätzte honigfarben gebackene *poe*. Gegessen wird mit den Fingern. Schalen mit Wasser werden herumgereicht, so dass sich jeder die Hände säubern kann. Zum Schluss verschwinden alle Reste mitsamt der Blätter im Loch des Erdofens. Erneut wird Erde darüber geschüttet, und alles ist ordentlich sauber aufgeräumt.

Eine entspannte Atmosphäre breitet sich unter dem Beifall der Sterne aus. Ein Glas Wein versüßt den Gesang zu Gitarre und Akkordeon. Venus, der Morgenstern, zieht am rötlichen Morgenhimmel heran und ermahnt die letzten Gäste, sich auf den Nachhauseweg zu machen. Selbst die Hunde liegen zufrieden und satt in einer Ecke und rühren sich nicht mehr. Ein Knochen zwischen den Pfoten dient wohl als Beweis, dass dies kein Traum vom Schlaraffenland, sondern Wirklichkeit war. Ein schönes Einweihungsfest ist zu Ende.

ALLTAG

~

Die hellen Tage ziehen von uns fort zu anderen Teilen der Erde, die uns dafür die Nächte senden. Holzfeuer zu entzünden, Fische auszunehmen und Taro anzupflanzen ist mein vertrauter Alltag geworden. Der Strand wird weiterhin von den warmen Wellen umspült, und die Palmen lassen nach ihrem Gutdünken die Kokosnüsse herunterfallen.

Unseren Lebensrhythmus bestimmt die Natur. Abends, wenn uns die Dunkelheit umschließt, gehen wir früh ins Bett oder genießen die heraufziehende Kühle im Gespräch bei einer Flasche Wein. Wenn ich nachts aufwache und kein »Kikeriki« des Hahnes höre, weiß ich, dass der Tag noch nicht angebrochen ist. Ich drehe mich nochmals um und versinke in den nächsten Traum. Dringt dagegen Gepiepse an meine Ohren, bedeutet das, dass die Sonne im Anmarsch ist. Ich kuschele mich ein letztes Mal in Karlos Arme, krabbele aus unserem *hakapupa* und begrüße die zerbrechliche Morgenröte.

Noch immer genieße ich es, mich auf den Boden zu legen, mein Ohr möglichst nahe ans Nest unter unserer Sitzbank zu halten und fasziniert dem ersten schwachen Piepsen der frisch geschlüpften Küken zu lauschen. Ich bin neugierig und kann kaum abwarten zu sehen, wie viele es sind und mit welchem Farbmuster der Flaum ihre zerbrechlichen Körper bedeckt. Ich möchte diese Federgewichte mit meinen Händen umschließen und die Henne am liebsten aus dem Nest nehmen. Dieses quicklebendige zweimal Nichts wird wohl immer ein Geschenk für mich sein.

Die brütende Henne ist wie ein Kalender. Egal, welches Wetter ist, egal, was um sie herum geschieht, sie brütet exakt einundzwanzig Tage lang stur das Leben in ihren Eiern aus. Schmunzelnd erinnere ich mich an die Antwort eines kleinen Rapa-Nui-Mädchens, das ich bat, unsere Hühner anzulocken und mit Reis zu füttern. Erschrocken fuhr sie zusammen: »Aber Tante, das kann ich nicht. Ich spreche doch kein Deutsch!«

Eins habe ich immer noch nicht gelernt, falls ich es überhaupt jemals lernen werde: die Sprache der Rapa Nui. Mein erster Versuch ging so daneben, dass ich es kein zweites Mal gewagt habe. »*Hanga a au kite ai*«, bat ich freundlich lächelnd einen Freund von Karlo. Ich war der festen Überzeugung, dass ich um Feuer für meine Zigarette gebeten hatte. Verblüfft sah er mich an, aber ich lächelte unbekümmert weiter. Ich ahnte nicht, dass ich ihn aufgefordert hatte, mit mir zu schlafen. Ein einziges kleines »h« hatte ich vergessen. *Ahi* hätte es heißen müssen, und nicht *ai*. Wir konnten das Missverständnis zum Glück ohne weitere Peinlichkeiten klären.

So paradox es klingt – der Tod eines Menschen, den ich auf dieser Insel kennen gelernt hatte, gibt mir ein Gefühl von Heimat. Ich weiß noch genau, wie der Bekannte kam, um sich zu verabschieden, da er wusste, dass seine Zeit auf der Erde zu Ende ging. Er hatte Schwierigkeiten, sich zu artikulieren, und seine Füße versagten ihm den Dienst. Der Krebs fraß ihn innerlich auf. So bat er seinen jüngeren Bruder, ihn ein letztes Mal mit dem Auto zu allen Freunden zu fahren, um sich von ihnen zu verabschieden. Eine Woche später wurde sein Körper begraben.

Auch der Tod des einzigen Sohnes einer guten Bekannten

hat mich sehr bewegt. Nur elf Jahre durfte er alt werden, da verließ er unsere Erde. Zwei Tage nach dem Tod seines Großvaters zog sein Geist in eine andere Welt. Ich trauere mit den Hinterbliebenen, und es tut mir gut, wenn sie meine Trost spendende Schulter akzeptieren. Durch den Tod und die Trauer fühle ich mich dazugehörig und mit ihnen verbunden.

Keine Armbanduhr verziert mein Handgelenk, und kein Wecker unterbricht meine Träume. Der Stand der Sonne gibt mir Auskunft über die ungefähre Uhrzeit, und nachts lese ich die Zeit anhand der Sternenkonstellation ab. Und weder eine Tageszeitung noch Fernsehnachrichten mit den neuesten Meldungen hinterlassen Spuren in meinen Gedanken.

Wie selbstverständlich mir mittlerweile vieles geworden ist, spüre ich dann, wenn ich hier Menschen aus meiner alten Heimat gegenüberstehe und versuche, ihre Fragen zu beantworten.

Ich entsinne mich zum Beispiel an eine Frau, die mich fragte: »Was machst du, wenn du nachts lesen willst?«

»Ich will nachts nicht lesen«, antwortete ich.

»Aber was machst du, wenn du es trotzdem einmal möchtest?«, hakte sie ungläubig nach.

Wieder konnte ich nichts anderes antworten: »Ich will nachts nicht lesen.« Das war für sie unvorstellbar, und sie fragte immer wieder nach. Ich gab auf, denn ich konnte es nicht erklären. Vielleicht ist es auch nicht vermittelbar, dass ich das mache, was die Natur mir erlaubt zu tun. Die nächtliche Dunkelheit ist für mich nicht dazu da, gedruckte Zeilen zu lesen.

Ein andermal sprach ich mit einem Mann, der einfach nicht verstehen wollte oder konnte, dass das Bücherlesen für mich nicht mehr die Bedeutung hat wie früher, dass ich die immense Auswahl an Büchern, die in Deutschland eine Selbstverständlichkeit für mich war, nicht vermisse. Es war unbegreif lich für ihn, und freundlich kopfschüttelnd verließ er unser *paepae*.

Ein Buch liegt stets aufgeschlagen vor mir. Das Buch bin ich selbst. Einzelne Kapitel verstehe ich täglich besser, andere bereiten mir Schwierigkeiten. Aber die Entscheidung, wann ich umblättere und die nächste Seite aufschlage, um weiterzulesen, liegt ausschließlich bei mir selbst. Bücher, in denen Weisheiten vermittelt werden, müssen nicht in gedruckte Buchstaben gefasst sein.

GUT

᷌

So wie das Gute zum Schlechten gehört, gehört das Schlechte zum Guten. Das Gute kann nicht Normalität sein, sonst geht sein Wert verloren.

Gesagt ist das allzu leicht. Mir ging es offenbar zu lange gut, und nun muss ich meine Lektion lernen. Ich schlafe schlecht und werde von fürchterlichen Schmerzen geweckt. Auf meiner linken Handinnenfläche hat sich eine klitzekleine rötliche Blase gebildet, und ich habe keine Ahnung, woher sie stammt. Der Schmerz ist nicht mehr auszuhalten. So nehme ich zitternd eine feine Nähnadel und steche die Blase bei Kerzenlicht auf. Augenblicklich lässt der Schmerz nach und wässriger gelber Eiter quillt heraus. Am nächsten Tag ist die Wunde größer, und zusehends wächst ein tiefes Loch in meiner Hand. Und so geht es weiter. Neue Blasen entstehen an Fingern und Handgelenken. Sie platzen von allein und eitern und eitern. Meine Hände sind offen und unbrauchbar.

Ich probiere alle möglichen Heilpflanzen aus, nichts hilft. Verzweifelt tröpfle ich mir unverdünntes Chlorwasser in die offenen Wunden. Die einzige Reaktion: Ich sehe auch tagsüber Sterne. Auch mein Urin hilft weder die Wunden zu verschließen noch dem Eiter Einhalt zu gebieten. Ich erstarre täglich mehr. Eine Blase schließt sich, dafür wachsen zwei neue heran. Ich betrachte nur noch meine Hände und warte auf eine neue kleine Blase, die heranwächst, aufplatzt und ein weiteres tiefes, schmerzhaftes Loch hinterlässt. Morgens und abends reinigt Karlo meinen Körper, weil ich vor Schmerz nicht einmal meine Hände mehr waschen kann. Ich schäme mich zutiefst, schäme mich meiner lähmenden Hilflosigkeit. Über einen Monat lang beobachte ich ständig meine Hände, die wie nutzloses Werkzeug fest mit mir verbunden sind.

Eines Morgens wache ich auf und erzähle Karlo meinen Traum aus der vergangenen Nacht: »Im Traum erschienen mir meine frisch geschlüpften Küken. Sie liefen sorglos auf den schwarzen Lavafelsen entlang. Die Flut kam, und die Wellen kamen näher und wurden höher. Ich hatte nur eins im Kopf: Das Wasser wird meine Küken schlucken und mit sich forttragen!

Also kletterte ich vorsichtig die steilen Felsen hinab. Sorgfältig prüfte ich jeden einzelnen Stein, bevor ich ihm mein Gewicht anvertraute. Etwa in der Mitte der Felswand löste sich plötzlich der große Stein, auf dem ich stand. Er kullerte langsam nach unten. Er rollte und rollte, während ich mich mit meinen Händen verzweifelt an ihm festklammerte. Ich war mir sicher, dass er mich mit sich in die Tiefe nehmen würde. Doch nach einigen Momenten, mir schien es wie eine Ewigkeit, hakte er zwischen anderen Felsen fest. Ich hing weiterhin unversehrt unter ihm, und der Stein sprach zu mir: ›Du hast dein Vertrauen in dich selbst verloren!‹«

Und es ist wahr. Lange überlege ich hin und her, was ich machen soll und was ich machen kann. Zunächst benutze ich vorsichtig meine Hände wieder. Das Signal habe ich verstanden: Ich bin auf einem falschen Weg, ich achte nicht mehr genug auf mich selbst. Ich will Skulpturen machen, ich will schreiben, ich will pflanzen, und ich will Ketten machen. Ich will dieses, ich will jenes und alles auf einmal, alles zur selben Zeit. Ich will vor allen Dingen keine Grenzen mehr akzeptieren. Ich fühle mich so stark, so kraftvoll, so voller Energie, dass ich nicht merke, dass ich viel zu viel auf einmal will. Doch jedes Ding benötigt seine Zeit, jedes Vorhaben seinen richtigen Zeitpunkt und einen richtigen Zeitraum.

Und jetzt habe ich die Quittung erhalten. Weil ich zu viel auf einmal wollte, kann ich überhaupt nichts, rein gar nichts mehr machen. Mir sind im wahrsten Sinne »die Hände gebunden«. Schließlich greife ich zur westlichen Medizin und schlucke Antibiotika gegen die schlimme Streptokokken-Infektion. Meine Wunden heilen allmählich wieder zu. Als sichtbare Erinnerung, wie zur Ermahnung, bleiben die Narben zurück.

Ich lehne mich zurück und überlege. Es scheint, als wollte der Vollmond mir zuliebe heute Nacht nicht weiterziehen, und unter seinem lächelnden Licht nehme ich mir vor, geduldiger zu werden und abzuwarten, was auf mich zukommt, anstatt übereifrig zu planen und Dinge zu überstürzen.

MAHUTE

❧

Während meine Hände den Stock in die Hand nehmen, um Mahute zu klopfen, öffnet sich auch mein Geist wieder. Karlo und ich sitzen nebeneinander auf einem Baumstumpf. Jeder hat seinen Holzschlegel, und jeder hat einen im Laufe der Jahrhunderte vom Meer glatt geschliffenen Stein vor sich liegen. Der dreißig bis vierzig Zentimeter lange abgezogene Bast eines Maulbeerstrauches wartet auf seine Bearbeitung.

Tock, tock, tock – die Schlegel finden ihren Rhythmus und erfüllen die Ruhe mit Musik. Schon vor 1500 Jahren saßen hier die Menschen zusammen und klopften das Material, um Kleidung daraus herzustellen. Mahute für den *hami*, Mahute für den Umhang, Mahute für die Schnüre.

Der niedrige Strauch ist ein kostbares Gut auf dieser Insel. Nur zwischen den Steinen, wo sich genügend Feuchtigkeit sammelt, schlägt er Wurzeln. Karlo zieht mit den Hunden in aller Frühe los. Er kennt die Stellen, an denen Mahute wächst, und er weiß, wie er die Stängel abschneiden muss, damit neue nachwachsen können. Wir setzen die Pflanze in unseren *manavai*, schneiden sie und pflanzen sie neu für das nächste Jahr. So ist ihr Fortbestand gesichert.

Wenn Karlo mit den Mahute-Stängeln zurückkehrt, schaben wir mit einem scharfen Messer vorsichtig die dünne Rin-

300

de ab, um die darunter liegenden Fasern der Bastschicht nicht zu beschädigen. Ist die cremeweiße Hülle von allen Resten gesäubert, wird die fest sitzende Bastschicht der Länge nach eingeschnitten. Ein ständiges behutsames Klopfen des Stängels bewirkt, dass der Bast sich nach und nach vom festen Holz löst. Je nach Alter und Standort der Pflanze ist auch die Beschaffenheit des Materials unterschiedlich. Der abgezogene Bast ist vier bis sieben Zentimeter breit und ein bis vier Millimeter dick. Abgezogen, das Innere nach außen gekehrt, trocknet er und lässt sich so bis zur weiteren Bearbeitung gut aufbewahren.

Tingitingi mahute – Mahute klopfen – ist für mich eine meditative Beschäftigung. Stundenlang sitzen Karlo und ich zusammen und lauschen den dumpfen Schlägen, wie es vor Hunderten von Jahren die *tupuna* taten. Nein, die *tupuna* sind nicht nur die Vorfahren. Das Wort beinhaltet noch vieles mehr.

»Die *tupuna* sandten mich auf dieses Fleckchen Erde. Ich habe ihnen zu folgen, ich habe ihre Kenntnisse zu respektieren und ihre Weisheit zu erlernen. Sie waren die Weisen, nicht ich. Sie lebten in der Einheit, sie lebten mit den Göttern und im Einklang mit dem Universum.« Das ist Karlos Einstellung zu seinen Vorfahren, zu seiner Vergangenheit.

»Die Verbindung mit dem Kosmos und das Leben im Einklang mit dem Universum – das ist so schwer zu verstehen für mich.« Mit diesen Worten unterbreche ich die uns umgebende Stille.

»Erinnerst du dich an die Situation, als Marko beim *tapati*-Fest um Regen bat? Ich weiß nicht, ob du dich ganz auf ihn konzentriert hast, als er die Götter um Regen bat. Ich jedenfalls fühlte mich in diesem Moment mit ihm verbunden. Ich wollte seine Intensität messen wie ein Messinstrument, das ich dir unter die Achseln stecken könnte, um deine Körpertemperatur zu ermitteln. In genau so ein Instrument habe ich mich verwandelt. In ein Instrument, mit dem ich die Intensität, die Wahrhaftigkeit dieses Mannes messen konnte. Ich war mit ihm verbunden, wir waren eins. Ich war er. Ich spürte, wie die Vibration seiner Energie die meine berührte. Dann kam ein Moment, in dem er mehr Energie benötigte. Auch dies spürte ich. Deshalb habe ich ihm meine Energie angeboten, er hat sie angenommen, und so addierten sich die Kräfte.

Erinnerst du dich, was passierte, als das Fest zu Ende war? Es goss in Strömen. Eine Stunde lang regnete es sintflutartig. Jetzt frage ich dich: Was war das? Es war die Energie dieses Meisters. Sie war sehr stark, er war mit dem Universum verbunden.« Ja, das habe ich mit Erstaunen miterlebt, daran erinnere ich mich gut. Aber eine Vorstellung, wie das funktionieren könnte, habe ich bis heute nicht. Sich mit dem Universum verbinden, um Regen bitten und ihn dann erhalten?

Ich bin nachdenklich und in mich selbst versunken, während meine harten festen Schläge die ersten Fasern des Bastes auseinander treiben. Mein etwa sechs Zentimeter breites Ausgangsstück dehnt sich, wird breiter, und die Fasern verfilzen langsam. Und ich frage gespannt nach: »Hast du gespürt, dass er dir Kraft weggenommen hat?«

»Nein, es war nicht so, als hätte der Meister mir meine Energie weggenommen. Er war genau wie ich in der Luft aufgehängt und wartete dort auf die Verbindungen, die er benötigte. Er wartete auf jegliche Hilfe, die ihm angeboten wurde. Er war auf der Suche. Als seine Kräfte nachließen, suchte er nach mehr Energie, um das zu realisieren, worum er bat: Regen. Ich sah und fühlte ihn in der Luft. Physisch saß ich zwar neben dir, und er stand auf der Bühne, doch mental waren wir in der Luft, um nicht zu sagen im Universum. Er brauchte meine Kraft, und deshalb habe ich mich mit ihm vereint. Verstehst du das?« Karlo feuchtet das Baststück erneut an, dreht es um und bearbeitet die andere Seite.

302

Ich halte einen Moment inne, denke kurz nach, bevor auch mein tock, tock, tock erneut die Luft erklingen lässt. »Ich glaube, ich fange an, es zu verstehen.«

Ich erinnere mich auf einmal wieder an eine Situation in Köln. Mir ging es sehr schlecht, ich lag unruhig in meinem Bett, wälzte mich hin und her und fand keinen Schlaf. Nein, ich war nicht physisch krank, ich fühlte mich ausgelaugt, war am Ende meiner Kräfte und weinte lautlos in mein Kissen. In meiner Verzweiflung wurde meine Sehnsucht nach Karlo so stark, dass ich ihn rief und um Hilfe bat. Ich hatte keinerlei Vorstellung, wie er mir helfen könnte. Ich rief ihn einfach, denn ich brauchte ihn.

Und da spürte ich ihn plötzlich neben mir. Wir sprachen nicht miteinander, ich fühlte ihn nur, und das beruhigte mich. Ich hörte auf zu weinen und fiel in einen sehr tiefen Schlaf. Als ich am nächsten Morgen erwachte, stand ich auf und fühlte mich wie neugeboren. Ich konnte nicht verstehen, was mit mir geschehen war, denn ich hatte wieder all die Kraft, die ich benötigte, um die anstehenden Dinge zu erledigen.

Zurück in Rapa Nui fragte mich Karlo, was an diesem Tag mit mir passiert sei, dass ich ihn gerufen hätte. Ich war sprachlos. Hatte ich mir doch insgeheim vorgenommen, diese Situation ihm gegenüber mit keinem Wort zu erwähnen. Das Ganze hatte mich viel zu sehr verunsichert. Dann erklärte ich es ihm doch.

Lachend antwortete er: »Du hast bewusst oder unbewusst sehr viel Vertrauen in dich selbst gehabt. Zuerst in dich selbst und dann in mich. Deshalb hattest du in diesem Augenblick die Fähigkeit, mir durch das Universum eine Nachricht zu senden. Ich habe deinen Hilferuf empfangen und dir gesandt, worum du mich gebeten hast. Ich habe dir die gewünschte Kraft geschickt.«

Strahlend nahm er mich in seine Arme: »Merkst du, dass es

funktioniert? Hab keine Angst, geh weiter. Vertraue weiter in dich selbst und in das Universum!«

Ja, ich erinnere mich wirklich sehr gut daran. Es war eine tief gehende Erfahrung. Ich hatte keinerlei Erklärung, aber ich konnte es annehmen und genießen. Aber es ein weiteres Mal auszuprobieren hatte ich Angst, das war mir nicht geheuer.

Mein Mahute-Stück wächst und verbreitet sich zusehends unter meinen Schlägen. Ich fühle mich geehrt, dieses Material herstellen zu dürfen, und lasse den Stoff stolz durch meine Hände gleiten. Es ist ein wunderschönes Material: Es fühlt sich weich an, riecht einzigartig und behält seine natürliche helle Farbe. Tock, tock, tock – mein Stoff hat immer weniger Risse, wird immer breiter, immer feiner. Es ist ein Vergnügen, aus diesem harten schmalen Bast am Ende ein weiches Tuch von vierzig bis sechzig Zentimetern Breite hergestellt zu haben und es in den Wind zum Trocknen zu hängen. Wie viel Zeit ich dazu benötige, spielt keine Rolle, das Resultat ist wichtig. Tagelang klopfen wir gemeinsam Mahute. Es macht mir viel Freude, diese Art der Zusammenarbeit, die untermalt wird von unseren intensiven Gesprächen. Noch ahne ich nicht, wozu ich die Mahute-Teile nutzen werde. Vorerst warten sie in einem verschlossenen Koffer.

RENGA VAREVARE

☙

Wir sitzen an einem schattigen Platz und haben uns gegen den Wind einen bunten *pareu* um den Kopf gebunden. Vor uns liegen unsere angefangenen Skulpturen. Ich arbeite an einem weichen rotgrauen Lavastein, Karlo hält einen wohlriechenden Baumstumpf von fünfzig Zentimetern Höhe zwischen seinen Beinen. Ich möchte eine kniende Frau mit erhobenem Kopf und nach oben ausgestreckten Armen modellieren – eine Herausforderung, die mir gefällt, mich allerdings auch tagelang die Arbeit unterbrechen lässt, weil ich meine Vorstellung nicht realisieren kann. Dann schaue ich Karlo bei seiner Arbeit zu und warte, dass das Werkzeug erneut in meine Hände gleitet, um weiter zu gestalten. Karlos Skulptur soll den Namen *Renga Varevare* erhalten.

»Wer war Renga Varevare?«, frage ich.

»Er war ein Visionär unserer Insel. Soll ich dir die Überlieferung erzählen?«

»Ja«, sage ich gespannt.

»Renga Varevare, der Sohn von Te Nui, kam lange bevor die ersten christlichen Missionare die Insel betraten von der Halbinsel Poike. Er umrundete Rapa Nui an einem Tag und erzählte allen Menschen mit erhobener Stimme, was er in seiner Vision gesehen hatte. Am Morgen des folgenden Tages erreichte er schließlich wieder seinen Ausgangspunkt in Poike, und als die Dämmerung hereinbrach, legte er sich nieder und starb.

Die Vorhersage Renga Varevares lautete: ›Es wird ein Holzhaus in Tarakaiu gebaut werden.‹ Und genau an diesem Ort errichteten die Missionare viele Jahre später ihr erstes Missionshaus in einer für die Einheimischen unbekannten Bauweise, nämlich rechtwinklig und aus mitgebrachten Holzlatten.

›Es werden Schiffe unbekannter Bauweise hier landen‹ – Und Fremde mit vollkommen anders konstruierten Schiffen legten an der Insel an.

›Es werden Tiere mit dem Gesicht des Seepferdchens hier ankommen‹ – Es dauerte noch einige Jahre, und die Fremden brachten die ersten Pferde auf die Insel.

›Es werden verschiedene unbekannte Sprachen auf die Insel kommen und neue politische, kulturelle und soziale Konzepte mit sich bringen‹ – Heutzutage gehört Rapa Nui politisch zu Chile und die offizielle Sprache ist Spanisch.

›Der einzig wahre Gott wird zu den Menschen sprechen und ihnen den Weg zeigen‹ – Pater Englert sah dies als die Vorhersage, dass sein einzig wahrer Gott, nämlich der der katholischen Kirche, auf der Insel einziehen werde. Ich interpretiere es aber anders. Der einzig wahre Gott für den Rapa Nui Renga Varevare wird wahrscheinlich der Schöpfer des Universums gewesen sein, der Schöpfer seiner eigenen Kultur, der eigenen Philosophie, der eigenen Kosmologie.«

»Existiert für dich ein Gott?«

Karlo denkt kurz nach, bevor er mir antwortet: » Ich respektiere, was meine Vorfahren erzählen, die das Wort ›Gott‹ ausgesprochen haben. Ich respektiere diese Worte, die sagen: ›Es existiert ein Gott‹. Für mich ist ›Gott‹ in einem unantastbaren Raum. Ich habe weder die Kapazität, dorthin zu gelangen, noch ihn zu sehen. In allen Kulturen ist von ›Gott‹ die Rede, von einem Gott mit einer unantastbaren, nicht in Zweifel zu ziehenden Kraft. Für mich ist Gott das Universum. Der Mensch sucht immer nach etwas. Er sagt: ›Gott erschuf das Universum.‹ Doch es ist der Mensch, der Gott geschaffen hat.

Das Einzige, was der Mensch erlangen kann, ist das *mana*, das seine Kapazität und seine Gedanken erhöht. Dadurch öffnet er seinen Geist, spürt seine Energie und sieht das Licht. Das Licht ist für uns die Kapazität des Geistes. Denn dadurch kann der Mensch Frieden finden, Frieden mit sich selbst und mit den anderen.«

DIE ENTSTEHUNG DES UNIVERSUMS

❦

Das Zelt ist für unbestimmte Zeit neben uns aufgestellt, denn wir erhalten Besuch eines Freundes aus Aotearoa. Viele Abende verbringen wir mit dem angeregten Austausch über diesen Teil des Dreiecks. Eines Abends sagt er zu mir: »Ich denke, dass es an der Zeit ist, dir die Überlieferung meiner Vorfahren zur Entstehung des Universums zu erzählen.

Wir nennen unseren Schöpfer *Io*, und der Raum in ihm und um ihn ist ausgefüllt mit drei Energien namens *aroha*, *mana* und *mauri*. *Aroha* ist die heilige Energie der bedingungslosen Liebe, *mana* die unendliche und unzerstörbare Energie des göttlichen Geistes und *mauri* die spezielle Energie, die es für alle und alles möglich macht, in Übereinstimmung mit den Bedingungen der Existenz zu leben.

Zuerst erschuf Io das Nichts, und zuletzt hängte er die Himmel in ihrer spirituellen Existenz auf, und so auch unsere ersten Eltern, den Vater Himmel und die Mutter Erde. Sie lebten in ständiger Umarmung miteinander, und zwischen ihnen herrschte vollkommene Finsternis. So zeugten sie siebzig Kinder miteinander, die in den Achseln der Mutter Unterkunft fanden und dort in der Dunkelheit lebten. Eines der älteren Kinder entschlüpfte eines Tages daraus und sah zu seinem großen Erstaunen flimmerndes Licht. Aufgeregt erzählte es seinen Geschwistern von seiner Entdeckung.

Zwischen den Geschwistern bildeten sich zwei Gruppen: die einen, die weiterhin in der dunklen Geborgenheit leben wollten, und die anderen, die einen Plan schmiedeten, um Vater Himmel und Mutter Erde voneinander zu trennen, da sie die Helligkeit des Lichts bevorzugten. Tane-Nui-a-Rangi, das jüngste Kind, rief aus: ›Lasst uns unsere Eltern trennen! Lasst uns unseren Vater Himmel nach oben bringen, ihn dort aufhängen, und unsere Mutter Erde soll im Weltall liegen.‹ Und so geschah es denn auch. Die beiden Elternteile versanken in tiefstes Leid, die Mutter Erde trauerte ebenso wie der Vater Himmel.

Die Kinder erfreuten sich dagegen ihrer hellen Umgebung und begannen mit der Zeugung. Der eine erschuf die Sonne und den Mond und befruchtete die Sterne am Firmament, ein anderer alle Kreaturen der Luft und auch das Wetter, ein weiterer alle Fische und alles Leben im Ozean. Tane-Nui-a-Rangi erschuf die Fauna und Flora auf der Mutter Erde. Alle beteiligten sich an der Erschaffung der Dinge, die sich heute im Universum befinden. Wir alle stammen von unseren ersten Eltern, dem Vater Himmel und der Mutter Erde ab. Und auch für die Erschaffung von uns Menschen ist der jüngste Sohn verantwortlich.

Mit Hilfe von Io, dem Schöpfer, fand er den Strand der Nabelschnur, und aus dieser Erde formte er das Weibliche. Dann piekste er sie in die Nase und gab ihr die Lebensenergie. Sie öffnete den Mund, doch anstatt zu sprechen, nieste sie. ›Sie niest, es ist Leben!‹, rief Tane aus, und Io schenkte ihr die noch fehlende Seele. Tane gab ihr den Namen ›Die aus der Erde geformte‹, schlief mit ihr, und die erste Tochter, Hine-Titama, wurde geboren. Tane wusste, dass das männliche Element in seiner Tochter, nicht jedoch in seiner Frau vorhanden war. So schlief er mit seiner eigenen Tochter und hatte viele Söhne und Töchter mit ihr.

Eines Tages, als sie spazieren ging, hörte sie das Gras wispern: ›Arme Hine-Titama, weißt du nicht, wer dein Vater ist?‹ Und sie fragte Tane.

Er antwortete ihr: ›Ich bin dein Vater.‹

Hine-Titamas Herz zerbrach vor Scham, und die Tränen liefen ihr die Wangen hinab, als sie entgegnete: ›Ich werde einen Unterschlupf bei meiner Großmutter, der Mutter Erde, suchen und in die spirituelle Welt eintreten.‹ Tane wollte sie zurückhalten, doch sie blickte noch einmal in das geliebte Gesicht und verabschiedete sich mit den Worten: ›Geh zurück, mein Mann. Kehre um, und beschütze unsere Kinder. Ich habe die Erde verlassen und trete ein in die spirituelle Welt. Du musst unsere Kinder im Licht des Tages und in der Dunkelheit der Nacht beschützen. Ich werde für ihr spirituelles Wohlergehen sorgen, wenn sie zu mir zurückkehren.‹

Sie änderte ihren Namen in Hine-Nui-te-Po, ging durch das Tor und kehrte nie wieder auf die Erde zurück. Sie ist die Hüterin der spirituellen Welt, und wenn wir auf der Erde sterben, fliegt unser Geist in ihre liebevolle Umarmung.

Verstehst du? Deshalb haben wir keine Angst vor dem Tod. Wir werden auch dort beschützt sein. Für uns gibt es keine Vorstellung von einem Jüngsten Gericht, von einem Gott, der urteilt, der entscheidet über Hölle oder Paradies. Deshalb hat der Tod nichts Bedrohliches für uns«, schließt unser Freund seine Erzählung, die mich sehr beeindruckt.

Während meine Gedanken weiterhin mit dieser Überlieferung beschäftigt sind, knüpfen meine Hände geduldig Masche um Masche des letzte Nacht vom Hai zerfetzten Fischernetzes. Über mir ziehen, auf den Winden segelnd, die Fregattvögel unbeeindruckt ihre Kreise und halten Ausschau nach kleinen Fischen. Die Flügel angelegt, stürzt einer pfeilschnell in die tosenden Wellen. Doch der zappelnde Fisch im Schnabel ist zu groß. Er lässt ihn einige Meter nach unten fallen, jagt hin-

310

terher, zerteilt ihn in der Luft, und die Nahrung verschwindet in seinem hungrigen Schlund. Geräuschlos, wie sie angeschwebt kommen, ziehen die Vögel weiter und verwandeln sich in kleine schwarze Punkte weit draußen am dämmrigen Horizont.

VERBINDUNG

❧

Die Gestaltung meiner kleinen Frau macht Fortschritte. Je mehr Material ich entferne, desto klarer wird die Form. Die angedeuteten Brüste habe ich mit der *kauteki* weggemeißelt, der Kopf sitzt an der richtigen Stelle und ragt wie eine kleine Halbkugel aus den nach oben geschwungenen, angedeuteten Armen hervor.

»Wie kann der einzelne Mensch Kontakt mit dem Universum aufnehmen? Wie kann er sich mit ihm verbinden?«, frage ich Karlo. Viele Stunden habe ich nachgedacht, und gleichzeitig schwirren immer neue Fragen in meinem Kopf herum.

»Ich werde versuchen, es dir anhand eines Bildes zu verdeutlichen, das du kennst. Also, stell dir das Universum vor, als wäre es voller Schnüre, voller Kabel oder Drähte, nenne es wie du willst. Und darin ist alles, wirklich alles, enthalten. Die Vergangenheit, die Gegenwart und die Zukunft. Alles so genannte Gute und alles so genannte Schlechte steht darin geschrieben, auch für jeden einzelnen Menschen. Natürlich gibt es verschiedene Schnüre für die verschiedenen Personen. Jeder Mensch kann sich an sein persönliches Kabel anschließen.

Nehmen wir ein Beispiel zu Hilfe. Felipe hat eine Maschine, in die er hineinsprechen kann. Dadurch verbindet er sich mit einer Zentrale in Hanga Roa. Er drückt einen Knopf, spricht, und bittet darum, dass man mir, Karlo, ein Taxi nach Anakena schickt. Die Zentrale hat eine andere Maschine, die sich Telefon nennt. Die Person, die sie dort bedient, wählt nun eine bestimmte Nummer. Erhält sie eine Verbindung, sagt sie: ›Ein Taxi für Karlo nach Anakena bitte.‹ Und so kommt das Taxi hierher. Kannst du dir jetzt vorstellen, wie es im Universum ist?«

Nein, das eine ist der mir vertraute Alltag, das andere nicht. Ich verstehe nicht, wie ich persönlich mich mit dem Universum verbinden könnte.

Karlo erklärt weiter: »Das ist genau das Gleiche! Das Ding namens Walkie-Talkie arbeitet mit einer Frequenz, das Telefon funktioniert mittels Frequenzen, alles sind Frequenzen, alles sind letztendlich Vibrationen. Und auch du hast sie! Das Einzige, was du tun musst, ist, dich mit deinem Kabel im Universum zu verbinden. Es ist so, als ob du einen Stecker in eine Steckdose steckst. Denn alles ist im Universum enthalten. Deine Aufgabe ist es nur, deine eigene Verbindung herzustellen. Du kannst um Hilfe bitten, und so wirst du die nötige Unterstützung erhalten, die dir hilft, dich zu reinigen, dich zu läutern, damit sich dein Geist im Sinne der Spiritualität öffnet. Jeder Mensch hat diese Möglichkeit, jeder Einzelne muss seinen eigenen Weg suchen, um sich mit dem Universum zu verbinden.«

Meine kleine Frau liegt längst an meiner Seite, und die Werkzeuge liegen still daneben. Skeptisch und gleichzeitig fasziniert höre ich zu und denke nach.

»Karlo, ich will mal versuchen, es in meine eigenen Worte zu fassen. Ich stelle mir jetzt das Universum als eine riesige, endlose Schüssel vor. Und ich soll nun in diesem Wirrwarr von Kabeln das mir entsprechende finden. Wie soll mir das gelingen?«

»Das Einzige, was du tatsächlich tun musst, ist, dich zu reinigen. Du musst dich läutern und Vertrauen in dich selbst und in das Universum haben. Es wird dir dann die entsprechende Hilfe geben, glaub mir.« Mit schwungvollen Bewegungen feilt Karlo die endgültige Form seiner Skulptur heraus und spricht weiter: »Schau, es ist nicht nur das. Die Verbindung herzustellen ist erst der Anfangsschritt. Wenn du das geschafft hast, wenn du in der Lage bist, deine spirituelle Kraft zu nutzen, wirst du feststellen, dass sich immer mehr Türen auf höheren Niveaus für dich öffnen. Mit anderen Worten: Je mehr du dich reinigst, läuterst oder – bildlich gesprochen – je mehr Werkzeuge du hast, die du sinnvoll nutzen kannst, um dich an deine Kabel im Universum anzuschließen, desto mehr neue Werkzeuge erhältst du, um dich an höhere und schwierigere Niveaus anzuschließen.«

Ich benötige eine Pause, bereite mir einen heißen Milchkaffee und lasse mir all diese Gedanken durch den Kopf gehen, weil ich das Gefühl habe, dass sie eine unauslöschbare Spur in meinem Gehirn hinterlassen. Ich möchte das Gespräch jedoch in jedem Fall weiterführen.

»Nehmen wir als neuen Vergleich den Strom. Du weißt, es gibt verschiedene Stromstärken und unterschiedliche Stromspannungen. Was passiert, wenn du mit wenig Spannung ausgestattet bist und dich an ein Kabel mit hoher Spannung anschließt? Es macht ›bumm‹, und das Kabel brennt durch. Einfach, weil es nicht die entsprechende Kapazität hatte, es war zu schwach. So ist das auch bei uns. Jeder Mensch muss mit seinem eigenen kleinen Niveau anfangen. Anschließend kannst du weiterwachsen ohne Ende.

Selbstverständlich hat jede Person ihren bestimmten Platz im Universum auszufüllen. Die unterschiedlichen Ebenen des Universums sind nicht für alle Menschen gleich. Es kann nicht jeder der Größte und der Beste sein. Das ist einer der Gründe, warum heute so viele Menschen unglücklich sind. So viele wollen heutzutage die Besten sein, das geht nicht. Das kann nicht gehen, so kann es kein friedliches Zusammenleben in einer Gemeinschaft geben. Jeder kann und muss seinen Platz finden, der für ihn bestimmt ist. Das ist seine Aufgabe. Jeder kann die Fähigkeit entwickeln, um den ihm entsprechenden Platz zufrieden auszufüllen. Eben dann, wenn der Mensch sich mit dem Universum verbindet.

Nur haben wir viel von dieser Kapazität und Sensibilität verloren oder sind dabei, sie immer weiter zu verlieren. Und es wird jeden Tag schlimmer. Wir haben Dinge erschaffen, in die wir heutzutage mehr Glauben und Vertrauen setzen als in uns selbst, die wir doch letztendlich diese Dinge erschaffen haben! Hast du kein Vertrauen in dich selbst, dann hast du in nichts Vertrauen. Dann ist der Mensch nichts weiter als eine leere Maschine.«

Unser Gespräch wird unterbrochen, denn wir bekommen Besuch. Es ist spät geworden, und wir haben kaum bemerkt, dass die Sonne am nebligen Horizont verschwunden ist. Die Freunde erscheinen mit Fischköpfen, die als Köder für das Fischen bei Nacht dienen. Es stinkt entsetzlich, aber genau das lieben die Muränen, die wir mit Angelhaken an Land ziehen möchten. Die Männer haben keine Lust, sie bleiben oben im *paepae* und trinken dort ihren Wein, während Clara und ich uns vorbereiten.

Muränen sind kräftig, die Angelschnur ist dick und der Angelhaken sehr groß. Wir haben keine Erfahrung, möchten aber in jedem Fall die köstliche Fischsuppe in uns hineinschlürfen. So ziehen wir gut gelaunt schwatzend zum Meer hinunter, präparieren die Haken mit rohem Fisch und werfen erwartungsvoll die Schnur in die Wellen.

Die Nacht ist angenehm kühl und von Tausenden Sternen beleuchtet. Wir legen uns auf den Rücken, halten die Schnüre fest in den Händen, trinken unseren Wein und unterhalten uns leise in der Dunkelheit.

»Clara, hilf mir!«, schreie ich plötzlich. »Ich hab einen an der Angel.« Die Muräne schlägt hin und her, denn sie will von diesem verdammten Haken los. Wir beide halten die Schnur, bis der Fisch müde geworden ist und die zerrenden Bewegungen nachlassen. Jetzt muss er an Land gezogen und getötet werden. Mit einem kräftigen Schwung zieht Clara ihn auf die feste Erde. Es ist ein Prachtexemplar – weit über einen Meter lang mit etwa fünfzehn Zentimetern Durchmesser. Aber er hat ein fürchterliches Gebiss. »Töte ihn!«

»Nein, töte du ihn!« Ratlos stehen wir vor der sich windenden Muräne. Ich nehme einen kräftigen Stock und schlage einmal, zweimal in Richtung des Kopfes. Daneben, getroffen, noch mal getroffen. Ich schlage so lange zu, bis der Kopf platt ist wie eine Flunder. Leblose Augen starren uns an, und zitternd ziehen wir den fest sitzenden Angelhaken aus dem Maul mit den spitzen Zähnen heraus. Wir fallen uns in die Arme und tanzen stolz um unseren Fang herum.

Noch zwei weitere, allerdings kleinere, schenkt uns das Meer. Es ist frühmorgens, die Sonne meldet ihr Kommen an, als wir uns zufrieden auf den Nachhauseweg machen und ins Bett fallen. Wie viele Stunden dieser Nacht habe ich fragend hinauf ins Universum geschaut.

ANAKENA

୧୬

Längst ist meine Skulptur fertig, längst sind ihr weitere gefolgt und in die Hände zahlender Touristen gewandert, die sie mitnehmen auf eine lange Reise in ein weit entferntes Land. Aber diese kleine Frau verkaufe ich nicht. Sie steht beschützend neben meinem Bett, hat einen Rock aus den bunt schillernden Federspitzen des Hahns um ihre Hüften und verdeckt damit teilweise ihren runden Po aus hartem Stein. Die Zeit ihrer Gestaltung war angefüllt mit wichtigen Gedanken, mit Fragen und mit Antworten, die ruhelos in meinem Kopf kreisten, bis sie einen Unterschlupf in einer Gehirnwindung fanden, wo sie nun wohnen und leben.

Vielleicht erinnert sie mich an unsere Gespräche über das Universum? Vielleicht erinnert sie mich mit ihren hoch erhobenen Armen an die Verbindung zum Kosmos? Ich weiß es nicht, und ich frage auch nicht danach.

Sie stupst mich an, die andere Welt. Sie schubst mich weiter, ich spüre es, ich stehe an der Türschwelle der spirituellen Welt. Fasziniert stehe ich in der offenen Tür und schaue neugierig hinein. Noch will ich fragen und zuhören können, noch will ich fragen und Antworten erhalten. Und ich bin mir sehr sicher, dass dies der Schritt ist, den ich voller Freude und Sicherheit gehen werde. So verfolge ich Karlos Erzählungen mit neu erwachten Ohren.

»Hier in Anakena lebte einst ein Mann, der sich zum Schlafen niederlegte und am nächsten Morgen nicht wieder aufwachte. Die Familie fragte sich besorgt: ›Warum wacht er nicht auf? Warum schläft er immer noch?‹

Sie wurden traurig. Es erschien ihnen seltsam, dass er nicht aufwachen wollte, war er doch gesund und munter schlafen gegangen. Schließlich fassten sie den Entschluss, die hohen Geister um Hilfe zu bitten, den reisenden Geist des schlafenden Mannes zu suchen. Sie fanden ihn eingeschlossen in einem *ahu* auf der anderen Seite der Insel. Die beschützenden Geister der Familie hatten den reisenden Geist des Schlafenden gefangen genommen, ihn in ihrem *ahu* eingesperrt und saßen nun darauf, um den Geist zu bewachen, damit er nicht wieder zurück in seinen Körper schlüpfen konnte.

Aber die drei hohen Schutzgeister wussten, dass er dort drinnen gefangen gehalten wurde. Der eine beobachtete alles aus der Luft und der andere errichtete einen Unterschlupf gegen den Regen, den der dritte Geist produzierte. Es regnete immer stärker, unaufhörlich, wie ein seidener Vorhang fiel der Regen hinunter. Die Hüter des *ahu* fingen allmählich an zu frieren. Da erblickten sie die neu erbaute Höhle und gingen hinein, um sich vor dem Regen zu schützen. In diesem Moment stieg Hiva Karaarere, der erste Geist, herunter, öffnete den *ahu*, nahm den gesuchten Geist des schlafenden Mannes und befreite ihn aus seiner Gefangenschaft.

Die Familienmitglieder standen immer noch um den leblosen Körper herum und beweinten ihn, weil sie nun doch annahmen, er sei tot. Plötzlich sahen sie, wie sich die Zehen bewegten, ja, der ganze Körper bewegte sich, bis der Beweinte schließlich aufwachte. Ein reisender Geist tritt immer mit den Füßen zuerst wieder in den Körper ein. Ich glaube, er verlässt ihn durch den Kopf, bin mir aber nicht sicher.

Der Mann wachte also auf und erklärte seiner Familie, dass

er nicht aufwachen konnte, da sein Geist geraubt und gefangen gehalten worden war. Deshalb haben die Mitglieder jener Familie, deren Vorfahren einst den Geist des Mannes gestohlen und gefangen genommen haben, bis heute Angst, hierher nach Anakena zu kommen. Und dies, obwohl seit diesem Vorfall wahrscheinlich schon viele Jahrhunderte vergangen sind. Bis heute haben sie Angst, dass ihnen an diesem Ort etwas Schlimmes zustoßen könnte, und haben es sich zur Regel gemacht, den Bereich Anakena zu meiden oder nur in Begleitung einer Person aus einer anderen Familie hierher zu kommen.

Eine Gänsehaut überzieht mich, wenn ich an den Motorradunfall des Jugendlichen zurückdenke, über den ich mich nachts geärgert hatte. Auch er trägt das Blut jener Familie in sich. Das hatte ich nicht gewusst, aber die *tupuna*. Er hatte gegen die Regel verstoßen.

STILLE

❧

Es ist still. So still, dass ich dem Gesang der verschiedenen Pflanzen lauschen kann. Der Wind setzt behutsam die zarten Blätter in Bewegung, und die Melodie ist leise angestimmt. Die Palmwedel singen einen tiefen Bass, und die hohen schlanken Blätter des Zuckerrohrs spielen die Instrumente und geben den Takt an.

Stille, die keine ist. Ich spüre die Vibrationen, mit denen die Luft getränkt ist. Ich genieße die Unterhaltung, das Leben, das um mich herum sprudelt. Wie gut kann ich die Menschen verstehen, die sagen: »Ich kann diese Ruhe nicht ertragen. Es ist überhaupt nichts da, was mich ablenken könnte.« Auch ich habe lernen müssen, Geräusche wie Autoverkehr oder Flugzeuglärm nicht mehr zu vermissen.

Die Stille schreit, sie ist voller Geräusche, ob störend, beruhigend oder beängstigend. Die Stille ist Leben, wenn man es vermag, ihren Gesprächen zuzuhören.

Die Pflanzen bitten um Wasser. Sie schenken ihre Blüten, und ihr Duft tanzt in der Luft. Selbst die Wolken erzählen, was der nächste Tag bereithält. Sie äußern sich mit ihrem Volumen, ihrer Farbe und der Richtung, in die sie ziehen.

Ich höre den nahen Tod der kleinen Küken. Noch sind sie lebendig und piepsen vergnügt neben ihrer Mutter. Doch sie ruft sie nicht mehr zum Körnerpicken, sie breitet ihre Flügel nicht mehr schützend über ihnen aus. Vier Wochen sind ihr genug, aber für die Küken zu wenig. Zwei Tage später ist sie allein.

Und ich lausche der Unterhaltung zwischen den Hunden, wenn Pengo blutig humpelnd Wasser in sich hineinschlürft. Tuki begrüßt ihn schwanzwedelnd, beschnuppert den ganzen Körper, saugt den Geruch des Konkurrenten, der Pengo so zugerichtet hat, in sich auf. Diese Nacht schläft er nicht bei uns, er macht sich auf den Weg und geht diesen Geruch suchen.

Tuki hat seinen Freund gerächt, er war offenbar der Stärkere. Nur ein blutiges durchgebissenes Ohr hängt herab. Jetzt, zwei Tage später, legt auch er sich wieder in aller Seelenruhe hin und schläft sich aus, gleitet hinein in das Reich der Dunkelheit, bevor Venus erneut die zarten Sonnenstrahlen an einem seidenen Faden hinter sich herzieht und mich die Morgendämmerung schläfrig begrüßt.

VORBEREITUNG

ॐ

Gespannt warten wir auf die neuesten Nachrichten. *Hokule'a*, der Katamaran aus Hawaii, der die Weiten des Maori-Dreiecks nur mit Hilfe der Sterne durchkreuzt, hat Kurs auf Rapa Nui genommen. Die Winde stehen sehr günstig, und das Segelschiff kommt schneller vorwärts als geplant.

Das Herz rutscht mir in die Hose, als ich Karlos Worte vernehme: »Du machst nicht die Fotos von der Zeremonie. Du wirst an meiner Seite sein. Du bist meine Frau, und du wirst in unserer traditionellen Kleidung neben mir stehen und zu meinen Brüdern und Schwestern aus Hawaii und Rapa Nui sprechen.«

»Wie bitte? Nein, ich will lieber die Dokumentation übernehmen!«, entgegne ich verdutzt.

»Das ist keine Frage des Wollens. Jeder hat seinen Platz auszufüllen. Dein Platz ist an meiner Seite, und dort wirst du eine Rede halten.«

»Nein, das kann ich nicht!« Kopfschüttelnd wehre ich diese Aufgabe entschieden ab.

»Ich weiß, dass du es kannst. Das genügt.«

Eigentlich sollte ich ja stolz sein, mich geehrt fühlen durch das Vertrauen, das Karlo in mich setzt. Aber wo bleibt mein Vertrauen in mich selbst? Ich spüre es nicht, es ist nicht vorhanden. Ich überlege längere Zeit hin und her und ringe mich durch. Gut, ich akzeptiere es, ich werde Karlos Vertrauen vertrauen.

»Wer leiht mir die traditionelle Kleidung, die ich bei dem Fest tragen soll? Wen kann ich darum bitten?«, frage ich Karlo.

»Niemanden. Du wirst sie selbst anfertigen«, ist seine knappe Antwort.

Auch das noch! Ich habe keine Ahnung, was alles dazugehört, geschweige denn eine Vorstellung, wie ich all das selbst herstellen soll! Ich bringe in Erfahrung, dass ich einen langen weiten Umhang, einen Rock aus zwei Teilen, einen Lendenschurz, der unter dem Rock getragen wird, und ein Oberteil benötige. Alles wird aus Mahute hergestellt und soll rundum mit bunten Federn verziert werden. Jetzt ist mir auch schlagartig klar, weshalb wir damals so viel Mahute geklopft haben! Nur zwei Wochen bleiben mir, um meine komplette Kleidung und Karlos *hami* herzustellen.

»Du brauchst kein Oberteil anzufertigen. In unserer Tradition benutzten die Frauen das nicht. Erst heute unter dem Einfluss der so genannten Zivilisation bedecken sie ihre Brüste. Ich möchte nicht, dass du ein Oberteil trägst«, ist Karlos Kommentar.

Nein, mit nackten Brüsten vor all den Leuten, das ist mir zu viel, das mache ich auf keinen Fall, den Mut habe ich nicht. Ich beginne mit dem Oberteil. Es besteht aus zwei langen Streifen Mahute, die auf dem Rücken zusammengebunden werden. Die vordere Mitte verziert ein Gebinde aus bunten Federn, und ein dünnes geflochtenes Mahute-Band liegt um meinen Hals, damit nur ja nichts verrutschen kann. Karlos Schwester macht mir, welch ein Glück, wenigstens eine grobe Skizze für den Zuschnitt des großen Umhangs.

Ein Mahute-Stück reiht sich ans nächste, der Vorrat an Material wird sichtbar kleiner. Endlich sind alle Teile zusammen. An den Schultern eingeschnitten und übereinander gelegt, nimmt es allmählich die Form eines tragbaren Capes an. Mein Lendenschurz, die beiden Teile des Rocks, alles ist zugeschnitten, und die Mahute reicht gerade noch aus, um Karlos *hami* herzustellen.

Die Tage und Nächte wechseln sich friedlich ab, und meine Nerven sind angespannt wie selten. Alle Kleidungsstücke müssen noch rundherum mit schillernden Hahnenfedern verziert werden, was bedeutet, dass jede Feder einzeln angeklebt werden muss. Die leichten Federn und der lachende Wind sind kein gutes Gespann für mich. Ich habe keinen schützenden Raum zum Arbeiten. Die Federn fliegen hoch, der Wind pustet sie mir in den Mund und in die Nase, oder er versucht, sie mit sich fortzutragen, und ich laufe wie in einer schlechten Komödie hinterher, um sie einzufangen. Wütend vor mich hin schimpfend, vertreibe ich die Hunde aus dem *paepae*, die vergnügt nach den Federn schnappen und meine Arbeit unmöglich machen.

Ich weiß nicht, wie ich das alles schaffen soll. Die spitz zulaufenden Schwanz- und Halsfedern der Hähne sind kostbar. Zwei unserer Hähne sind schon im Topf gelandet und haben als Suppe unsere Mägen erwärmt. Die Federn reichen trotzdem nicht. Karlo zieht los, um frei lebende Hähne in der Umgebung einzufangen, ihnen die begehrten Federn auszurupfen und sie mit nacktem Hals und Po wieder freizulassen. Der Mahute-Umhang wird allmählich fertig und ist wunderschön.

Eine Freundin besucht uns und beglückwünscht mich zu meiner Arbeit. Das gibt mir Aufschwung und neue Zuversicht.

»Du musst die roten *kura-kura*-Federn für deinen und Karlos *hami* benutzen. Ihr seid die wichtigsten Personen. Ihr habt nicht nur das Recht, sondern auch die Pflicht, sie zu benutzen. Diesen Federkranz kannst du nicht aufsetzen, du musst dir eine eigene Federkrone machen!«

Es nimmt kein Ende, aber das Datum der Festlichkeit rückt

unaufhaltsam näher. Unser großer starker Hahn muss nun geopfert werden, da er die heiligen *kura-kura*-Federn trägt. Diese rot glänzenden, spitz zulaufenden Federn wachsen am Hals und am Schwanzansatz. Aber seine Federn allein reichen für die Kleidung nicht aus, so dass noch einer der jungen Hähne im Kochtopf landet.

Karlo wird seinen *hami kura-kura* mit schwarzen Obsidiansteinen verziert tragen. Er hat den *Ahu Vaka Tupuna Maori* konstruiert, er ist der Meister der *toki*, der Werkzeuge. Der harte Stein wurde früher als Werkzeug benutzt. Karlos Schwester fertigt seine Federkrone an, und er trägt den Umhang seiner Theatergruppe.

Geschafft. Zu guter Letzt ist doch noch alles rechtzeitig fertig geworden. Selbst meine eigenhändig gestaltete Federkrone wird meinen Kopf schmücken. Verziert ist sie mit sieben weißen, glänzenden Turmschnecken, die zu einem Stern zusammengesetzt sind. Es ist ein Symbol für *matariki*, eine der wichtigen Leitkonstellationen der Navigation. Alles Äußerliche ist fertig, liegt sorgsam gefaltet in einer großen Schachtel und wartet. Nun beginne ich mit meiner inneren Vorbereitung.

Eine Nacht vor der Zeremonie überrascht mich folgender Traum: Karlos Mutter ist an meiner Seite. Sie spricht mit mir. Was, das habe ich vergessen. Während wir uns in aller Ruhe unterhalten, kommt ein blauer Vogel angeflogen und lässt sich vertrauensvoll an meiner Seite nieder. Ich schaue ihn fasziniert und völlig verdutzt an. Karlos Mutter entfernt sich. Der blaue Vogel verwandelt sich unter meinen Augen in einen wunderschönen Vogel mit vollständig weißem Gefieder und fliegt langsam davon.

Ich spreche mit einigen Leuten darüber und frage sie, was der Traum bedeuten könnte. Sie nehmen mich liebevoll in ihre Arme und antworten mir nur: »Du hast viel Glück, wirklich viel Glück!«

POHAKU

❧

Du hast nicht geübt! Du hast deine Füße nicht daran gewöhnt, barfuß über die spitzen Steine zu gehen!«, sagt Karlo vorwurfsvoll.

Es stimmt. Aber warum auch immer, ich bin mir vollkommen sicher, dass die Steine mir keine Schmerzen bereiten und ich nichts spüren werde, wenn ich sie barfuß betrete. Und auch das Oberteil, das meine Brüste bedecken und mir Sicherheit geben sollte, benötige ich nicht. Ich steige ein in die traditionelle Kleidung, in eine andere Kultur, und ich betrete eine neue Ebene mit mir selbst.

Mein nackter, nur mit dem knappen Lendenschurz bedeckter Körper wird von warmen liebevollen Händen über und über mit roter Farbe überzogen. Selbst meine hellblonden Haare strahlen leuchtend rot. Langsam trocknet die Farbe im Wind. Weiß überzieht anschließend der weiche Pinsel meine Beine, meinen Bauch, meine Brüste und Arme mit festgeschriebenen Ornamenten. Es fällt mir schwer, mein eigenes Gesicht im Spiegel wiederzuerkennen. Ich trage meinen Umhang mit den bunten schillernden Federn. Zwar bin ich physisch die gleiche Person, doch innerlich erlebe ich eine nie gekannte Veränderung. Nichts, rein gar nichts kann mich berühren oder verunsichern.

Ich wusste zu diesem Zeitpunkt nicht, dass dies der Umhang

des *mana* ist beziehungsweise der Umhang selbst *mana* ist! Aber ich fühle die spirituelle Energie, die mir alle Sicherheit und alle Unantastbarkeit schenkt. Wie selbstverständlich bewege ich mich in der ungewohnten Kleidung, unterhalte mich ohne Scheu mit den Menschen, stehe neben Karlo, schaue hinaus aufs Meer und erwarte die Ankunft von *Hokule'a*.

Langsam und gemächlich segelt der Katamaran in Anakena ein. Von beiden Seiten der Bucht ertönt der Willkommensgruß, der traditionelle Empfang mittels der Musik der geblasenen Muscheln. Am weißen Strand warten die Rapa-Nui-Vertreter der Tanz- und Theatergruppen auf ihren Einsatz, um die Brüder und Schwestern aus Hawaii zu empfangen. Seite an Seite mit ihnen stehen die eingeflogenen Delegationen der nördlichen Inselgruppe, die ihre Leute überglücklich in die Arme nehmen und beglückwünschen werden. Alle gemeinsam ziehen sie zum *Ahu Nau Nau*, und die Trommeln, Gesänge und Tänze der Kamehameha-Schule aus Hawaii durchziehen die Lüfte.

Die goldgelben Blumenkränze schmücken die langen schwarzen Haare, die meist bis zu den Kniekehlen reichen, und anmutig bewegen sich die Tänzerinnen und Tänzer zum Kalebassentakt. Sie tanzen die heiligen Hula-Tänze, mit denen den Göttern für die glückliche Ankunft gedankt wird.

Von all dem sehen und hören wir aber nichts. Die Menschenschlange bewegt sich nun in Richtung *Ahu Vaka*, also auf uns zu. Die ausgemergelten Gesichter der Besatzung geben ein sichtbares Zeugnis von den Strapazen der Reise. Die Hawaiianer tragen ihre traditionelle farbige Kleidung. Sie begrüßen mich mit ihrem Nasenkuss.

Nicht zum ersten Mal erlebe ich dieses Begrüßungsritual. Mit beiden Händen umfasse ich mein Gegenüber leicht an den Schultern. Wir schauen uns strahlend in die Augen, ich atme tief ein, reibe meine Nase an seiner Nase und umgekehrt. Dabei atmen wir langsam tief aus. So schenkt jeder dem anderen seine spirituelle Kraft. Heute kann ich diesen Kuss zum ersten Mal mit meiner eigenen spirituellen Energie wiedergeben. Ich spüre eine sehr tiefe innige Vereinigung mit jedem einzelnen Hawaiianer.

Und ich erhebe meine Stimme, laut und deutlich spreche ich zu ihnen. Ja, das erste Mal fühle ich mich bewusst aufgehängt im Universum. Ich spüre die Kraft der anderen, die Kräfte, die sie mir zur Verfügung stellen. Ihre Kraft vereinigt sich mit meiner, sie hilft mir, meine Botschaft an sie zu senden: »*Hokule'a* ist der Beweis, dass das *mana* nicht verloren gegangen ist und nicht verloren gehen kann. Die Menschen, die nun vor uns stehen, haben eine weite Seefahrt unternommen. Sie wussten, dass sie ankommen. Das *mana* hat vielleicht eine Zeit lang geschlafen, doch es ist aufgewacht, es ist wieder lebendig, es ist wieder wirksam, um das Maori-Dreieck zu beleben.

Karlo hat den *ahu* gebaut, weil er ihn zu konstruieren hatte. *Hokule'a* hat die weite Reise unternommen, weil es sie zu unternehmen hatte. Jetzt sind sie hier vereint und werden die *pohaku* aus Hawaii für immer auf dem *ahu* in Rapa Nui postieren. Für sie ist die Aussage ›Zeit ist Geld‹ unbedeutend, besitzt keinen Wert und hat keinen Inhalt. Das, was zu tun ist, ist zu tun. In welcher Zeit der *ahu* fertig wurde, in welchem Zeitraum *Hokule'a* ankommen würde, hatte keinerlei Bedeutung.

Ich bedanke mich, dass ich ein Teil dieser Unternehmungen und ein Mitglied dieser Kultur sein darf, weil ihre *tupuna* mich zu ihnen gesandt haben. Und ich weiß, dass es meine Aufgabe sein wird, meine westliche Kultur darüber zu informieren.«

Wundervolle Gesänge berauschen meine Ohren. Das Lied zu Ehren von Ira, dem Kapitän, und Raparenga, dem Navigator, die für ihren König Hotu a Matu'a diese winzige Insel ausgekundschaftet haben. Alle singen mit Inbrunst von Hotu a Matu'a, von dem sie alle abstammen. Sie singen ihre alten *tupuna*-Gesänge zu Ehren ihrer Brüder und Schwestern des nördlichen Punktes ihres Dreiecks. Die Mitglieder der hawaiianischen Kulturschule *Kamehameha* bedanken sich mit ihren traditionellen Gesängen und Hula-Tänzen, die ich fasziniert bestaune.

Meine Augen glänzen von den Tränen, glänzen von dem Licht, das aus ihnen herausstrahlt. Ich habe das Gefühl, mein ganzer Körper ist eingetaucht in eine Quelle des Lichts, mein Körper ist eine helle weiße Wolke aus Licht. Die muskulösen Männer tragen die schweren *pohaku* in geflochtenen Körben auf ihren Schultern. Vier große *pohaku* werden einer nach dem anderen auf dem nördlichen Punkt des *ahu* aufgesetzt. Ein Bastkörbchen, voll gefüllt mit kleinen, vom Wasser rund geschliffenen Steinen, wird unter die kleinen Steine des *ahu* gemischt, so dass sich die Steine der weit auseinander liegenden Inseln vereinigen. Jedes Besatzungsmitglied verabschiedet sich mit einem stillen Gebet von den Steinen seiner Heimatinsel Hawaii. Es herrscht eine zeitlose Atmosphäre. Kein Laut ist zu vernehmen, und selbst die Natur scheint einen Moment lang ihren Atem anzuhalten.

Ein letztes gemeinsames feierliches Lied, und das *umu hatu* wird eröffnet. Dampf steigt aus dem Erdofen, und die Bananenblätter füllen sich mit dem heiligen, den Göttern geweihten Mahl. Karlo überreicht es an seinen persönlichen Meister. Er, Benedicto Tuki Tepano, gibt es weiter an die Menschen aus Hawaii. Mit dem *umu hatu* wird allen Göttern, allen Kräften des Universums für die geglückte Beendigung der Reise des *vaka* von Hawaii nach Rapa Nui gedankt.

Und jetzt wird auch das große, für die vielen hundert Anwesenden errichtete *umu kai* geöffnet. Die Menschen verteilen sich, genießen das Essen, und manch einer gesellt sich bis zu den ersten Sonnenstrahlen des nächsten Tages zu uns und feiert in fröhlicher Runde weiter. Die *pohaku* werden für immer auf dem *ahu* stehen bleiben. Nur die leuchtend roten Blüten, mit denen sie noch geschmückt sind, werden bald verwelkt sein.

Die Häute der geschlachteten Rinder sind zum Trocknen aufgespannt. Jedes Mal, wenn ich einen Streifen davon abschneide, um ihn den Hunden als »Kauknochen« zu geben, erinnere ich mich mit Freude an diesen wichtigen Tag.

STEINE

ॐ

Die Steine sind lebendig wie alles im Universum. Es gibt Steine, die *mana* enthalten, und Steine, in denen Geister wohnen.

Uns gegenüber, in einiger Entfernung, befindet sich ein Stein, der ein verwandelter Hund ist. Die Rapa Nui kennen ihn und behandeln ihn respektvoll. Kürzlich war ein Einheimischer mit einer Gruppe Touristen unterwegs. Sie legten sich in einer Höhle zum Schlafen nieder, und der Rapa Nui, ebenfalls sehr müde, dachte nicht weiter an den besagten Stein. Er legte achtlos seine Ausrüstung auf ihm ab und ging ebenfalls schlafen. Im Schlaf sprach der Stein zu ihm und ließ ihn keine Ruhe finden. Schließlich wachte er auf, und sofort erkannte er seinen Fehler. Schnell entfernte er das Gewicht von dem Stein, und von da an konnte er ruhig schlafen. Es ist *tapu*, auf diesem Stein etwas abzulegen, denn er ist ein verwandelter Hund, und er ist der Hüter dieses Ortes.

Die Steine leben, die Steine enthalten Leben, und sie helfen den Menschen. Dann, wenn man respektvoll mit ihnen umgeht.

Von Karlos Vater stammt die folgende Geschichte: »Der Stein, der das *mana* besitzt, Fische an Land kommen zu lassen, trägt den Namen *Ko te Takapau* und befindet sich in der Nähe von Poike in Mahatu. Heute weiß niemand mehr, wo genau der Stein liegt, und wahrscheinlich wurde er vor vielen Jahrzehnten das letzte Mal benutzt. Wenn er von einer bestimmten Person in Richtung Meer gedreht wurde, bewirkte dies, dass die fliegenden Fische von allein an Land kamen. Mein Großvater, damals noch sehr jung, ging eines Tages mit seinem Onkel nach Mahatu. Er selbst sah nicht, wo sich der Stein befand. Der Onkel drehte den Stein mit *mana* in Richtung Meer. Mein Großvater sah die Fische an Land kommen. Der Onkel sammelte die Fische ein, und sie gingen damit nach Hause.«

Karlo hat eine steinerne Fischskulptur als Geschenk erhalten. Der Stein stammt von der kleinen hawaiianischen Insel Te Mariki a Tangaroa. Die US-Amerikaner wollen dieses kleine Fleckchen Erde als Militärstützpunkt nutzen. Für die Maori ist das unvorstellbar, ist dieses Inselchen doch der Sohn des Gottes Tangaroa. Die Insel ist für sie lebendig, sie ist heilig. Der Sohn des Gottes Tangaroa muss respektiert werden, wenn der Gott des Meeres nicht erzürnt werden soll.

Die Rapa Nui benutzen einen flachen Stein mit einer Aushöhlung, um ihre Hühner zu stärken, damit sie gut wachsen, viel Kraft erhalten und sich vermehren. Diesen Stein legen sie in die Nähe der Hühnerhäuser. Die Aushöhlung ist dazu geschaffen, ein Ei hineinzulegen. Der Stein soll mit seinem *mana* den Hühnern und somit auch den Menschen helfen, die letztlich die Kraft und Energie eben dieses Steines empfangen.

Wie schön ist die Erinnerung an den Besuch eines lieben Freundes aus Köln. Wir nahmen uns ausgiebig Zeit, uns neu kennen zu lernen. Viele Abende verbrachten wir mit endlosen Gesprächen, Gesprächen über die Vergangenheit und Überlegungen für mögliche Perspektiven in der Zukunft. Schnell nahten die letzten Tage seines einmonatigen Aufenthalts bei uns. Er hatte eine große Anzahl schöner interessanter Steine gesammelt und neben unserer Feuerstelle aufbewahrt. An seinem letzten Tag begann er mit dem Aussortieren. »Der da, der gefällt mir, den nehme ich mit. Diesen nicht und den auch nicht.«

Mit Entsetzen verfolgten meine Augen den ersten und den zweiten Stein, der im hohen Bogen in den Wellen des unschuldig blauen Meeres verschwand. Mir zog sich der Magen zusammen, bevor ich zu ihm sagte: »Hör auf damit, das geht nicht. Das kannst du nicht machen! Du kannst nicht erst all die Steine an den verschiedenen Orten einsammeln, um sie dann achtlos irgendwo wegzuwerfen, weil sie dir nicht mehr gefallen.« Gleichzeitig wurde mir bewusst, dass ich genau das früher auch immer getan habe. In jedem Urlaub habe ich mit Vergnügen Steine gesammelt, bis ich ein Überangebot hatte, bis ich entschied: Ja, der wandert mit in meinem Koffer, oder nein, und dann warf ich den Stein achtlos weg.

Jetzt erlebe ich es als Pflicht, mit meinem Freund zu sprechen, auch wenn es mir schwer fällt. Ich befürchte, dass er meine veränderte Sichtweise nicht verstehen wird. Er schaut mich jedoch nur verdutzt an, überlegt einen kurzen Moment, nimmt die Steine wieder in die Hand und bringt sie zu ihrem ursprünglichen Ort, in das Haus der *tupuna* zurück. »Danke für diese Lektion!«, ist sein einziger Kommentar. Es freut mich riesig, dass er mich ohne weitere Diskussion verstanden hat. Nun fühle ich mich ihm noch näher.

Ich habe in der Zwischenzeit gelernt, vieles anders zu sehen. Die Menschen der alten Rapa-Nui-Kultur haben vollkommen im Einklang mit der Natur gelebt, in dem Bewusstsein, selbst nur ein winzig kleiner Bestandteil davon zu sein. Sie haben keinen Stein von seinem Platz verschoben, wenn es nicht sinnvoll war, wenn es nicht sein musste. Deshalb ist bis heute alles voll von Steinen. Sie wollten gemeinsam mit der Natur leben, sie nicht zerstören und nichts ohne Sinn verändern. Die Steine gehören genauso zur natürlichen Umgebung wie alles andere auch. Man lebte miteinander in einer anderen Art der Kommunikation, einer anderen Sprache. Diese Sprache des Geistes muss nicht gesprochen werden, sie existiert mittels verbindender Energie des Universums.

KREIS

❦

Mittlerweile ist den hiesigen Winden der Geruch von Gulasch und Frikadellen nicht mehr unbekannt, und Karlo verspeist mit sichtbarem Genuss die würzigen Speisen aus meiner alten Heimat. Der *pareu*, das locker um die Hüften gebundene blaue Tuch, ist mittlerweile auch mein alltägliches Kleidungsstück geworden.

Viele Monde sind vergangen, seit *Hokule'a* wieder zurück in Hawaii ist. Vorüber ist auch die fünfundzwanzigjährige Bestehensfeier des *vaka* in Oahu/Hawaii, an der Karlo und ich teilnahmen und Rapa Nui repräsentierten. Es war eine eindrucksvolle Erfahrung, eine kurze Zeit mit den Maori aus dem Norden zusammenzuleben, ihre herzliche Gastfreundschaft zu genießen und ihren Gesprächen zu folgen. Den Boden von Rapa Nui betrat ich mit *pounamu*, dem Stein des Friedens, den eine Hawaiianerin mir umgebunden hatte und der jetzt meinen Hals schmückt.

Vergangenheit ist auch das Fest mit Freunden zu meinem fünfzigsten Geburtstag. Bis heute schlafe ich friedlich auf dem wärmenden Fell des Schafes, das mir zu Ehren im Erdofen garte. Frühmorgens war ich sehr nervös gewesen, ich wollte, dass Karlo das festgebundene grasende Tier endlich schlachtet. Er nahm schließlich das lange scharfe Messer und zog das Schaf am Strick hinter sich her. Ich verkroch mich ins *paepae* und stopfte mir die Zeigefinger in die Ohren, um das Schreien nicht zu hören. Dabei geben Schafe überhaupt keinen Laut von sich, aber das wusste ich nicht.

Ein gruselig friedliches Bild bot sich meinen Augen, als ich wieder herauskam. Karlo hielt den Kopf mit den geschlossenen Augen wie beschützend in seinem Schoß. Das Schaf war tot, die Kehle durchschnitten. Langsam quoll das rote Blut aus dem leblosen Körper in den bereitgestellten Topf. Mit Salz gemischt, verdichtete es sich zu einer Art Paste. Gemeinsam weideten wir das Schaf aus, zogen ihm das Fell ab und wuschen die Innereien. Klein gehackt und mit dem Blut vermischt, füllten wir sie in den Magen, den ich sorgfältig zunähte und der zusammen mit dem Fleisch im Erdofen garte. Es war eine Köstlichkeit und ein schönes Fest, an das mich das Schaffell unter meinem Rücken jede Nacht erinnert.

Ich bin nicht mehr verzweifelt, und es beunruhigt mich nicht einmal mehr, wenn ich nachts das leise Prasseln der Tropfen über mir auf der Plastikplane vernehme und genau weiß, dass es kein Regen, sondern die Gischt des Meeres ist, die der stürmische Wind zu uns hochpeitscht und die alle unsere Pflanzen unbarmherzig tötet. Kein Blatt der Süßkartoffeln, keine Tomate, keine Petersilie hält dem salzigen Nass stand. Alles stirbt ab und muss neu gepflanzt werden. Aber ich bin im Besitz meiner beiden gesunden Hände. Ich kann sie benutzen und erneut Pflanzen in die Erde setzen.

Ich ziehe die Küken groß, und ich töte sie, wenn sie zu schwach sind. Ich verspeise die Eier und rupfe die Hühner, die die Eier gelegt haben. Sie geben mir Nahrung, und sie schenken mir ihren meditativen Gesang. Sie entführen mich in eine andere Welt. Ich lausche ihnen fasziniert, und gleichzeitig wasche ich mit dem wenigen Wasser wütend unsere Bettwäsche, weil sie sich unbemerkt ins *hakapupa* geschlichen und stinkenden Hühnerdreck hinterlassen haben.

336

Tagelang sitze ich zusammen mit Karlo, den beiden Hunden und an die zwanzig Schutz suchenden Hühnern auf vier Quadratmetern Trockenem zusammengepfercht, wenn der Regen uns ununterbrochen um die Ohren pfeift. Und anschließend fülle ich dankbar die Vorratsbehälter und lebe die nächste Zeit von dem kostbaren Nass.

Ich achte darauf, wie meine Hunde auf fremde Personen reagieren, ich beobachte die Tiere, und ihrem Verhalten entsprechend begegne ich den Menschen mit Vertrauen oder Misstrauen. Sie beschützen mich, und dafür gebe ich ihnen ihre tägliche Nahrung, und wenn ihr Körper blutig angehumpelt kommt, bin ich es, die sie versorgt, ob ich nun meine, dass ich es schaffe oder nicht. Ich habe es zu tun. Ebenso wie ich Karlos harte Fußsohle mit der spitzen Nagelschere aufschneide, in die sich eine schwarze Muschel eingegraben hat. Alles muss schnell und ohne langes Überlegen gehen, es gibt nichts zum Betäuben, und das Blut muss fließen und die Wunde auswaschen, um eine Infektion zu vermeiden.

Den Rucksack, mit dem ich das erste Mal hier aus dem Flugzeug gestiegen bin, habe ich abgelegt und gut sichtbar an einem Nagel aufgehängt. Er ist bepackt mit meiner europäischen Denkweise und meiner anerzogenen Gewohnheit, alles zu strukturieren und im Voraus gut zu planen und zu organisieren. Jahrzehntelang hat er mir treu gedient und geholfen. Ich könnte ihn jederzeit wieder umhängen, wenn ich wollte, dessen bin ich mir sicher. Aber ich möchte nicht.

Vielleicht habe ich mich wieder zu dem Seeigel entwickelt, der all seine Antennen einzeln in die verschiedenen Richtungen bewegt und Signale wahrnimmt? Vielleicht waren meine Stacheln nicht abgebrochen, sondern lagerten nur unter einer Hülle, sicher verborgen und geschützt? Heute nutze ich sie, um die Vibrationen, die mich umgeben, zu empfangen, meine eigenen auszusenden und die entsprechenden Verbindungen herzustellen. Karlo und ich nutzen unsere telepathischen Verbindungen, wenn wir sie benötigen, und das ist ein beruhigendes Gefühl.

Alles entsteht, alles vergeht, auch ich. Noch lebe ich mit meinem physischen Körper, noch betreten meine Füße aus Fleisch und durchströmendem Blut die Erde. Doch auch ich vergehe, ich werde meine pulsierende Hülle verlassen. Aber ich gehe so, wie ich bin, gehe vorbereitet in die Unendlichkeit des Kosmos, werde mich anschmiegen in die liebevollen Arme von Hine-Nui-te-Po, und mein lebloser Körper wird neues Leben für den Kreis geben. Ich habe ohne Anfang gelebt, ich lebe in einem Winkel des Kreises, und mein Geist wird ohne Ende die Erde verlassen.

POESIE

◈

Ich verstehe täglich mehr die Poesie. Die Poesie der Tiere,
die ich versorge, und der Tiere, die ich töte. Die Poesie der
Pflanzen, die ich säe und die ich verspeise. Die Poesie der Steine, denen ich ihr Leben lasse, und der Steine, denen ich neues Leben gebe. Die Poesie der Gewalten der Natur und die
Poesie der Geschenke der Natur. Die Poesie der *tupuna*, meiner selbst und meiner Mitmenschen. Und schließlich die Poesie der Zeit, der Vergangenheit, der Gegenwart und der Zukunft.

Und jetzt vernehme ich auch die Poesie des Universums.
Des Universums, aus dem wir alle stammen, durch das alles
miteinander verbunden ist, dessen Elemente wir sind, das
Universum, in dem wir alle zusammen existieren. Nein, ich als
Mensch bin nicht das Höchste, ich bin nur ein Teil alles Exis-
tierenden. Heute töte ich den Hahn und esse ihn, und morgen
kommt der Hurrikan und tötet mich zusammen mit meinem
Hahn.

Alles lebt, alles hat Leben, alles gibt Leben. Es ist nicht
wichtig, ob ich, die ich mich Mensch nenne, es wahrnehme
oder nicht. Alles um mich herum hat sichtbare Realität, die
Realität, die ich in der Lage bin zu erfassen. Und ebenso die
unsichtbare Realität, die existiert, ob ich sie wahrnehme oder
nicht.

Ich strecke meine Nase in den Wind, und ich rieche die Botschaften, die er mit sich trägt. Ich schmecke, ob der nächste Tag Regen oder Sonnenschein mit sich bringen wird. Ich hole tief Luft, atme diesen vertrauten salzhaltigen und kühlen Nachtwind ein und betrachte den schwarzen Himmel mit den unzähligen Lichtern in ihren festgefügten Konstellationen. Hoch über mir aufgehängt, sind sie genauso ein Teil des Universums, wie ich es bin. Weder betrübt sie mein Kummer noch lassen Freude und Ausgelassenheit sie heller erstrahlen. Ich spüre, sie haben ihr eigenes Leben, haben ihren eigenen Rhythmus von Geburt und Tod. Nur für mich sind ihre Dimensionen unbegreiflich.

Ich erlebe täglich mehr, dass alles um mich herum Verbindung mit mir hat, weil ich immer mehr die Fähigkeit erlange, mich mit allem zu verbinden. Alle und alles stammt ab von den Energien *aroha*, *mana* und *mauri*, den Energien, denen die Maori den Namen *Io*, der Schöpfer, gegeben haben. Alles Existierende hat Leben, hat Kraft, Energie und Vibration.

Immer mehr erfühle ich, mich ertastet das Universum. Es nimmt mich in seine Arme und gibt mir die Wärme und die Sicherheit, ein Mitglied einer unendlichen Familie zu sein. Ja, ich freue mich auf jeden Tag meines physischen Lebens, bevor ich in die Welt der *tupuna* eintreten werde, genauso wie alle meine Vorfahren und alle zukünftigen Generationen auch. Ich habe mich aufgehängt, habe mich verbunden mit meinem persönlichen Kabel im Universum. Ich habe Vertrauen in mich selbst. Ich spüre den Frieden, der täglich tiefer in mir wächst, den Frieden in der Einheit mit mir, den Frieden, den die Natur mir schenkt, den Frieden anderen Menschen gegenüber, den Frieden im Zusammenleben mit allem Existierenden.

So bin ich ausgezogen in ein neues Leben. Nein, ich bin keine Aussteigerin, ich habe kein Abenteuer gesucht. Es ist so gekommen, und ich habe ihn angenommen, diesen wundervollen steinigen Weg.

Ich bin sicher, für jeden ist ein Stein vorhanden auf seinem persönlichen Weg. Der Stein ist kein Hindernis, sondern er ist da, um auf ihn draufzuspringen. Auch wenn er kantig ist, die Füße aufreißt und schlimme Schmerzen verursacht. Er liegt da, um den Weg zu pflastern, um Halt zu geben, um schließlich den Sprung ins Höhere zu ermöglichen.

Jeder Stein ist Kraft und enthält Energie, mit der man sich verbinden kann, wie mit allem Existierenden. Jeder Stein enthält die Energie, mit der der Mensch die Möglichkeit hat, sich mit seinem persönlichen Kabel im Universum zu verbinden, seinen Geist zu öffnen, um schließlich mit sich selbst und allem anderen in Harmonie, Liebe und Frieden zu leben.

HEUTE

$\mathcal{C}\mathcal{O}$

W ir sind mittlerweile umgezogen und weiter in die Einsamkeit der Zweisamkeit ins Landesinnere gegangen. Pu tokitoki heißt der Ort, an dem einst die Werkzeuge für die Erschaffung der *moai* hergestellt wurden und der nun unser neues Zuhause ist. Hier wollen wir uns für immer niederlassen.

Es ist das Gebiet, das der erste König Hotu a Matu'a einst Karlos Vorfahren zugewiesen hat und mit dessen Erde er sich über seinen Bauchnabel mit all seinen Generationen verbunden fühlt. Hier pflanzen wir Bäume, deren Früchte wir vielleicht nicht mehr ernten werden. Sie werden Nahrung geben für die folgenden *makupuna*. Wir essen Taro, Maniok und anderes Gemüse, das wir finden und das nicht von uns gepflanzt wurde. Irgendwer hat es vor vielen Jahren in die Erde gesetzt, und wir füllen damit heute unsere Mägen.

Und wieder liegt ein großer Haufen mächtiger Steine vor uns und wartet darauf, bearbeitet zu werden. Ein stabiles Haus soll nach all den Jahren die Plastikplane ersetzen, die der Sturm heute Nacht plötzlich von unserem *paepae* weggerissen hat. Ein festes Dach, ein Raum, in dem man aufrecht stehen kann, und ein trockenes Bett sollen unser Luxus sein, der die Schmerzen in den Knien vom ständigen Hocken beendet.

Mittlerweile sind Karlo und ich auch aus Deutschland zurück. Es war eine schöne Erfahrung für uns. Er ist begeistert von meiner alten Heimat, von der Harmonie der Landschaft und der Freundlichkeit der Menschen, die uns aufgenommen haben. Viel Zeit haben wir dort mit Freunden verbracht, die wir auf der Osterinsel als Touristen kennen gelernt haben.

Es freut mich zutiefst, dass Karlo sich auch mit meiner Kultur auseinander setzt. An Regentagen sitzen wir in unserem *paepae* und lesen gemeinsam Bücher, die wir aus Deutschland mitgebracht haben. Die dunklen Nächte nutzen wir häufig zum Gespräch über die Philosophie und Literatur meiner Kultur, und ich fühle mich sehr wohl damit.

Tuki lebt nicht mehr. Eingewickelt in seine Decke und seinen Fressnapf neben sich, haben wir ihn in die Erde gelegt. Seine gebrochenen Hinterläufe wollten im stattlichen Alter von achtzehn Jahren nicht mehr heilen. Ich habe ihn in meinen Armen gehalten, gestreichelt und mit ihm gesprochen, bis ein letztes Zucken seiner Muskeln seinen Tod ankündigte. Der Glanz erlosch in seinen Augen, ich drückte seine Lider zu und spürte den Moment, als seine Seele den Körper verließ. Zurück blieb der erkaltende Kadaver, den wir ohne großen Schmerz neben der Höhle, in der sich das Skelett eines von Karlos Vorfahren befindet, begraben haben.

Heute spielt Hetu'u – Sternchen, eine junge Schäferhündin, ausgelassen um uns herum. Sie war in Anakena ausgesetzt worden, und ein Freund schenkte sie dem trauernden Pengo als Lebensgefährtin. Ihrem wachsenden Umfang nach zu urteilen, werden wir wohl bald eine größere Familie sein.

Meine erste Rose ist verblüht, und die Bäume, unter denen unser *paepae* steht, verlieren ihre Blätter. Die Hühner haben sich zu richtigen Vögeln entwickelt. Bei Sonnenuntergang fliegen sie hinauf in die Äste, krallen sich daran fest, und selbst der stärkste Sturm fegt sie nicht hinunter. Ihre Eier allerdings finde ich nicht mehr. Irgendwann erscheinen die

Hennen mit ihrem Nachwuchs und reihen sich in die Ordnung des Hühnerhofs ein.

Die Bäume schenken uns im Sommer lang ersehnten Schatten, und im Winter hoffen wir, dass sie der Sturm nicht entwurzelt und sie nicht auf unsere Köpfe fallen. Tagsüber reichen sie uns ihre Äste, um die erholsame Hängematte festzuzurren, und nachts sind sie mein Weihnachtsbaum, der mit funkelnden Sternen dekoriert ist.

Po Nui, maururu o te hakarongo mai – Gute Nacht, und vielen Dank fürs Zuhören!

DANK

Ich möchte mich bedanken
bei meinem Lebensgefährten Karlo, der mir seine Hand reichte, sie losließ, mich stolpern sah und sie mir wieder hilfreich
anbot.

Ich möchte mich bedanken
bei der Natur, die mich eingeladen hat, mit ihr zu leben.

Ich möchte mich bedanken
bei den *tupuna*, die mich adoptierten und bis heute schützend
begleiten.

Ich möchte mich bedanken
bei einer Kultur und den Menschen dieser Kultur, die mich
mit offenen Armen aufgenommen haben.

Ich möchte mich bedanken
bei der sichtbaren und unsichtbaren Realität, bei allem Existierenden, das mir hilft, mit mir und allen Mitgliedern des
Universums in Liebe, Harmonie und Frieden zu leben.

Mein Dank gilt ebenso meinen Freunden in Deutschland, die
mir zuhörten und mich zeitweise für verrückt erklärten. Auch

sie halfen mir, die Nabelschnur zur alten Heimat zu durchtrennen auf der Suche nach einem neuen Weg am anderen Ende des Planeten, am Nabel der Erde.

Ein ganz spezielles Dankeschön an meine Lektorin Kathrin Liedtke, der ich mich tief verbunden fühle und ohne deren Hilfe das Buch in dieser Form nicht entstanden wäre.

FOTONACHWEIS

Milda Drüke

DIE GABE DER SEENOMADEN

Bei den Wassermenschen in Südostasien

Im Inselreich zwischen Indischem und Stillem Ozean sucht Milda Drüke nach dem nomadischen Seevolk der Bajos. Präzise beschrieben, klangvoll erzählt – die erstaunliche Begegnung mit einer fremden Kultur, die uns an unseren eigenen Ursprung erinnert.

204 Seiten plus 16 Seiten Bildteil, gebunden

Hoffmann und Campe

Roger-Pol Droit

FÜNF MINUTEN EWIGKEIT

101 philosophische Alltagsexperimente

Beobachten Sie den Staub in der Sonne; gehen Sie die Treppe hinunter, und stellen Sie sich vor, dass sie kein Ende hat; essen Sie etwas, das Sie nicht mögen. – Roger-Pol Droit lässt uns mit Charme und viel Humor auf die scheinbar kleinen Dinge des Lebens schauen, hinter denen die großen philosophischen Themen aufblitzen. Für einen Moment werden wir aus der Routine des Alltags gerissen und erleben die Dinge auf eine neue, zuweilen wundersame Weise. »Was wollen Sie mit dem Buch?« – »Was Sie damit anfangen!«

272 Seiten, gebunden

Hoffmann und Campe

Angela Voß

PACKT IHN, WASCHT IHN, SCHAFFT IHN IN MEIN ZELT

Liebesnomadinnen berichten

Was macht eine Frau, die nach der x-ten auf rosa Wolken begonnenen Liebesbeziehung, nach dem x-ten Schlussstrich plötzlich feststellt, dass sie sich nicht mehr verlieben kann?
Frauen, die an diesem Punkt angekommen sind, steigen aus der hoffnungsvollen seriellen Monogamie aus und gesellen sich zum stetig wachsenden Club der neuen Liebesnomadinnen. Eine heimatlose Übergangsphase nimmt ihren Lauf, in der die rastlosen Nomadinnen sich erst mal provisorisch einrichten, um dann mit Volldampf auf Männersuche zu gehen.
Aber das Happy End lässt nicht auf sich warten – auch wenn es anders aussieht, als die cleveren Nomadinnen es geplant hatten.

232 Seiten, gebunden

Hoffmann und Campe